경기도 공공기관

통합채용

NCS + 최종점검 모의고사 5회

2024 최신판 SD에듀 경기도 공공기관 통합채용
NCS + 최종점검 모의고사 5회 + 무료NCS특강

SD에듀

Always **with you**

사람의 인연은 길에서 우연하게 만나거나 함께 살아가는 것만을 의미하지는 않습니다.
책을 펴내는 출판사와 그 책을 읽는 독자의 만남도 소중한 인연입니다.
SD에듀는 항상 독자의 마음을 헤아리기 위해 노력하고 있습니다. 늘 독자와 함께하겠습니다.

PREFACE

머리말

경기도 공공기관은 2024년에 신입사원을 통합채용할 예정이다. 경기도 공공기관의 채용절차는 「입사지원서 접수 → 필기시험 → 면접시험 → 최종합격자 발표」 순서로 이루어진다. 필기시험은 인성검사와 직업기초능력평가로 진행된다. 그중 직업기초능력평가는 의사소통능력, 수리능력, 문제해결능력, 자원관리능력, 조직이해능력 총 5개의 영역을 평가하며, 2023년 하반기에는 피듈형으로 진행되었다. 따라서 필기시험에서 고득점을 받기 위해 다양한 유형에 대한 폭넓은 학습과 문제풀이능력을 높이는 등 철저한 준비가 필요하다.

경기도 공공기관 합격을 위해 SD에듀에서는 기업별 NCS 시리즈 누적 판매량 1위의 출간 경험을 토대로 다음과 같은 특징을 가진 도서를 출간하였다.

도서의 특징

❶ **기출복원문제를 통한 출제 유형 확인!**

- 2023년 주요 공기업 NCS 기출복원문제를 수록하여 공기업별 NCS 필기전형의 경향을 파악할 수 있도록 하였다.

❷ **경기도 공공기관 통합채용 필기시험 맞춤 문제를 통한 실력 상승!**

- NCS 직업기초능력평가 출제유형분석&실전예제를 수록하여 유형별로 꼼꼼히 대비할 수 있도록 하였다.

❸ **최종점검 모의고사를 통한 완벽한 실전 대비!**

- 철저한 분석을 통해 실제 유형과 유사한 최종점검 모의고사를 수록하여 자신의 실력을 최종 점검할 수 있도록 하였다.

❹ **다양한 콘텐츠로 최종 합격까지!**

- 경기도 공공기관 통합채용 가이드와 면접 기출질문을 수록하여 채용을 준비하는 데 부족함이 없도록 하였다.
- 온라인 모의고사 응시 쿠폰을 무료로 제공하여 필기시험에 대비할 수 있도록 하였다.

끝으로 본 도서를 통해 경기도 공공기관 통합채용을 준비하는 모든 수험생 여러분이 합격의 기쁨을 누리기를 진심으로 기원한다.

SDC(Sidae Data Center) 씀

신입 채용 안내 INFORMATION

기본 지원자격

채용 공공기관별 자격요건에 따름

통합채용 참여 공공기관

총 21개 기관 107명 채용		
경기주택도시공사	경기평택항만공사	경기관광공사
경기교통공사	경기연구원	경기신용보증재단
경기문화재단	경기테크노파크	한국도자재단
경기도수원월드컵경기장관리재단	경기도청소년수련원	경기아트센터
경기대진테크노파크	경기도농수산진흥원	경기도의료원
경기복지재단	경기도평생교육진흥원	경기도일자리재단
경기도시장상권진흥원	경기도사회서비스원	코리아경기도주식회사

필기시험

구분	내용	문항 수	시간
인성검사	인성 전반	210문항	30분
직업기초능력평가	의사소통능력, 수리능력, 문제해결능력, 자원관리능력, 조직이해능력	50문항	50분

❖ 채용안내는 2024년 상반기 채용공고를 기준으로 작성하였으나, 세부내용은 반드시 확정된 채용공고를 확인하기 바랍니다.

2023 하반기 기출분석 ANALYSIS

총평

2023년 하반기 경기도 공공기관 통합채용의 필기시험은 피듈형으로 출제되었으며, 다소 긴 지문의 50문항을 50분 이내에 풀어야 했기에 시간이 촉박했다는 후기가 많았다. 또한 전반적인 난이도가 예년에 비해 높아졌다는 후기가 다수였으므로, 다양한 영역과 유형에 대한 폭넓은 학습을 통해 취약한 부분을 최소화하려는 노력이 필요하다.

의사소통능력

출제 특징	• 내용 일치, 문단 나열, 맞춤법, 모듈이론 관련 문제가 출제됨
출제 키워드	• 피타고라스의 음계, 싫증/실증, 틈틈이/틈틈히, 뇌졸중/뇌졸증, 논리적 오류, 올바른 경청 자세, 보고서 작성법 등

수리능력

출제 특징	• 응용 수리, 수열 규칙, 자료 이해 문제가 출제됨
출제 키워드	• 반구와 원기둥의 겉넓이, 할인 가격, 공의 높이에 따른 시간, 경우의 수 등

문제해결능력

출제 특징	• 명제, 추리, 참 · 거짓 등 논리학, SWOT 분석, 모듈이론 관련 문제가 출제됨
출제 키워드	• 문제와 문제점, 명제와 대우를 통한 참 · 거짓 판별, SWOT 분석 등

자원관리능력

출제 특징	• 자료 해석, 효과적인 자원관리 방법 문제가 출제됨
출제 키워드	• 요일 등

조직이해능력

출제 특징	• 경영 등 모듈이론 문제가 출제됨
출제 키워드	• 원가우위 전략, 집중화 전략, 차별화 전략, 7S 등

NCS 문제 유형 소개 NCS TYPES

PSAT형

※ 다음은 K공단의 국내 출장비 지급 기준에 대한 자료이다. 이어지는 질문에 답하시오. **[15~16]**

〈국내 출장비 지급 기준〉

① 근무지로부터 편도 100km 미만의 출장은 공단 차량 이용을 원칙으로 하며, 다음 각호에 따라 "별표 1"에 해당하는 여비를 지급한다.
㉠ 일비
ⓐ 근무시간 4시간 이상 : 전액
ⓑ 근무시간 4시간 미만 : 1일분의 2분의 1
㉡ 식비 : 명령권자가 근무시간이 모두 소요되는 1일 출장으로 인정한 경우에는 1일분의 3분의 1 범위 내에서 지급
㉢ 숙박비 : 편도 50km 이상의 출장 중 출장일수가 2일 이상으로 숙박이 필요할 경우, 증빙자료 제출 시 숙박비 지급

② 제1항에도 불구하고 공단 차량을 이용할 수 없어 개인 소유 차량으로 업무를 수행한 경우에는 일비를 지급하지 않고 이사장이 따로 정하는 바에 따라 교통비를 지급한다.

③ 근무지로부터 100km 이상의 출장은 "별표 1"에 따라 교통비 및 일비는 전액을, 식비는 1일분의 3분의 2 해당액을 지급한다. 다만, 업무 형편상 숙박이 필요하다고 인정할 경우에는 출장기간에 대하여 숙박비, 일비, 식비 전액을 지급할 수 있다.

〈별표 1〉

구분	교통비				일비 (1일)	숙박비 (1박)	식비 (1일)
	철도임	선임	항공임	자동차임			
임원 및 본부장	1등급	1등급	실비	실비	30,000원	실비	45,000원
1, 2급 부서장	1등급	2등급	실비	실비	25,000원	실비	35,000원
2, 3, 4급 부장	1등급	2등급	실비	실비	20,000원	실비	30,000원
4급 이하 팀원	2등급	2등급	실비	실비	20,000원	실비	30,000원

1. 교통비는 실비를 기준으로 하되, 실비 정산은 국토해양부장관 또는 특별시장·광역시장·도지사·특별자치도지사 등이 인허한 요금을 기준으로 한다.
2. 선임 구분표 중 1등급 해당자는 특등, 2등급 해당자는 1등을 적용한다.
3. 철도임 구분표 중 1등급은 고속철도 특실, 2등급은 고속철도 일반실을 적용한다.
4. 임원 및 본부장의 식비가 위 정액을 초과하였을 경우 실비를 지급할 수 있다.
5. 운임 및 숙박비의 할인이 가능한 경우에는 할인 요금으로 지급한다.
6. 자동차임 실비 지급은 연료비와 실제 통행료를 지급한다.
(연료비)=[여행거리(km)]×(유가)÷(연비)
7. 임원 및 본부장을 제외한 직원의 숙박비는 70,000원을 한도로 실비를 정산할 수 있다.

특징
▸ 대부분 의사소통능력, 수리능력, 문제해결능력을 중심으로 출제(일부 기업의 경우 자원관리능력, 조직이해능력을 출제)
▸ 자료에 대한 추론 및 해석 능력을 요구

대행사
▸ 엑스퍼트컨설팅, 커리어넷, 태드솔루션, 한국행동과학연구소(행과연), 휴노 등

모듈형

| 대인관계능력

60 다음 자료는 갈등해결을 위한 6단계 프로세스이다. 3단계에 해당하는 대화의 예로 가장 적절한 것은?

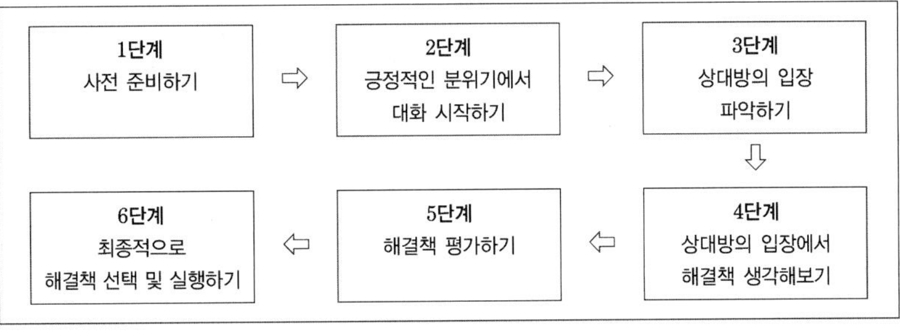

① 그럼 A씨의 생각대로 진행해 보시죠.

특징
- 이론 및 개념을 활용하여 푸는 유형
- 채용 기업 및 직무에 따라 NCS 직업기초능력평가 10개 영역 중 선발하여 출제
- 기업의 특성을 고려한 직무 관련 문제를 출제
- 주어진 상황에 대한 판단 및 이론 적용을 요구

대행사
- 인트로맨, 휴스테이션, ORP연구소 등

피듈형(PSAT형 + 모듈형)

| 문제해결능력

60 P회사는 직원 20명에게 나눠 줄 추석 선물 품목을 조사하였다. 다음은 유통업체별 품목 가격과 직원들의 품목 선호도를 나타낸 자료이다. 이를 참고하여 P회사에서 구매하는 물품과 업체를 바르게 연결한 것은?

〈업체별 품목 금액〉

구분		1세트당 가격	혜택
A업체	돼지고기	37,000원	10세트 이상 주문 시 배송 무료
	건어물	25,000원	
B업체	소고기	62,000원	20세트 주문 시 10% 할인
	참치	31,000원	
C업체	스팸	47,000원	50만 원 이상 주문 시 배송 무료
	김	15,000원	

〈구성원 품목 선호도〉

특징
- 기초 및 응용 모듈을 구분하여 푸는 유형
- 기초인지모듈과 응용업무모듈로 구분하여 출제
- PSAT형보다 난도가 낮은 편
- 유형이 정형화되어 있고, 유사한 유형의 문제를 세트로 출제

대행사
- 사람인, 스카우트, 인크루트, 커리어케어, 트리피, 한국사회능력개발원 등

주요 공기업 적중 문제 TEST CHECK

경기도 공공기관

올바른 경청의 자세 ▶ 유형

07 다음 중 경청하는 태도로 적절하지 않은 것은?

김사원 : 직원교육시간이요, 조금 귀찮기는 하지만 다양한 주제에 대해서 들을 수 있어서 좋은 것 같아요.
한사원 : 그렇죠? 이번 주 강의도 전 꽤 마음에 들더라고요. 그러고 보면, 어떻게 하면 말을 잘 할지는 생각해볼 수 있지만 잘 듣는 방법에는 소홀하기 쉬운 것 같아요.
김사원 : 맞아요. 잘 듣는 것이 대화에서 큰 의미를 가지는데도 그렇죠. 오늘 강의에서 들은 내용대로 노력하면 상대방이 전달하는 메시지를 제대로 이해하는 데 문제가 없을 것 같아요.

① 상대방의 이야기를 들으면서 동시에 그 내용을 머릿속으로 정리한다.
② 상대방의 이야기를 들을 때 상대가 다음에 무슨 말을 할지 예상해본다.
③ 선입견이 개입되면 안 되기 때문에 나의 경험은 이야기와 연결 짓지 않는다.
④ 이야기를 듣기만 하는 것이 아니라 대화 내용에 대해 적극적으로 질문한다.

맥킨지 7S 모델 ▶ 키워드

06 다음은 조직문화가 어떻게 구성되는지를 이해하는 데 도움을 줄 수 있는 맥킨지 7S 모델(McKinsey 7S Model)을 나타낸 것이다. 이를 이해한 내용으로 적절하지 않은 것은?

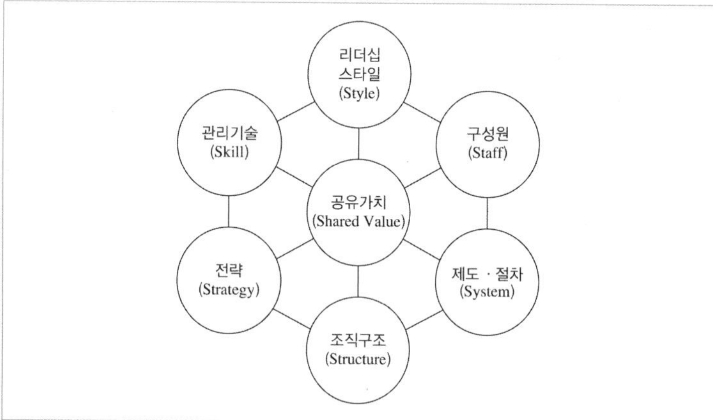

① 리더십 스타일(Style)은 관리자에 따라 민주적, 독선적, 방임적 등 다양하게 나타날 수 있다.
② 조직구조(Structure)는 구성원들이 보유하고 있는 능력, 스킬, 욕구, 태도 등을 말한다.
③ 전략(Strategy)에 따라 사업의 방향성이 달라질 수 있으며, 자원배분 과정도 결정될 수 있다.
④ 제도, 절차(System)는 성과관리, 보상제도, 경영정보시스템 등 경영 각 분야의 관리제도나 절차 등을 수반한다.

코레일 한국철도공사

이산화탄소 ▶ 키워드

13 다음은 온실가스 총 배출량에 대한 자료이다. 이에 대한 설명으로 옳지 않은 것은?

〈온실가스 총 배출량〉

(단위 : CO_2 eq.)

구분	2016년	2017년	2018년	2019년	2020년	2021년	2022년
총 배출량	592.1	596.5	681.8	685.9	695.2	689.1	690.2
에너지	505.3	512.2	593.4	596.1	605.1	597.7	601.0
산업공정	50.1	47.2	51.7	52.6	52.8	55.2	52.2
농업	21.2	21.7	21.2	21.5	21.4	20.8	20.6
폐기물	15.5	15.4	15.5	15.7	15.9	15.4	16.4
LULUCF	−57.3	−54.5	−48.5	−44.7	−42.7	−42.4	−44.4
순 배출량	534.8	542.0	633.3	641.2	652.5	646.7	645.8
총 배출량 증감률(%)	2.3	0.7	14.3	0.6	1.4	−0.9	0.2

※ CO_2 eq. : 이산화탄소 등가를 뜻하는 단위로, 온실가스 종류별 지구온난화 기여도를 수치로 표현한 지구온난화지수(GWP; Global Warming Potential)를 곱한 이산화탄소 환산량

※ LULUCF(Land Use, Land Use Change, Forestry) : 인간이 토지 이용에 따라 변화하게 되는 온실가스의 증감

※ (순 배출량)=(총 배출량)+(LULUCF)

① 온실가스 순 배출량은 2020년까지 지속해서 증가하다가 2021년부터 감소한다.

② 2022년 농업 온실가스 배출량은 2016년 대비 3%p 이상 감소하였다.

③ 2017 ~ 2022년 중 온실가스 총 배출량이 전년 대비 감소한 해에는 다른 해에 비해 산업공정 온실가스

국민건강보험공단

문단 나열 ▶ 유형

※ 다음 내용을 논리적 순서대로 바르게 나열한 것을 고르시오. [1~2]

01

어떤 문화의 변동은 결코 외래문화의 압도적 영향이나 이식에 의해 일방적으로 이루어지는 것이 아니라 수용 주체의 창조적·능동적 측면과 관련되어 이루어지는 매우 복합적인 성격의 것이다.

(가) 그리하여 외래문화 중에서 이러한 결핍 부분의 충족에 유용한 부분만을 선별해서 선택적으로 수용하게 된다.

(나) 이러한 수용 주체의 창조적·능동적 측면은 문화 수용과 변동에서 무엇보다도 우선하는 것인데, 이것이 외래문화 요소의 수용을 결정짓는다.

(다) 즉, 어떤 문화의 내부에 결핍 요인이 있을 때 그 문화의 창조적·능동적 측면은 이를 자체적으로 극복하려 노력하지만, 이러한 극복이 내부에서 성취될 수 없을 때 그것은 외래 요소의 수용을 통해 이를 이루고자 한다.

다시 말해 외래문화는 수용 주체의 내부 요인에 따라 수용 또는 거부되는 것이다.

① (가) – (나) – (다)
② (가) – (다) – (나)
③ (나) – (가) – (다)
④ (나) – (다) – (가)

도서 200% 활용하기 STRUCTURES

1 기출복원문제로 출제 경향 파악

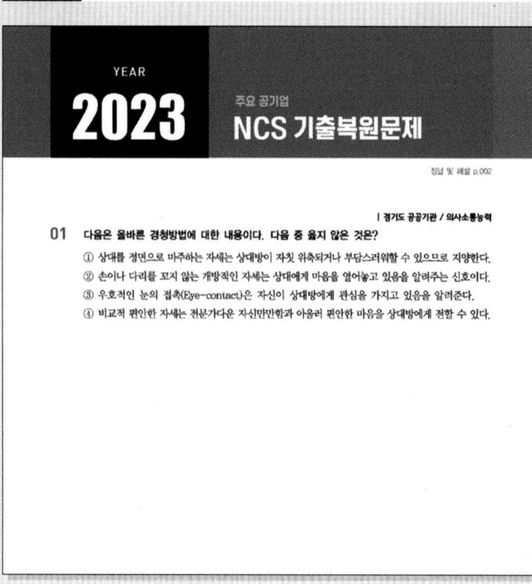

YEAR 2023 주요 공기업 NCS 기출복원문제

정답 및 해설 p.002

| 경기도 공공기관 / 의사소통능력

01 다음은 올바른 경청방법에 대한 내용이다. 다음 중 옳지 않은 것은?

① 상대를 정면으로 마주하는 자세는 상대방이 자칫 위축되거나 부담스러워할 수 있으므로 지양한다.
② 손이나 다리를 꼬지 않는 개방적인 자세는 상대에게 마음을 열어놓고 있음을 알려주는 신호이다.
③ 우호적인 눈의 접촉(Eye-contact)은 자신이 상대방에게 관심을 가지고 있음을 알려준다.
④ 비교적 편안한 자세는 전문가다운 자신만만함과 아울러 편안한 마음을 상대방에게 전할 수 있다.

| 경기도 공공기관 / 의사소통능력

03 다음의 K사장이 저지른 오류에 대한 설명으로 옳은 것은?

A건설의 K사장은 새 리조트 건설을 위해 적합한 지역을 물색하던 중, 비무장지대 인근 지역이 지가(地價) 부담이 적어 리조트 건설에 최적지라는 보고를 받았다. K사장은 검토 후, 그 지역이 적지라고 판단하여 리조트 건설지역으로 결정하였다. 그러나 환경보호단체 등 시민단체에서 환경영향평가 등의 자료를 근거로 많은 비판을 하였고, A건설에 대한 여론 역시 악화되었다.

① 타인의 평가에 자신의 감정이나 경향을 투사시키고 있다.
② 부분적 정보만을 받아들여 전체에 대한 판단을 내렸다.
③ 한 사람에 대한 평가가 다른 사람에 대한 평가에 영향을 주고 있다.
④ 소속 집단에 대한 고정관념을 가지고 있다.

| 경기도 공공기관 / 수리능력

04 A씨는 마당에 원통형 스탠드 식탁을 만들어 페인트칠을 하려고 한다. 페인트칠 비용이 넓이 $1m^2$당 1만 원일 때, 윗면과 옆면에 페인트칠을 하는 데 들어가는 총비용은 얼마인가?(단, 원주율(π)은 3으로 계산한다)

▸ 2023년 주요 공기업 NCS 기출복원문제를 수록하여 공기업별 NCS 필기시험의 경향을 파악할 수 있도록 하였다.

2 출제유형분석 + 유형별 실전예제로 필기시험 완벽 대비

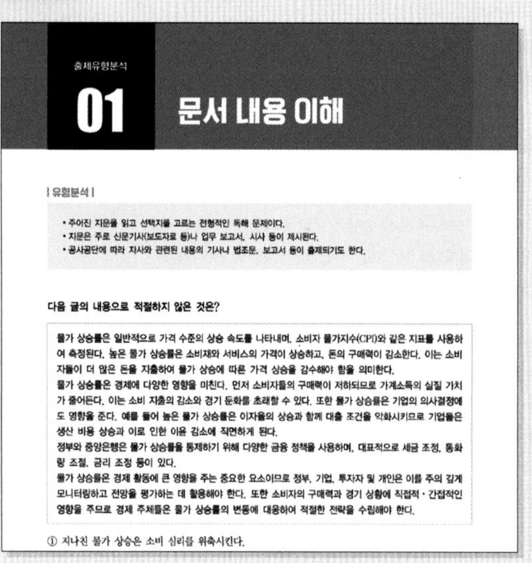

출제유형분석 01 문서 내용 이해

| 유형분석 |

- 주어진 지문을 읽고 선택지를 고르는 전형적인 독해 문제이다.
- 지문은 주로 신문기사(보도자료 등)나 업무 보고서, 시사 등이 제시된다.
- 공사공단에 따라 자사와 관련된 내용의 기사나 법조문, 보고서 등이 출제되기도 한다.

다음 글의 내용으로 적절하지 않은 것은?

물가 상승률은 일반적으로 가격 수준의 상승 속도를 나타내며, 소비자 물가지수(CPI)와 같은 지표를 사용하여 측정된다. 높은 물가 상승률은 소비재와 서비스의 가격이 상승하고, 돈의 구매력이 감소한다. 이는 소비자들이 더 많은 돈을 지출하여 물가 상승에 따른 가격 상승을 감수해야 함을 의미한다.
물가 상승률은 경제에 다양한 영향을 미친다. 먼저 소비자들의 구매력이 저하되므로 가계소득의 실질 가치가 줄어든다. 이는 소비 지출의 감소와 경기 둔화를 초래할 수 있다. 또한 물가 상승률은 기업의 의사결정에도 영향을 준다. 예를 들어 높은 물가 상승률은 이자율의 상승과 함께 대출 조건을 악화시키므로 기업들은 생산 비용 상승과 이로 인한 이윤 감소에 직면하게 된다.
정부와 중앙은행은 물가 상승률을 통제하기 위해 다양한 금융 정책을 사용하며, 대표적으로 세금 조정, 통화량 조절, 금리 조정 등이 있다.
물가 상승률은 경제 활동에 큰 영향을 주는 중요한 요소이므로 정부, 기업, 투자자 및 개인은 이를 주의 깊게 모니터링하고 전망을 평가하는 데 활용해야 한다. 또한 소비자의 구매력과 경기 상황에 직접적·간접적인 영향을 주므로 경제 주체들은 물가 상승률의 변동에 대응하여 적절한 전략을 수립해야 한다.

① 지나친 물가 상승은 소비 심리를 위축시킨다.

출제유형분석 01 실전예제

01 다음 글의 내용으로 가장 적절한 것은?

지금까지 보았듯이 체계라는 개념은 많은 현실주의자들에게 있어서 중요한 개념이다. 무질서 상태라는 비록 단순한 개념이든 현대의 현실주의자가 고안한 정교한 이론이든 체계라는 것은 국제적인 행위체에 영향을 주기 때문에 중요시되는 것이다. 그런데 최근의 현실주의자들은 체계를 하나의 유기체로 보고 얼핏 국가의 의지나 행동으로부터 독립한 듯이 기술하고 있다. 정치가는 거의 자율성이 없으며 획책할 여지도 없어서 정책결정과정에서는 인간의 의지가 별 효과가 없는 것으로 본다. 행위자로서 인간은 눈앞에 버티고 선 냉혹한 체계의 압잡이에 불과하며, 그러한 체계는 이해할 수 없는 기능을 갖는 하나의 구조이며 그러한 메커니즘에 대하여 막연하게 밖에는 인지할 수 없다. 정치가들은 무수한 제약에 직면하지만 호기는 거의 오지 않는다. 정치가들은 권력정치라고 불리는 세계규모의 게임에 열중할 뿐이며 자발적으로 규칙을 변화시키고 싶어도 그렇게 하지 못한다. 결국 비판의 초점은 현실주의적 연구의 대부분은 숙명론적이며 결정론적이거나 비관론적인 저류가 흐르고 있다고 지적한다. 그 결과 이러한 비판 중에는 행위자로서 인간과 구조는 상호 간에 영향을 주고 있다는 것을 강조하면서 구조를 보다 동적으로 파악하는 사회학에 눈을 돌리는 학자도 있다.

① 이상주의자들에게 있어서 체계라는 개념은 그리 중요하지 않다.
② 무질서 상태는 국제적 행위체로서 작용하는 체계가 없는 혼란스러운 상태를 의미한다.
③ 현실주의자들은 숙명론 혹은 결정론을 신랄하게 비판한다.
④ 현실주의적 관점에서 정치인들은 체계 앞에서 무기력하다.

02 다음 글의 내용으로 적절하지 않은 것은?

우리 민족은 고유한 주거문화로 바닥 난방 기술인 구들을 발전시켜 왔으며, 이는 우리 민족에 다양한 영향을 주었다. 우선 오랜 구들 생활은 우리 민족의 인체에 적지 않은 변화를 초래하였다. 태어나

▸ NCS 출제 영역에 대한 출제유형분석과 유형별 실전예제를 수록하여 NCS 문제에 대한 접근 전략을 익히고 연습할 수 있도록 하였다.

3 최종점검 모의고사 + OMR을 활용한 실전 연습

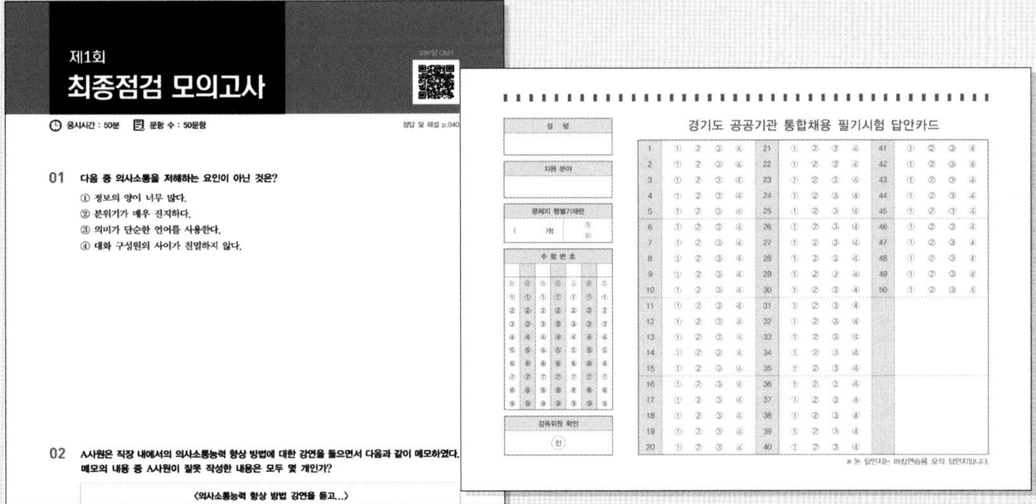

제1회
최종점검 모의고사

응시시간 : 50분 문항 수 : 50문항

01 다음 중 의사소통을 저해하는 요인이 아닌 것은?
① 정보의 양이 너무 많다.
② 분위기가 매우 경직하다.
③ 의미가 단순한 언어를 사용한다.
④ 대화 구성원의 사이가 친밀하지 않다.

02 A사원은 직장 내에서의 의사소통능력 향상 방법에 대한 강연을 들으면서 다음과 같이 메모하였다. 메모의 내용 중 A사원이 잘못 작성한 내용은 모두 몇 개인가?

<의사소통능력 향상 방법 강연을 듣고...>

경기도 공공기관 통합채용 필기시험 답안카드

- ▸ 최종점검 모의고사 2회분과 OMR 답안카드를 수록하여 실제로 시험을 보는 것처럼 최종 마무리 연습을 할 수 있도록 하였다.
- ▸ 모바일 OMR 답안채점/성적분석 서비스를 통해 필기시험에 대비할 수 있도록 하였다.

4 인성검사부터 면접까지 한 권으로 최종 마무리

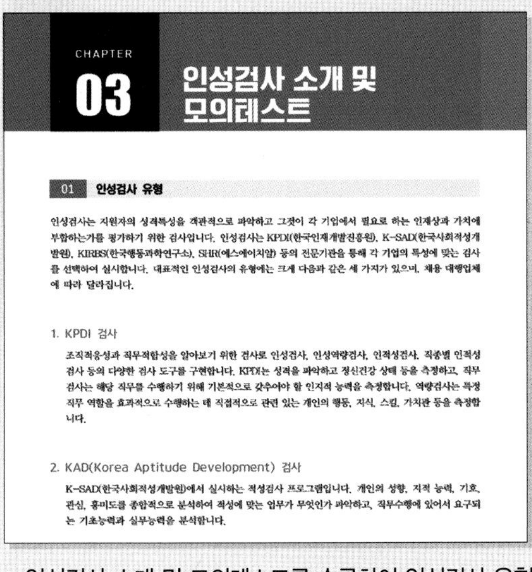

CHAPTER 03 인성검사 소개 및 모의테스트

01 인성검사 유형

인성검사는 지원자의 성격특성을 객관적으로 파악하고 그것이 각 기업에서 필요로 하는 인재상과 가치에 부합하는가를 평가하기 위한 검사입니다. 인성검사는 KPDI(한국인재개발진흥원), K-SAD(한국사회적성개발원), KIRBS(한국행동과학연구소), SHR(에스에이치알) 등의 전문기관을 통해 각 기업의 특성에 맞는 검사를 선택하여 실시합니다. 대표적인 인성검사의 유형에는 크게 다음과 같은 세 가지가 있으며, 채용 대행업체에 따라 달라집니다.

1. KPDI 검사

조직적응성과 직무적합성을 알아보기 위한 검사로 인성검사, 인성역량검사, 인적성검사, 직종별 인적성검사 등의 다양한 검사 도구를 구현합니다. KPDI는 성격을 파악하고 정신건강 상태 등을 측정하고, 직무검사는 해당 직무를 수행하기 위해 기본적으로 갖추어야 할 인지적 능력을 측정합니다. 역량검사는 특정 직무 역할을 효과적으로 수행하는 데 직접적으로 관련 있는 개인의 행동, 지식, 스킬, 가치관 등을 측정합니다.

2. KAD(Korea Aptitude Development) 검사

K-SAD(한국사회적성개발원)에서 실시하는 적성검사 프로그램입니다. 개인의 성향, 지적 능력, 기호, 관심, 흥미도를 종합적으로 분석하여 적성에 맞는 업무가 무엇인가 파악하고, 직무수행에 있어서 요구되는 기초능력과 실무능력을 분석합니다.

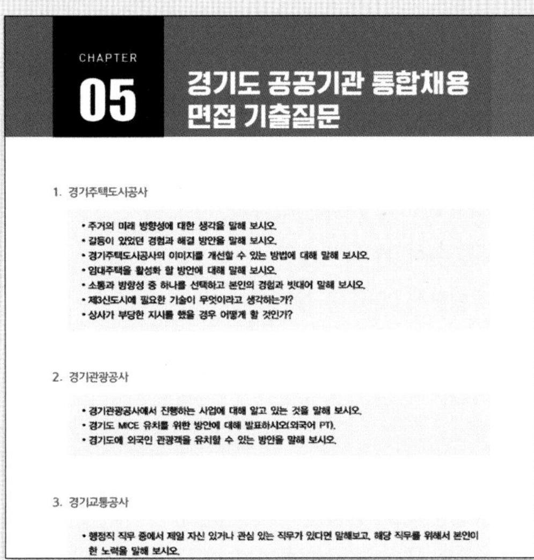

CHAPTER 05 경기도 공공기관 통합채용 면접 기출질문

1. 경기주택도시공사
- 주거의 미래 방향성에 대한 생각을 말해 보시오.
- 갈등이 있었던 경험과 해결 방안을 말해 보시오.
- 경기주택도시공사의 이미지를 개선할 수 있는 방법에 대해 말해 보시오.
- 임대주택을 활성화 할 방안에 대해 말해 보시오.
- 소통과 방향성 중 하나를 선택하고 본인의 경험과 빗대어 말해 보시오.
- 제3신도시에 필요한 기술이 무엇이라고 생각하는가?
- 상사가 부당한 지시를 했을 경우 어떻게 할 것인가?

2. 경기관광공사
- 경기관광공사에서 진행하는 사업에 대해 알고 있는 것을 말해 보시오.
- 경기도 MICE 유치를 위한 방안에 대해 발표하시오(외국어 PT).
- 경기도에 외국인 관광객을 유치할 수 있는 방안을 말해 보시오.

3. 경기교통공사
- 행정직 직무 중에서 제일 자신 있거나 관심 있는 직무가 있다면 말해보고, 해당 직무를 위해서 본인이 한 노력을 말해 보시오.

- ▸ 인성검사 소개 및 모의테스트를 수록하여 인성검사 유형 및 문항을 확인할 수 있도록 하였다.
- ▸ 경기도 공공기관별 면접 기출질문을 수록하여 면접에서 나오는 질문을 미리 파악하여 실제 면접에 대비할 수 있도록 하였다.

이 책의 차례 CONTENTS

Add+

2023년 주요 공기업 NCS 기출복원문제

YEAR

2023 주요 공기업 NCS 기출복원문제

정답 및 해설 p.002

| 경기도 공공기관 / 의사소통능력

01 다음은 올바른 경청방법에 대한 내용이다. 다음 중 옳지 않은 것은?

① 상대를 정면으로 마주하는 자세는 상대방이 자칫 위축되거나 부담스러워할 수 있으므로 지양한다.
② 손이나 다리를 꼬지 않는 개방적인 자세는 상대에게 마음을 열어놓고 있음을 알려주는 신호이다.
③ 우호적인 눈의 접촉(Eye-contact)은 자신이 상대방에게 관심을 가지고 있음을 알려준다.
④ 비교적 편안한 자세는 전문가다운 자신만만함과 아울러 편안한 마음을 상대방에게 전할 수 있다.

| 경기도 공공기관 / 의사소통능력

02 다음 밑줄 친 단어의 표기가 적절하지 않은 것은?

① 철수는 지금까지 해왔던 일에 <u>싫증</u>이 났다.
② 매년 10만여 명의 <u>뇌졸중</u> 환자가 발생하고 있다.
③ 수영이가 하는 변명이 조금 <u>꺼림직</u>했으나 우선 믿기로 했다.
④ 그는 일을 하는 <u>틈틈히</u> 공부를 했다.

03 다음의 K사장이 저지른 오류에 대한 설명으로 옳은 것은?

> A건설의 K사장은 새 리조트 건설을 위해 적합한 지역을 물색하던 중, 비무장지대 인근 지역이 지가(地價) 부담이 적어 리조트 건설에 최적지라는 보고를 받았다. K사장은 검토 후, 그 지역이 적지라고 판단하여 리조트 건설지역으로 결정하였다. 그러나 환경보호단체 등 시민단체에서 환경영향평가 등의 자료를 근거로 많은 비판을 하였고, A건설에 대한 여론 역시 악화되었다.

① 타인의 평가에 자신의 감정이나 경향을 투사시키고 있다.
② 부분적 정보만을 받아들여 전체에 대한 판단을 내렸다.
③ 한 사람에 대한 평가가 다른 사람에 대한 평가에 영향을 주고 있다.
④ 소속 집단에 대한 고정관념을 가지고 있다.

04 A씨는 마당에 원통형 스탠드 식탁을 만들어 페인트칠을 하려고 한다. 페인트칠 비용이 넓이 $1m^2$당 1만 원일 때, 윗면과 옆면에 페인트칠을 하는 데 들어가는 총비용은 얼마인가?[단, 원주율(π)은 3으로 계산한다]

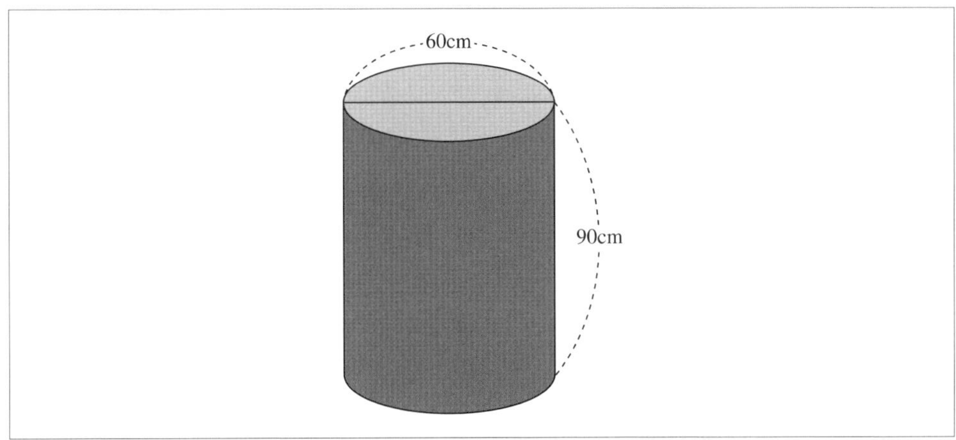

① 17,700원 ② 17,900원
③ 18,200원 ④ 18,900원

| 경기도 공공기관 / 수리능력

05 원가가 2,000원인 A4용지 묶음에 a%의 이익을 더해서 정가를 정했다. 그러나 판매가 저조하여 a%의 절반만큼을 할인율로 정해 할인 판매하였더니 개당 이익이 240원이었다. 이때 a의 값은?

① 30　　② 32
③ 36　　④ 40

| 경기도 공공기관/ 자원관리능력

06 K공사에서 근무하는 A～G 7명은 다음 주 당직근무 순서를 정하기 위해 모였다. 〈조건〉에 따를 때, D가 근무하는 전날과 다음날 당직근무자는 누구인가?(단, 한 주의 시작은 월요일이다)

조건

- A가 가장 먼저 근무한다.
- G는 A 다음 날에 근무한다.
- C가 B보다 먼저 근무한다.
- F는 E보다 먼저 근무한다.
- F가 근무하고 3일 뒤에 C가 근무한다.
- E는 목요일에 근무한다.

① C, F　　② E, C
③ F, B　　④ A, G

| 경기도 공공기관 / 조직이해능력

07 **다음 중 마이클 포터(Michael E. Porter)의 본원적 경쟁전략에 대한 설명으로 가장 적절하지 않은 것은?**

① 본원적 경쟁전략은 해당 사업에서 경쟁우위를 확보하기 위한 전략이다.
② 원가우위 전략은 새로운 생산기술의 개발 대신 대량생산을 통해 단위 원가를 낮춰야 한다고 본다.
③ 차별화 전략은 연구개발이나 광고를 통하여 기술, 품질, 서비스 등을 개선할 필요가 있다고 본다.
④ 집중화 전략은 산업 전체가 아닌 특정 시장을 대상으로 한다.

| 경기도 공공기관/ 조직이해능력

08 **다음 〈보기〉의 맥킨지 7S 모델을 소프트웨어적 요소와 하드웨어적 요소로 바르게 구분한 것은?**

보기

㉠ 스타일(Style)
㉡ 구성원(Staff)
㉢ 전략(Strategy)
㉣ 스킬(Skills)
㉤ 구조(Structure)
㉥ 공유가치(Shared Values)
㉦ 시스템(Systems)

	소프트웨어	하드웨어
①	㉠, ㉡, ㉢, ㉥	㉣, ㉤, ㉦
②	㉠, ㉡, ㉣, ㉥	㉢, ㉤, ㉦
③	㉡, ㉢, ㉥, ㉦	㉠, ㉣, ㉤
④	㉡, ㉣, ㉤, ㉦	㉠, ㉢, ㉥

09 다음 글의 내용으로 가장 적절한 것은?

> 한국철도공사는 철도시설물 점검 자동화에 '스마트 글라스'를 활용하겠다고 밝혔다. 스마트 글라스란 안경처럼 착용하는 스마트 기기로, 검사와 판독, 데이터 송수신과 보고서 작성까지 모든 동작이 음성인식을 바탕으로 작동한다. 이를 활용하여 작업자는 스마트 글라스 액정에 표시된 내용에 따라 철도 시설물을 점검하고, 음성 명령을 통해 시설물의 사진을 촬영한 후 해당 정보와 검사 결과를 전송해 보고서로 작성한다.
> 작업자들은 스마트 글라스의 사용을 통해 직접 자료를 조사하고 측정한 내용을 바탕으로 시스템 속에서 여러 단계를 거쳐 수기 입력하던 기존 방식으로부터 벗어날 수 있게 되었고, 이 일련의 과정들을 중앙 서버를 통해 한 번에 처리할 수 있게 되었다.
> 이와 같은 스마트 기기의 도입은 중앙 서버의 효율적 종합 관리를 가능하게 할 뿐만 아니라 작업자의 안전성 향상에도 크게 기여하였다. 이는 작업자들이 음성인식이 가능한 스마트 글라스를 사용함으로써 두 손이 자유로워져 추락 사고를 방지할 수 있게 되었기 때문이며, 스마트 글라스 내부 센서가 충격과 기울기를 감지할 수 있어 작업자에게 위험한 상황이 발생하면 지정된 컴퓨터에 위험 상황을 바로 통보하는 시스템을 갖추었기 때문이다.
> 한국철도공사는 주요 거점 현장을 시작으로 스마트 글라스를 보급하여 성과 분석을 거치고 내년부터는 보급 현장을 확대하겠다고 밝혔으며, 국내 철도 환경에 맞춰 스마트 글라스 시스템을 개선하기 위해 현장 검증을 진행하고 스마트 글라스를 통해 측정된 데이터를 총괄 제어할 수 있도록 안전점검 플랫폼망도 마련할 예정이다.
> 이와 더불어 스마트 글라스를 통해 기존의 인력 중심 시설점검을 간소화하여 효율성과 안전성을 향상시키고, 나아가 철도 맞춤형 스마트 기술을 도입하여 시설물 점검뿐만 아니라 유지보수 작업도 가능하도록 철도기술 고도화에 힘쓰겠다고 전했다.

① 작업자의 음성인식을 통해 철도시설물의 점검 및 보수 작업이 가능해졌다.
② 스마트 글라스의 도입으로 철도시설물 점검의 무인작업이 가능해졌다.
③ 스마트 글라스의 도입으로 철도시설물 점검 작업 시 안전사고 발생 횟수가 감소하였다.
④ 스마트 글라스의 도입으로 철도시설물 작업 시간 및 인력이 감소하고 있다.
⑤ 스마트 글라스의 도입으로 작업자의 안전사고 발생을 바로 파악할 수 있게 되었다.

10 다음 글에 대한 설명으로 적절하지 않은 것은?

2016년 4월 27일 오전 7시 20분경 임실역에서 익산으로 향하던 열차가 전기 공급 중단으로 멈추는 사고가 발생해 약 50분간 열차 운행이 중단되었다. 바로 전차선에 지어진 까치집 때문이었는데, 까치가 집을 지을 때 사용하는 젖은 나뭇가지나 철사 등이 전선과 닿거나 차로에 떨어져 합선과 단전을 일으킨 것이다.

비록 이번 사고는 단전에서 끝났지만, 고압 전류가 흐르는 전차선인 만큼 철사와 젖은 나뭇가지만으로도 자칫하면 폭발사고로 이어질 우려가 있다. 지난 5년간 까치집으로 인한 단전사고는 한 해 평균 3 ~ 4건 발생해 왔으며, 한국철도공사는 사고방지를 위해 까치집 방지 설비를 설치하고 설비가 없는 구간은 작업자가 육안으로 까치집 생성 여부를 확인해 제거하고 있는데, 이렇게 제거해 온 까치집 수가 연평균 8,000개에 달한다. 하지만 까치집은 빠르면 불과 4시간 만에 완성되어 작업자들에게 큰 곤욕을 주고 있다.

이에 한국철도공사는 전차선로 주변 까치집 제거의 효율성과 신속성을 높이기 위해 인공지능(AI)과 사물인터넷(IoT) 등 첨단 기술을 활용하기에 이르렀다. 열차 운전실에 영상 장비를 설치해 달리는 열차에서 전차선을 촬영한 화상 정보를 인공지능으로 분석함으로써 까치집 등의 위험 요인을 찾아 해당 위치와 현장 이미지를 작업자에게 실시간으로 전송하는 '실시간 까치집 자동 검출 시스템'을 개발한 것이다. 하지만 시속 150km로 빠르게 달리는 열차에서 까치집 등의 위험 요인을 실시간으로 판단해 전송하는 것이다 보니 그 정확도는 65%에 불과했다.

이에 한국철도공사는 전차선과 까치집을 정확하게 식별하기 위해 인공지능이 스스로 학습하는 '딥러닝' 방식을 도입했고, 전차선을 구성하는 복잡한 구조 및 까치집과 유사한 형태를 빅데이터로 분석해 이미지를 구분하는 학습을 실시한 결과 까치집 검출 정확도는 95%까지 상승했다. 또한 해당 이미지를 실시간 문자메시지로 작업자에게 전송해 위험 요소와 위치를 인지시켜 현장에 적용할 수 있다는 사실도 확인했다. 현재는 이와 더불어 정기열차가 운행하지 않거나 작업자가 접근하기 쉽지 않은 차량 정비 시설 등에 드론을 띄워 전차선의 까치집을 발견 및 제거하는 기술도 시범 운영하고 있다.

① 인공지능도 학습을 통해 그 정확도를 향상시킬 수 있다.
② 빠른 속도에서 인공지능의 사물 식별 정확도는 낮아진다.
③ 사람의 접근이 불가능한 곳에 위치한 까치집의 제거도 가능해졌다.
④ 까치집 자동 검출 시스템을 통해 실시간으로 까치집 제거가 가능해졌다.
⑤ 인공지능 등의 스마트 기술 도입으로 까치집 생성의 감소를 기대할 수 있다.

❙ 코레일 한국철도공사 / 의사소통능력

11 **다음 글을 이해한 내용으로 적절하지 않은 것은?**

> 열차 내에서의 범죄가 급격하게 증가함에 따라 한국철도공사는 열차 내 범죄 예방과 안전 확보를 위해 2023년까지 현재 운행하고 있는 열차의 모든 객실에 CCTV를 설치하고, 모든 열차 승무원에게 바디캠을 지급하겠다고 밝혔다.
> CCTV는 열차 종류에 따라 운전실에서 비상시 실시간으로 상황을 파악할 수 있는 '네트워크 방식'과 각 객실에서의 영상을 저장하는 '개별 독립 방식'이라는 2가지 방식으로 사용 및 설치가 진행될 예정이며, 객실에는 사각지대를 없애기 위해 4대가량의 CCTV가 설치된다. 이 중 2대는 휴대 물품 도난 방지 등을 위해 휴대 물품 보관대 주변에 위치하게 된다.
> 이에 따라 한국철도공사는 CCTV 제품 품평회를 가져 제품의 형태와 색상, 재질 등에 대한 의견을 나누고 각 제품이 실제로 열차 운행 시 진동과 충격 등에 적합한지 시험을 거친 후 도입할 예정이다.

① 현재는 모든 열차의 객실 전부에 CCTV가 설치되어 있진 않을 것이다.
② 과거에 비해 승무원에 대한 승객의 범죄행위 증거 취득이 유리해질 것이다.
③ CCTV 설치를 통해 인적 피해와 물적 피해 모두 예방할 수 있을 것이다.
④ CCTV 설치를 통해 실시간으로 모든 객실을 모니터링할 수 있을 것이다.
⑤ CCTV의 내구성뿐만 아니라 외적인 디자인도 제품 선택에 영향을 줄 수 있을 것이다.

❙ 코레일 한국철도공사 / 수리능력

12 **작년 K대학교에 재학 중인 학생 수는 6,800명이고 남학생과 여학생의 비는 8 : 9였다. 올해 남학생 수와 여학생 수의 비가 12 : 13만큼 줄어들어 7 : 8이 되었다고 할 때, 올해 K대학교의 전체 재학생 수는?**

① 4,440명
② 4,560명
③ 4,680명
④ 4,800명
⑤ 4,920명

13 다음 자료에 대한 설명으로 가장 적절한 것은?

• KTX 마일리지 적립

– KTX 이용 시 결제금액의 5%가 기본 마일리지로 적립됩니다.

– 더블적립(×2) 열차로 지정된 열차는 추가로 5%가 적립됩니다(결제금액의 총 10%).

※ 더블적립 열차는 홈페이지 및 코레일톡 애플리케이션에서만 승차권 구매 가능

– 선불형 교통카드 Rail+(레일플러스)로 승차권을 결제하는 경우 1% 보너스 적립도 제공되어 최대 11% 적립이 가능합니다.

– 마일리지를 적립받고자 하는 회원은 승차권을 발급받기 전에 코레일 멤버십카드 제시 또는 회원번호 및 비밀번호 등을 입력해야 합니다.

– 해당 열차 출발 후에는 마일리지를 적립받을 수 없습니다.

• 회원 등급 구분

구분	등급 조건	제공 혜택
VVIP	• 반기별 승차권 구입 시 적립하는 마일리지가 8만 점 이상인 고객 또는 기준일부터 1년간 16만 점 이상 고객 중 매년 반기 익월 선정	• 비즈니스 회원 혜택 기본 제공 • KTX 특실 무료 업그레이드 쿠폰 6매 제공 • 승차권 나중에 결제하기 서비스 (열차 출발 3시간 전까지)
VIP	• 반기별 승차권 구입 시 적립하는 마일리지가 4만 점 이상인 고객 또는 기준일부터 1년간 8만 점 이상 고객 중 매년 반기 익월 선정	• 비즈니스 회원 혜택 기본 제공 • KTX 특실 무료 업그레이드 쿠폰 2매 제공
비즈니스	• 철도 회원으로 가입한 고객 중 최근 1년간 온라인에서 로그인한 기록이 있거나, 회원으로 구매실적이 있는 고객	• 마일리지 적립 및 사용 가능 • 회원 전용 프로모션 참가 가능 • 열차 할인상품 이용 등 기본서비스와 멤버십 제휴서비스 등 부가서비스 이용
패밀리	• 철도 회원으로 가입한 고객 중 최근 1년간 온라인에서 로그인한 기록이 없거나, 회원으로 구매실적이 없는 고객	• 멤버십 제휴서비스 및 코레일 멤버십 라운지 이용 등의 부가서비스 이용 제한 • 휴면 회원으로 분류 시 별도 관리하며, 본인 인증 절차로 비즈니스 회원으로 전환 가능

– 마일리지는 열차 승차 다음날 적립되며, 지연료를 마일리지로 적립하신 실적은 등급 산정에 포함되지 않습니다.

– KTX 특실 무료 업그레이드 쿠폰 유효기간은 6개월이며, 반기별 익월 10일 이내에 지급됩니다.

– 실적의 연간 적립 기준일은 7월 지급의 경우 전년도 7월 1일부터 당해 연도 6월 30일까지 실적이며, 1월 지급은 전년도 1월 1일부터 전년도 12월 31일까지의 실적입니다.

– 코레일에서 지정한 추석 및 설 명절 특별수송기간의 승차권은 실적 적립 대상에서 제외됩니다.

– 회원 등급 조건 및 제공 혜택은 사전 공지 없이 변경될 수 있습니다.

– 승차권 나중에 결제하기 서비스는 총 편도 2건 이내에서 제공되며, 3회 자동 취소 발생(열차 출발 전 3시간 내 미결제) 시 서비스가 중지됩니다. 리무진+승차권 결합 발권은 2건으로 간주되며, 정기권, 특가상품 등은 나중에 결제하기 서비스 대상에서 제외됩니다.

① 코레일에서 운행하는 모든 열차는 이용 때마다 결제금액의 최소 5%가 KTX 마일리지로 적립된다.

② 회원 등급이 높아져도 열차 탑승 시 적립되는 마일리지는 동일하다.

③ 비즈니스 등급은 기업회원을 구분하는 명칭이다.

④ 6개월간 마일리지 4만 점을 적립하더라도 VIP 등급을 부여받지 못할 수 있다.

⑤ 회원 등급이 높아도 승차권을 정가보다 저렴하게 구매할 수 있는 방법은 없다.

※ 다음 자료를 보고 이어지는 질문에 답하시오. [14~16]

〈2023년 한국의 국립공원 기념주화 예약 접수〉

- 우리나라 자연환경의 아름다움과 생태 보전의 중요성을 널리 알리기 위해 K공사는 한국의 국립공원 기념주화 3종(설악산, 치악산, 월출산)을 발행할 예정임
- 예약 접수일 : 3월 2일(목) ~ 3월 17일(금)
- 배부 시기 : 2023년 4월 28일(금)부터 예약자가 신청한 방법으로 배부
- 기념주화 상세

화종	앞면	뒷면
은화Ⅰ – 설악산		
은화Ⅱ – 치악산		
은화Ⅲ – 월출산		

- 발행량 : 화종별 10,000장씩 총 30,000장
- 신청 수량 : 단품 및 3종 세트로 구분되며 단품과 세트에 중복신청 가능
  - 단품 : 1인당 화종별 최대 3장
  - 3종 세트 : 1인당 최대 3세트
- 판매 가격 : 액면금액에 판매 부대비용(케이스, 포장비, 위탁판매수수료 등)을 부가한 가격
  - 단품 : 각 63,000원(액면가 50,000원+케이스 등 부대비용 13,000원)
  - 3종 세트 : 186,000원(액면가 150,000원+케이스 등 부대비용 36,000원)
- 접수 기관 : 우리은행, 농협은행, K공사
- 예약 방법 : 창구 및 인터넷 접수
  - 창구 접수

    신분증[주민등록증, 운전면허증, 여권(내국인), 외국인등록증(외국인)]을 지참하고 우리·농협은행 영업점을 방문하여 신청
  - 인터넷 접수

    ① 우리·농협은행의 계좌를 보유한 고객은 개시일 9시부터 마감일 23시까지 홈페이지에서 신청

    ② K공사 온라인 쇼핑몰에서는 가상계좌 방식으로 개시일 9시부터 마감일 23시까지 신청
- 구입 시 유의사항
  - 수령자 및 수령지 등 접수 정보가 중복될 경우 단품별 10장, 3종 세트 10세트만 추첨 명단에 등록
  - 비정상적인 경로나 방법으로 접수할 경우 당첨을 취소하거나 배송을 제한

| 코레일 한국철도공사 / 문제해결능력

14 다음 중 한국의 국립공원 기념주화 발행 사업의 내용으로 옳은 것은?

① 국민들을 대상으로 예약 판매를 실시하며, 외국인에게는 판매하지 않는다.
② 1인당 구매 가능한 최대 주화 수는 10장이다.
③ 기념주화를 구입하기 위해서는 우리·농협은행 계좌를 사전에 개설해 두어야 한다.
④ 사전예약을 받은 뒤, 예약 주문량에 맞추어 제한된 수량만 생산한다.
⑤ K공사를 통한 예약 접수는 온라인에서만 가능하다.

| 코레일 한국철도공사 / 문제해결능력

15 외국인 A씨는 이번에 발행되는 기념주화를 예약 주문하려고 한다. 다음 상황을 참고했을 때 A씨가 기념주화 구매 예약을 할 수 있는 방법으로 옳은 것은?

〈외국인 A씨의 상황〉

- A씨는 국내 거주 외국인으로 등록된 사람이다.
- A씨의 명의로 국내은행에 개설된 계좌는 총 2개로, 신한은행, 한국씨티은행에 1개씩이다.
- A씨는 우리은행이나 농협은행과는 거래이력이 없다.

① 여권을 지참하고 우리은행이나 농협은행 지점을 방문한다.
② K공사 온라인 쇼핑몰에서 신용카드를 사용한다.
③ 계좌를 보유한 신한은행이나 한국씨티은행의 홈페이지를 통해 신청한다.
④ 외국인등록증을 지참하고 우리은행이나 농협은행 지점을 방문한다.
⑤ 우리은행이나 농협은행의 홈페이지에서 신청한다.

| 코레일 한국철도공사 / 문제해결능력

16 다음은 기념주화를 예약한 5명의 신청내역이다. 이 중 가장 많은 금액을 지불한 사람의 구매 금액은?

(단위 : 세트, 장)

구매자	3종 세트	단품		
		은화Ⅰ – 설악산	은화Ⅱ – 치악산	은화Ⅲ – 월출산
A	2	1	–	–
B	–	2	3	3
C	2	1	1	–
D	3	–	–	–
E	1	–	2	2

① 558,000원
② 561,000원
③ 563,000원
④ 564,000원
⑤ 567,000원

※ 다음 글을 읽고 이어지는 질문에 답하시오. [17~18]

척추는 신체를 지탱하고, 뇌로부터 이어지는 중추신경인 척수를 보호하는 중요한 뼈 구조물이다. 보통 사람들은 허리에 심한 통증이 느껴지면 허리디스크(추간판탈출증)를 떠올리는데, 디스크 이외에도 통증을 유발하는 척추 질환은 다양하다. 특히 노인 인구가 증가하면서 척추관협착증(요추관협착증)의 발병 또한 늘어나고 있다. 허리디스크와 척추관협착증은 사람들이 혼동하기 쉬운 척추 질환으로, 발병 원인과 치료법이 다르기 때문에 두 질환의 차이를 이해하고 통증 발생 시 질환에 맞춰 적절하게 대응할 필요가 있다.

허리디스크는 척추 뼈 사이에 쿠션처럼 완충 역할을 해주는 디스크(추간판)에 문제가 생겨 발생한다. 디스크는 찐득찐득한 수핵과 이를 둘러싸는 섬유륜으로 구성되는데, 나이가 들어 탄력이 떨어지거나, 젊은 나이에도 급격한 충격에 의해서 섬유륜에 균열이 생기면 속의 수핵이 빠져나오면서 주변 신경을 압박하거나 염증을 유발한다. 허리디스크가 발병하면 초기에는 허리 통증으로 시작되어 점차 허벅지에서 발까지 찌릿하게 저리는 방사통을 유발하고, 디스크에서 수핵이 흘러나오는 상황이기 때문에 허리를 굽히거나 앉아 있으면 디스크에 가해지는 압력이 높아져 통증이 더욱 심해진다. 허리디스크는 통증이 심한 질환이지만, 흘러나온 수핵은 대부분 대식세포에 의해 제거되고, 자연치유가 가능하기 때문에 병원에서는 주로 통증을 줄이고, 안정을 취하는 방법으로 보존치료를 진행한다. 하지만 염증이 심해져 중앙 척수를 건드리게 되면 하반신 마비 등의 증세가 나타날 수 있는데, 이러한 경우에는 탈출된 디스크 조각을 물리적으로 제거하는 수술이 필요하다.

반면, 척추관협착증은 대표적인 척추 퇴행성 질환으로 주변 인대(황색 인대)가 척추관을 압박하여 발생한다. 척추관은 척추 가운데 신경 다발이 지나갈 수 있도록 속이 빈 공간인데, 나이가 들면서 척추가 흔들리게 되면 흔들리는 척추를 붙들기 위해 인대가 점차 두꺼워지고, 척추 뼈에 변형이 생겨 결과적으로 척추관이 좁아지게 된다. 이렇게 오랜 기간 동안 변형된 척추 뼈와 인대가 척추관 속의 신경을 눌러 발생하는 것이 척추관협착증이다. 척추관 속의 신경이 눌리게 되면 통증과 함께 저리거나 당기게 되어 보행이 힘들어지며, 지속적으로 압박받을 경우 척추 신경이 경색되어 하반신 마비 증세로 악화될 수 있다. 일반적으로 서 있을 경우보다 허리를 구부렸을 때 척추관이 더 넓어지므로 허리디스크 환자와 달리 앉아 있을 때 통증이 완화된다. 척추관협착증은 자연치유가 되지 않고 척추관이 다시 넓어지지 않으므로 발병 초기를 제외하면 일반적으로 변형된 부분을 제거하는 수술을 하게 된다.

이와 같이 허리디스크와 척추관협착증은 똑같이 허리 통증을 유발하지만 원인과 증상, 치료법이 서로 상이하다. 비교적 고령인 60대 이상의 사람이 만성적으로 서 있을 때 통증이 나타난다면 ___㉠___을/를 의심해야 하며, 비교적 젊은 20 ~ 50대의 사람이 앉아 있을 때 통증이 급작스럽게 나타날 때는 ___㉡___을/를 의심해야 한다. 척추는 우리의 몸을 지탱하는 중요한 골격이며, 신경계와 밀접한 관련이 있으므로 통증이 발생한다면 자신의 몸 상태를 잘 파악하고, 초기에 치료를 받는 것이 중요하다.

| 국민건강보험공단 / 의사소통능력

17 다음 중 윗글의 내용으로 적절하지 않은 것은?

① 일반적으로 허리디스크는 척추관협착증에 비해 급작스럽게 증상이 나타난다.
② 허리디스크는 서 있을 때 통증이 더 심해진다.
③ 허리디스크에 비해 척추관협착증은 외과적 수술 빈도가 높다.
④ 허리디스크와 척추관협착증 모두 증세가 심해지면 하반신 마비의 가능성이 있다.

18 다음 중 빈칸 ㉠과 ㉡에 들어갈 단어가 바르게 연결된 것은?

	㉠	㉡
①	허리디스크	추간판탈출증
②	허리디스크	척추관협착증
③	척추관협착증	요추관협착증
④	척추관협착증	허리디스크

19 다음 문단을 논리적 순서대로 바르게 나열한 것은?

(가) 주장애관리는 장애정도가 심한 장애인이 의원뿐만 아니라 병원 및 종합병원급에서 장애 유형별 전문의에게 전문적인 장애관리를 받을 수 있는 서비스이다. 이전에는 대상 관리 유형이 지체장애, 시각장애, 뇌병변장애로 제한되어 있었으나, 3단계부터는 지적장애, 정신장애, 자폐성 장애까지 확대되어 더 많은 중증장애인들이 장애관리를 받을 수 있게 되었다.

(나) 이와 같이 3단계 장애인 건강주치의 시범사업은 기존 1・2단계 시범사업보다 더욱 확대되어 많은 중증장애인들의 참여를 예상하고 있다. 장애인 건강주치의 시범사업에 신청하기 위해서는 국민건강보험공단 홈페이지의 건강IN에서 장애인 건강주치의 의료기관을 찾은 후 해당 의료기관에 방문하여 장애인 건강주치의 이용 신청사실 통지서를 작성하면 신청할 수 있다.

(다) 장애인 건강주치의 제도가 제공하는 서비스는 일반건강관리, 주(主)장애관리, 통합관리로 나누어진다. 일반건강관리 서비스는 모든 유형의 중증장애인이 만성질환 등 전반적인 건강관리를 받을 수 있는 서비스로, 의원급에서 원하는 의사를 선택하여 참여할 수 있다. 1・2단계까지의 사업에서는 만성질환관리를 위해 장애인 본인이 검사비용의 30%를 부담해야 했지만, 3단계부터는 본인부담금 없이 질환별 검사바우처로 제공한다.

(라) 마지막으로 통합관리는 일반건강관리와 주장애관리를 동시에 받을 수 있는 서비스로, 동네에 있는 의원급 의료기관에 속한 지체・뇌병변・시각・지적・정신・자폐성 장애를 진단하는 전문의가 주장애관리와 만성질환관리를 모두 제공한다. 이 3가지 서비스들은 거동이 불편한 환자를 위해 의사나 간호사가 직접 집으로 방문하는 방문 서비스를 제공하고 있으며 기존까지는 연 12회였으나, 3단계 시범사업부터 연 18회로 증대되었다.

(마) 보건복지부와 국민건강보험공단은 2021년 9월부터 3단계 장애인 건강주치의 시범사업을 진행하였다. 장애인 건강주치의 제도는 중증장애인이 인근 지역에서 주치의로 등록 신청한 의사 중 원하는 의사를 선택하여 장애로 인한 건강문제, 만성질환 등 건강상태를 포괄적이고 지속적으로 관리 받을 수 있는 제도로, 2018년 5월 1단계 시범사업을 시작으로 2단계 시범사업까지 완료되었다.

① (다) – (마) – (가) – (나) – (라)
② (다) – (가) – (라) – (마) – (나)
③ (마) – (가) – (라) – (나) – (다)
④ (마) – (다) – (가) – (라) – (나)

| 국민건강보험공단 / 수리능력

20 다음은 K지역의 연도별 건강보험금 부과액 및 징수액에 대한 자료이다. 직장가입자 건강보험금 징수율이 가장 높은 해와 지역가입자의 건강보험금 징수율이 가장 높은 해를 바르게 짝지은 것은?

〈건강보험금 부과액 및 징수액〉

(단위 : 백만 원)

구분		2019년	2020년	2021년	2022년
직장가입자	부과액	6,706,712	5,087,163	7,763,135	8,376,138
	징수액	6,698,187	4,898,775	7,536,187	8,368,972
지역가입자	부과액	923,663	1,003,637	1,256,137	1,178,572
	징수액	886,396	973,681	1,138,763	1,058,943

※ $(\text{징수율}) = \frac{(\text{징수액})}{(\text{부과액})} \times 100$

	직장가입자	지역가입자
①	2022년	2020년
②	2022년	2019년
③	2021년	2020년
④	2021년	2019년

| 국민건강보험공단 / 수리능력

21 다음은 K병원의 하루 평균 이뇨제, 지사제, 진통제 사용량에 대한 자료이다. 이에 대한 설명으로 옳지 않은 것은?

〈하루 평균 이뇨제, 지사제, 진통제 사용량〉

구분	2018년	2019년	2020년	2021년	2022년	1인 1일 투여량
이뇨제	3,000mL	3,480mL	3,360mL	4,200mL	3,720mL	60mL/일
지사제	30정	42정	48정	40정	44정	2정/일
진통제	6,720mg	6,960mg	6,840mg	7,200mg	7,080mg	60mg/일

※ 모든 의약품은 1인 1일 투여량을 준수하여 투여했다.

① 전년 대비 2022년 사용량 감소율이 가장 큰 의약품은 이뇨제이다.
② 5년 동안 지사제를 투여한 환자 수의 평균은 18명 이상이다.
③ 이뇨제 사용량은 증가와 감소를 반복하였다.
④ 매년 진통제를 투여한 환자 수는 이뇨제를 투여한 환자 수의 2배 이하이다.

22 다음은 분기별 상급병원, 종합병원, 요양병원의 보건인력 현황에 대한 자료이다. 분기별 전체 보건인력 중 전체 사회복지사 인력의 비율로 옳지 않은 것은?

〈상급병원, 종합병원, 요양병원의 보건인력 현황〉

(단위 : 명)

구분		2022년 3분기	2022년 4분기	2023년 1분기	2023년 2분기
상급병원	의사	20,002	21,073	22,735	24,871
	약사	2,351	2,468	2,526	2,280
	사회복지사	391	385	370	375
종합병원	의사	32,765	33,084	34,778	33,071
	약사	1,941	1,988	2,001	2,006
	사회복지사	670	695	700	720
요양병원	의사	19,382	19,503	19,761	19,982
	약사	1,439	1,484	1,501	1,540
	사회복지사	1,887	1,902	1,864	1,862
계		80,828	82,582	86,236	86,707

※ 보건인력은 의사, 약사, 사회복지사 인력 모두를 포함한다.

① 2022년 3분기 : 약 3.65%
② 2022년 4분기 : 약 3.61%
③ 2023년 1분기 : 약 3.88%
④ 2023년 2분기 : 약 3.41%

23 다음은 건강생활실천지원금제에 대한 자료이다. 〈보기〉의 신청자 중 예방형과 관리형에 해당하는 사람을 바르게 분류한 것은?

〈건강생활실천지원금제〉

- 사업설명 : 참여자 스스로 실천한 건강생활 노력 및 건강개선 결과에 따라 지원금을 지급하는 제도
- 시범지역

지역	예방형	관리형
서울	노원구	중랑구
경기・인천	안산시, 부천시	인천 부평구, 남양주시, 고양일산(동구, 서구)
충청권	대전 대덕구, 충주시, 충남 청양군(부여군)	대전 동구
전라권	광주 광산구, 전남 완도군, 전주시(완주군)	광주 서구, 순천시
경상권	부산 중구, 대구 남구, 김해시, 대구 달성군	대구 동구, 부산 북구
강원・제주권	원주시, 제주시	원주시

- 참여대상 : 주민등록상 주소지가 시범지역에 해당되는 사람 중 아래에 해당하는 사람

구분	조건
예방형	만 20～64세인 건강보험 가입자(피부양자 포함) 중 국민건강보험공단에서 주관하는 일반건강검진 결과 건강관리가 필요한 사람*
관리형	고혈압・당뇨병 환자

*건강관리가 필요한 사람 : 다음에 모두 해당하거나 ①, ② 또는 ①, ③에 해당하는 사람

① 체질량지수(BMI) 25kg/m^2 이상
② 수축기 혈압 120mmHg 이상 또는 이완기 혈압 80mmHg 이상
③ 공복혈당 100mg/dL 이상

보기

신청자	주민등록상 주소지	체질량지수	수축기 혈압 / 이완기 혈압	공복혈당	기저질환
A	서울 강북구	22kg/m^2	117mmHg / 78mmHg	128mg/dL	–
B	서울 중랑구	28kg/m^2	125mmHg / 85mmHg	95mg/dL	–
C	경기 안산시	26kg/m^2	142mmHg / 92mmHg	99mg/dL	고혈압
D	인천 부평구	23kg/m^2	145mmHg / 95mmHg	107mg/dL	고혈압
E	광주 광산구	28kg/m^2	119mmHg / 78mmHg	135mg/dL	당뇨병
F	광주 북구	26kg/m^2	116mmHg / 89mmHg	144mg/dL	당뇨병
G	부산 북구	27kg/m^2	118mmHg / 75mmHg	132mg/dL	당뇨병
H	강원 철원군	28kg/m^2	143mmHg / 96mmHg	115mg/dL	고혈압
I	제주 제주시	24kg/m^2	129mmHg / 83mmHg	108mg/dL	–

※ 단, 모든 신청자는 만 20～64세이며, 건강보험에 가입하였다.

	예방형	관리형		예방형	관리형
①	A, E	C, D	②	B, E	F, I
③	C, E	D, G	④	F, I	C, H

24 K동에서는 임신한 주민에게 출산장려금을 지원하고자 한다. 출산장려금 지급 기준 및 K동에 거주하는 임산부에 대한 정보가 다음과 같을 때, 출산장려금을 가장 먼저 받을 수 있는 사람은?

〈K동 출산장려금 지급 기준〉

- 출산장려금 지급액은 모두 같으나, 지급 시기는 모두 다르다.
- 지급 순서 기준은 임신일, 자녀 수, 소득 수준 순서이다.
- 임신일이 길수록, 자녀가 많을수록, 소득 수준이 낮을수록 먼저 받는다(단, 자녀는 만 19세 미만의 아동 및 청소년으로 제한한다).
- 임신일, 자녀 수, 소득 수준이 모두 같으면 같은 날에 지급한다.

〈K동 거주 임산부 정보〉

임산부	임신일	자녀	소득 수준
A	150일	만 1세	하
B	200일	만 3세	상
C	100일	만 10세, 만 6세, 만 5세, 만 4세	상
D	200일	만 7세, 만 5세, 만 3세	중
E	200일	만 20세, 만 16세, 만 14세, 만 10세	상

① A임산부　　② B임산부
③ D임산부　　④ E임산부

25 다음 글의 주제로 가장 적절한 것은?

현재 우리나라의 진료비 지불제도 중 가장 주도적으로 시행되는 지불제도는 행위별수가제이다. 행위별수가제는 의료기관에서 의료인이 제공한 의료서비스(행위, 약제, 치료 재료 등)에 대해 서비스별로 가격(수가)을 정하여 사용량과 가격에 의해 진료비를 지불하는 제도로, 의료보험 도입 당시부터 채택하고 있는 지불제도이다. 그러나 최근 관련 전문가들로부터 이러한 지불제도를 개선해야 한다는 목소리가 많이 나오고 있다.

조사에 의하면 우리나라의 국민의료비를 증대시키는 주요 원인은 고령화로 인한 진료비 증가와 행위별수가제로 인한 비용의 무한 증식이다. 현재 우리나라의 국민의료비는 OECD 회원국 중 최상위를 기록하고 있으며 앞으로 더욱 심화될 것으로 예측된다. 특히 행위별수가제는 의료행위를 할수록 지불되는 진료비가 증가하므로 CT, MRI 등 영상검사를 중심으로 의료 남용이나 과다 이용 문제가 발생하고 있고, 병원의 이익 증대를 위하여 환자에게는 의료비 부담을, 의사에게는 업무 부담을, 건강보험에는 재정 부담을 증대시키고 있다.

이러한 행위별수가제의 문제점을 개선하기 위해 일부 질병군에서는 환자가 입원해서 퇴원할 때까지 발생하는 진료에 대하여 질병마다 미리 정해진 금액을 내는 제도인 포괄수가제를 시행 중이며, 요양병원, 보건기관에서는 입원 환자의 질병, 기능 상태에 따라 입원 1일당 정액수가를 적용하는 정액수가제를 병행하여 실시하고 있지만 비용 산정의 경직성, 의사 비용과 병원 비용의 비분리 등 여러 가지 문제점이 있어 현실적으로 효과를 내지 못하고 있다는 지적이 나오고 있다.

기획재정부와 보건복지부는 시간이 지날수록 건강보험 적자가 계속 증대되어 머지않아 고갈될 위기에 있다고 발표하였다. 당장 행위별수가제를 전면적으로 폐지할 수는 없으므로 기존의 다른 수가제의 문제점을 개선하여 확대하는 등 의료비 지불방식의 다변화가 구조적으로 진행되어야 할 것이다.

① 신포괄수가제의 정의
② 행위별수가제의 한계점
③ 의료비 지불제도의 역할
④ 건강보험의 재정 상황
⑤ 다양한 의료비 지불제도 소개

26 **다음 중 제시된 단어와 그 뜻이 바르게 연결되지 않은 것은?**

① 당위(當爲) : 마땅히 그렇게 하거나 되어야 하는 것
② 구상(求償) : 자연적인 재해나 사회적인 피해를 당하여 어려운 처지에 있는 사람을 도와줌
③ 명문(明文) : 글로 명백히 기록된 문구 또는 그런 조문
④ 유기(遺棄) : 어떤 사람이 종래의 보호를 거부하여 그를 보호받지 못하는 상태에 두는 일
⑤ 추계(推計) : 일부를 가지고 전체를 미루어 계산함

27 **질량이 2kg인 공을 지표면으로부터 높이가 50cm인 지점에서 지표면을 향해 수직으로 4m/s의 속력으로 던져 공이 튀어 올랐다. 다음 〈조건〉을 보고 가장 높은 지점에서 공의 위치에너지를 구하면?(단, 에너지 손실은 없으며, 중력가속도는 10m/s^{2}으로 가정한다)**

조건

- (운동에너지)=$\left[\frac{1}{2}\times(\text{질량})\times(\text{속력})^2\right]$J
  (위치에너지)=[(질량)×(중력가속도)×(높이)]J
  (역학적 에너지)=[(운동에너지)+(위치에너지)]J
- 에너지 손실이 없다면 역학적 에너지는 어떠한 경우에도 변하지 않는다.
- 공이 지표면에 도달할 때 위치에너지는 0이고, 운동에너지는 역학적 에너지와 같다.
- 공이 튀어 오른 후 가장 높은 지점에서 운동에너지는 0이고, 위치에너지는 역학적 에너지와 같다.
- 운동에너지와 위치에너지를 구하는 식에 대입하는 질량의 단위는 kg, 속력의 단위는 m/s, 중력가속도의 단위는 m/s^2, 높이의 단위는 m이다.

① 26J
② 28J
③ 30J
④ 32J
⑤ 34J

| 건강보험심사평가원 / 수리능력

28 A부장이 시속 200km의 속력으로 달리는 기차로 1시간 30분 걸리는 출장지에 자가용을 타고 출장을 갔다. 시속 60km의 속력으로 가고 있는데, 속력을 유지한 채 가면 약속시간보다 1시간 늦게 도착할 수 있어 도중에 시속 90km의 속력으로 달려 약속시간보다 30분 일찍 도착하였다. A부장이 시속 90km의 속력으로 달린 거리는?(단, 달리는 동안 속력은 시속 60km로 달리는 도중에 시속 90km로 바뀌는 경우를 제외하고는 그 속력을 유지하는 것으로 가정한다)

① 180km
② 210km
③ 240km
④ 270km
⑤ 300km

| 건강보험심사평가원 / 수리능력

29 S공장은 어떤 상품을 원가에 23%의 이익을 남겨 판매하였으나, 잘 팔리지 않아 판매가에서 1,300원 할인하여 판매하였다. 이때 얻은 이익이 원가의 10%일 때, 상품의 원가는?

① 10,000원
② 11,500원
③ 13,000원
④ 14,500원
⑤ 16,000원

| 건강보험심사평가원 / 수리능력

30 A ~ G 7명은 일렬로 배치된 의자에 다음 〈조건〉과 같이 앉는다. 이때 가능한 경우의 수는?

> **조건**
> - A는 양 끝에 앉지 않는다.
> - G는 가운데에 앉는다.
> - B는 G의 바로 옆에 앉는다.

① 60가지
② 72가지
③ 144가지
④ 288가지
⑤ 366가지

| 서울교통공사 / 의사소통능력

31 다음 글의 주제로 가장 적절한 것은?

> 지난 5월 아이슬란드에 각종 파이프와 열교환기, 화학물질 저장탱크, 압축기로 이루어져 있는 '조지 올라 재생가능 메탄올 공장'이 등장했다. 이곳은 이산화탄소로 메탄올을 만드는 첨단 시설로, 과거 2011년 아이슬란드 기업 '카본리사이클링인터내셔널(CRI)'이 탄소 포집 · 활용(CCU) 기술의 실험을 위해서 지은 곳이다.
> 이곳에서는 인근 지열발전소에서 발생하는 적은 양의 이산화탄소(CO_2)를 포집한 뒤 물을 분해해 조달한 수소(H_2)와 결합시켜 재생 메탄올(CH_3OH)을 제조하였으며, 이때 필요한 열과 냉각수 역시 지열발전소의 부산물을 이용했다. 이렇게 만들어진 메탄올은 자동차, 선박, 항공 연료는 물론 플라스틱 제조 원료로 활용되는 등 여러 곳에서 활용되었다.
> 하지만 이렇게 메탄올을 만드는 것이 미래 원료 문제의 근본적인 해결책이 될 수는 없었다. 왜냐하면 메탄올이 만드는 에너지보다 메탄올을 만드는 데 들어가는 에너지가 더 필요하다는 문제점에 더하여 액화천연가스(LNG)를 메탄올로 변환할 경우 이전보다 오히려 탄소배출량이 증가하고, 탄소배출량을 감소시키기 위해서는 태양광과 에너지 저장장치를 활용해 메탄올 제조에 필요한 에너지를 모두 조달해야만 하기 때문이다.
> 또한 탄소를 포집해 지하에 영구 저장하는 탄소포집 저장방식과 달리, 탄소를 포집해 만든 연료나 제품은 사용 중에 탄소를 다시 배출할 가능성이 있어 이에 대한 논의가 분분한 상황이다.

① 탄소 재활용의 득과 실
② 재생 에너지 메탄올의 다양한 활용
③ 지열발전소에서 탄생한 재활용 원료
④ 탄소 재활용을 통한 미래 원료의 개발
⑤ 미래의 에너지 원료로 주목받는 재활용 원료, 메탄올

32 **다음 글과 같이 한자어 및 외래어를 순화한 내용으로 적절하지 않은 것은?**

> 열차를 타다 보면 한 번쯤은 다음과 같은 안내방송을 들어 봤을 것이다.
> "○○역 인근 '공중사상사고' 발생으로 KTX 열차가 지연되고 있습니다."
> 이때 들리는 안내방송 중 한자어인 '공중사상사고'를 한 번에 알아듣기란 일반적으로 쉽지 않다. 실제로 S교통공사 관계자는 승객들로부터 안내방송 문구가 적절하지 않다는 지적을 받아 왔다고 밝혔으며, 이에 S교통공사는 국토교통부와 협의를 거쳐 보다 이해하기 쉬운 안내방송을 전달하기 위해 문구를 바꾸는 작업에 착수하기로 결정하였다고 전했다.
> 우선 가장 먼저 수정하기로 한 것은 한자어 및 외래어로 표기된 철도 용어이다. 그중 대표적인 것이 '공중사상사고'이다. S교통공사 관계자는 이를 '일반인의 사상사고'나 '열차 운행 중 인명사고' 등과 같이 이해하기 쉬운 말로 바꿀 예정이라고 밝혔다. 이 외에도 열차 지연 예상 시간, 사고복구 현황 등 열차 내 안내방송을 승객에게 좀 더 알기 쉽고 상세하게 전달할 것이라고 전했다.

① 열차시격 → 배차간격
② 전차선 단전 → 선로 전기 공급 중단
③ 우회수송 → 우측 선로로 변경
④ 핸드레일(Handrail) → 안전손잡이
⑤ 키스 앤 라이드(Kiss and Ride) → 환승정차구역

33 다음 글에서 언급되지 않은 내용은?

> 전 세계적인 과제로 탄소중립이 대두되자 친환경적 운송수단인 철도가 주목받고 있다. 특히 국제에너지기구는 철도를 에너지 효율이 가장 높은 운송 수단으로 꼽으며, 철도 수송을 확대하면 세계 수송 부문에서 온실가스 배출량이 그렇지 않을 때보다 약 6억 톤이 줄어들 수 있다고 하였다.
> 특히 철도의 에너지 소비량은 도로의 22분의 1이고, 온실가스 배출량은 9분의 1에 불과해, 탄소 배출이 높은 도로 운행의 수요를 친환경 수단인 철도로 전환한다면 수송 부문 총배출량이 획기적으로 감소될 것이라 전망하고 있다.
> 이에 발맞춰 우리나라의 S철도공단도 '녹색교통'인 철도 중심 교통체계를 구축하기 위해 박차를 가하고 있으며, 정부 역시 '2050 탄소중립 실현' 목표에 발맞춰 저탄소 철도 인프라 건설·관리로 탄소를 지속적으로 감축하고자 노력하고 있다.
> S철도공단은 철도 인프라 생애주기 관점에서 탄소를 감축하기 위해 먼저 철도 건설 단계에서부터 친환경·저탄소 자재를 적용해 탄소 배출을 줄이고 있다. 실제로 중앙선 안동 ~ 영천 간 궤도 설계 당시 철근 대신에 저탄소 자재인 유리섬유 보강근을 콘크리트 궤도에 적용했으며, 이를 통한 탄소 감축효과는 약 6,000톤으로 추정된다. 이 밖에도 저탄소 철도 건축물 구축을 위해 2025년부터 모든 철도건축물을 에너지 자립률 60% 이상(3등급)으로 설계하기로 결정했으며, 도심의 철도 용지는 지자체와 협업을 통해 도심 속 철길 숲 등 탄소 흡수원이자 지역민의 휴식처로 철도부지 특성에 맞게 조성되고 있다.
> S철도공단은 이와 같은 철도로의 수송 전환으로 약 20%의 탄소 감축 목표를 내세웠으며, 이를 위해서는 정부의 노력도 필요하다고 강조하였다. 특히 수송 수단 간 공정한 가격 경쟁이 이루어질 수 있도록 도로 차량에 집중된 보조금 제도를 화물차의 탄소배출을 줄이기 위한 철도 전환교통 보조금으로 확대하는 등 실질적인 방안의 필요성을 제기하고 있다.

① 녹색교통으로 철도 수송이 대두된 배경
② 철도 수송 확대를 통해 기대할 수 있는 효과
③ 국내의 탄소 감축 방안이 적용된 설계 사례
④ 정부의 철도 중심 교통체계 구축을 위해 시행된 조치
⑤ S철도공단의 철도 중심 교통체계 구축을 위한 방안

| 서울교통공사 / 수리능력

34 다음은 A～C철도사의 연도별 차량 수 및 승차인원에 대한 자료이다. 이에 대한 설명으로 옳지 않은 것은?

〈철도사별 차량 수 및 승차인원〉

구분	2020년			2021년			2022년		
	A	B	C	A	B	C	A	B	C
차량 수(량)	2,751	103	185	2,731	111	185	2,710	113	185
승차인원(천 명/년)	775,386	26,350	35,650	768,776	24,746	33,130	755,376	23,686	34,179

① C철도사가 운영하는 차량 수는 변동이 없다.
② 3년간 전체 승차인원 중 A철도사 철도를 이용하는 승차인원의 비율이 가장 높다.
③ A～C철도사의 철도를 이용하는 연간 전체 승차인원 수는 매년 감소하였다.
④ 3년간 차량 1량당 연간 평균 승차인원 수는 B철도사가 가장 적다.
⑤ C철도사의 차량 1량당 연간 승차인원 수는 200천 명 미만이다.

| 한국산업인력공단 / 수리능력

35 다음은 A～H국의 연도별 석유 생산량에 대한 자료이다. 이에 대한 설명으로 옳은 것은?

〈연도별 석유 생산량〉

(단위 : bbl/day)

국가	2018년	2019년	2020년	2021년	2022년
A	10,356,185	10,387,665	10,430,235	10,487,336	10,556,259
B	8,251,052	8,297,702	8,310,856	8,356,337	8,567,173
C	4,102,396	4,123,963	4,137,857	4,156,121	4,025,936
D	5,321,753	5,370,256	5,393,104	5,386,239	5,422,103
E	258,963	273,819	298,351	303,875	335,371
F	2,874,632	2,633,087	2,601,813	2,538,776	2,480,221
G	1,312,561	1,335,089	1,305,176	1,325,182	1,336,597
H	100,731	101,586	102,856	103,756	104,902

① 석유 생산량이 매년 증가한 국가의 수는 6개이다.
② 2018년 대비 2022년에 석유 생산량 증가량이 가장 많은 국가는 A이다.
③ 매년 E국가의 석유 생산량은 H국가 석유 생산량의 3배 미만이다.
④ 연도별 석유 생산량 상위 2개 국가의 생산량 차이는 매년 감소한다.
⑤ 2018년 대비 2022년에 석유 생산량 감소율이 가장 큰 국가는 F이다.

36 A씨는 최근 승진한 공무원 친구에게 선물로 개당 12만 원인 수석을 보내고자 한다. 다음 부정청탁 및 금품 등 수수의 금지에 관한 법률에 따라 선물을 보낼 때, 최대한 많이 보낼 수 있는 수석의 수는?(단, A씨는 공무원인 친구와 직무 연관성이 없는 일반인이며, 선물은 한 번만 보낸다)

> **금품 등의 수수 금지(부정청탁 및 금품 등 수수의 금지에 관한 법률 제8조 제1항)**
> 공직자 등은 직무 관련 여부 및 기부・후원・증여 등 그 명목에 관계없이 동일인으로부터 1회에 100만 원 또는 매 회계연도에 300만 원을 초과하는 금품 등을 받거나 요구 또는 약속해서는 아니 된다.

① 7개 ② 8개
③ 9개 ④ 10개
⑤ 11개

37 S대리는 업무 진행을 위해 본사에서 거래처로 외근을 가고자 한다. 본사에서 거래처까지 가는 길이 다음과 같을 때, 본사에서 출발하여 C와 G를 거쳐 거래처로 간다면 S대리의 최소 이동거리는?(단, 어떤 곳을 먼저 가도 무관하다)

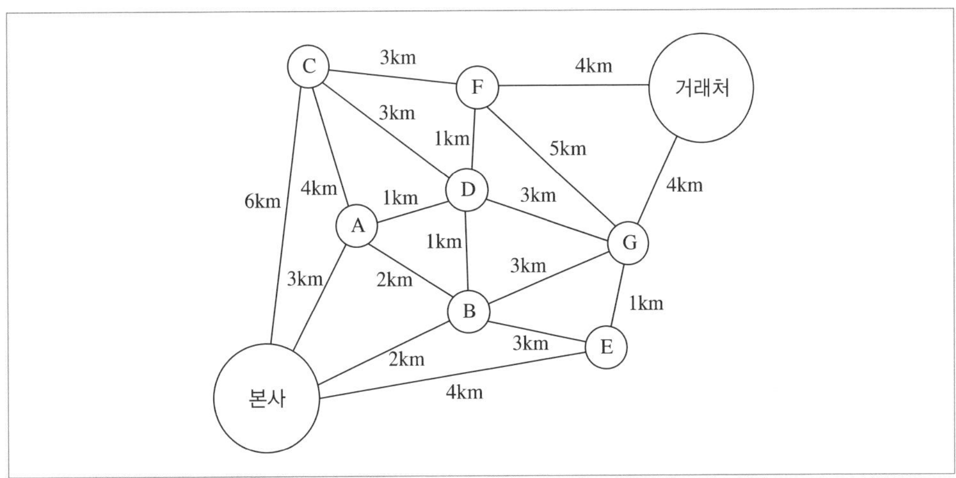

① 8km ② 9km
③ 13km ④ 16km
⑤ 18km

38 **총무부에 근무하는 A사원은 각 부서에 필요한 사무용품을 조사한 결과, 볼펜 30자루, 수정테이프 8개, 연필 20자루, 지우개 5개가 필요하다고 한다. 다음 〈조건〉에 따라 비품을 구매할 때, 지불할 수 있는 가장 저렴한 금액은?(단, 필요한 비품 수를 초과하여 구매할 수 있고, 지불하는 금액은 배송료를 포함한다)**

조건

• 볼펜, 수정테이프, 연필, 지우개의 판매 금액은 다음과 같다(단, 모든 품목은 낱개로 판매한다).

품목	가격(원/1EA)	비고
볼펜	1,000	20자루 이상 구매 시 개당 200원 할인
수정테이프	2,500	10개 이상 구매 시 개당 1,000원 할인
연필	400	12자루 이상 구매 시 연필 전체 가격의 25% 할인
지우개	300	10개 이상 구매 시 개당 100원 할인

• 품목당 할인을 적용한 금액의 합이 3만 원을 초과할 경우, 전체 금액의 10% 할인이 추가로 적용된다.
• 전체 금액의 10% 할인 적용 전 금액이 5만 원 초과 시 배송료는 무료이다.
• 전체 금액의 10% 할인 적용 전 금액이 5만 원 이하 시 배송료 5,000원이 별도로 적용된다.

① 51,500원
② 51,350원
③ 46,350원
④ 45,090원
⑤ 42,370원

39 S사는 개발 상품 매출 순이익에 기여한 직원에게 성과급을 지급하고자 한다. 기여도에 따른 성과급 지급 기준과 〈보기〉를 참고하여 성과급을 차등지급할 때, 가장 많은 성과급을 지급받는 직원은? (단, 팀장에게 지급하는 성과급은 기준 금액의 1.2배이다)

〈기여도에 따른 성과급 지급 기준〉

매출 순이익	개발 기여도			
	1% 이상 5% 미만	5% 이상 10% 미만	10% 이상 20% 미만	20% 이상
1천만 원 미만	–	–	매출 순이익의 1%	매출 순이익의 2%
1천만 원 이상 3천만 원 미만	5만 원	매출 순이익의 1%	매출 순이익의 2%	매출 순이익의 5%
3천만 원 이상 5천만 원 미만	매출 순이익의 1%	매출 순이익의 2%	매출 순이익의 3%	매출 순이익의 5%
5천만 원 이상 1억 원 미만	매출 순이익의 1%	매출 순이익의 3%	매출 순이익의 5%	매출 순이익의 7.5%
1억 원 이상	매출 순이익의 1%	매출 순이익의 3%	매출 순이익의 5%	매출 순이익의 10%

보기

직원	직책	매출 순이익	개발 기여도
A	팀장	4,000만 원	25%
B	팀장	2,500만 원	12%
C	팀원	1억 2,500만 원	3%
D	팀원	7,500만 원	7%
E	팀원	800만 원	6%

① A
② B
③ C
④ D
⑤ E

40 다음은 S시의 학교폭력 상담 및 신고 건수에 대한 자료이다. 이에 대한 설명으로 옳지 않은 것은?

〈학교폭력 상담 및 신고 건수〉

(단위 : 건)

구분	2022년 7월	2022년 8월	2022년 9월	2022년 10월	2022년 11월	2022년 12월
상담	977	805	3,009	2,526	1,007	871
상담 누계	977	1,782	4,791	7,317	8,324	9,195
신고	486	443	1,501	804	506	496
신고 누계	486	929	2,430	3,234	3,740	4,236
구분	2023년 1월	2023년 2월	2023년 3월	2023년 4월	2023년 5월	2023년 6월
상담	( )	( )	4,370	3,620	1,004	905
상담 누계	9,652	10,109	14,479	18,099	19,103	20,008
신고	305	208	2,781	1,183	557	601
신고 누계	4,541	4,749	7,530	( )	( )	( )

① 2023년 1월과 2023년 2월의 학교폭력 상담 건수는 같다.
② 학교폭력 상담 건수와 신고 건수 모두 2023년 3월에 가장 많다.
③ 전월 대비 학교폭력 상담 건수가 가장 크게 감소한 월과 학교폭력 신고 건수가 가장 크게 감소한 월은 다르다.
④ 전월 대비 학교폭력 상담 건수가 증가한 월은 학교폭력 신고 건수도 같이 증가하였다.
⑤ 2023년 6월까지의 학교폭력 신고 누계 건수는 10,000건 이상이다.

41 다음은 5년 동안 발전원별 발전량 추이에 대한 자료이다. 이에 대한 설명으로 옳지 않은 것은?

〈2018 ~ 2022년 발전원별 발전량 추이〉

(단위 : GWh)

발전원	2018년	2019년	2020년	2021년	2022년
원자력	127,004	138,795	140,806	155,360	179,216
석탄	247,670	226,571	221,730	200,165	198,367
가스	135,072	126,789	138,387	144,976	160,787
신재생	36,905	38,774	44,031	47,831	50,356
유류·양수	6,605	6,371	5,872	5,568	5,232
계	553,256	537,300	550,826	553,900	593,958

① 매년 원자력 자원 발전량과 신재생 자원 발전량의 증감 추이는 같다.
② 석탄 자원 발전량의 전년 대비 감소폭이 가장 큰 해는 2021년이다.
③ 신재생 자원 발전량 대비 가스 자원 발전량이 가장 큰 해는 2018년이다.
④ 매년 유류·양수 자원 발전량은 전체 발전량의 1% 이상을 차지한다.
⑤ 전체 발전량의 전년 대비 증가폭이 가장 큰 해는 2022년이다.

42 A ~ G 7명은 주말 여행지를 고르기 위해 투표를 진행하였다. 다음 〈조건〉과 같이 투표를 진행하였을 때, 투표를 하지 않은 사람을 모두 고르면?

조건

- D나 G 중 적어도 한 명이 투표하지 않으면, F는 투표한다.
- F가 투표하면, E는 투표하지 않는다.
- B나 E 중 적어도 한 명이 투표하지 않으면, A는 투표하지 않는다.
- A를 포함하여 투표한 사람은 모두 5명이다.

① B, E
② B, F
③ C, D
④ C, F
⑤ F, G

43 다음 중 〈보기〉에 해당하는 문제해결방법이 바르게 연결된 것은?

보기

㉠ 중립적인 위치에서 그룹이 나아갈 방향과 주제에 대한 공감을 이룰 수 있도록 도와주어 깊이 있는 커뮤니케이션을 통해 문제점을 이해하고 창조적으로 해결하도록 지원하는 방법이다.
㉡ 상이한 문화적 토양을 가진 구성원이 사실과 원칙에 근거한 토론을 바탕으로 서로의 생각을 직설적인 논쟁이나 협상을 통해 의견을 조정하는 방법이다.
㉢ 구성원이 같은 문화적 토양을 가지고 서로를 이해하는 상황에서 권위나 공감에 의지하여 의견을 중재하고, 타협과 조정을 통해 해결을 도모하는 방법이다.

	㉠	㉡	㉢
①	하드 어프로치	퍼실리테이션	소프트 어프로치
②	퍼실리테이션	하드 어프로치	소프트 어프로치
③	소프트 어프로치	하드 어프로치	퍼실리테이션
④	퍼실리테이션	소프트 어프로치	하드 어프로치
⑤	하드 어프로치	소프트 어프로치	퍼실리테이션

44 다음과 같이 G마트에서 파는 물건을 상품코드와 크기에 따라 엑셀 프로그램으로 정리하였다. 상품코드가 S3310897이고, 크기가 '중'인 물건의 가격을 구하는 함수로 옳은 것은?

	A	B	C	D	E	F
1						
2		상품코드	소	중	대	
3		S3001287	18,000	20,000	25,000	
4		S3001289	15,000	18,000	20,000	
5		S3001320	20,000	22,000	25,000	
6		S3310887	12,000	16,000	20,000	
7		S3310897	20,000	23,000	25,000	
8		S3311097	10,000	15,000	20,000	
9						

① =HLOOKUP(S3310897,$B$2:$E$8,6,0)

② =HLOOKUP("S3310897",$B$2:$E$8,6,0)

③ =VLOOKUP("S3310897",$B$2:$E$8,2,0)

④ =VLOOKUP("S3310897",$B$2:$E$8,6,0)

⑤ =VLOOKUP("S3310897",$B$2:$E$8,3,0)

※ 다음은 N사 인근의 지하철 노선도 및 관련 정보이다. 이어지는 질문에 답하시오. [45~47]

〈N사 인근 지하철 노선도〉

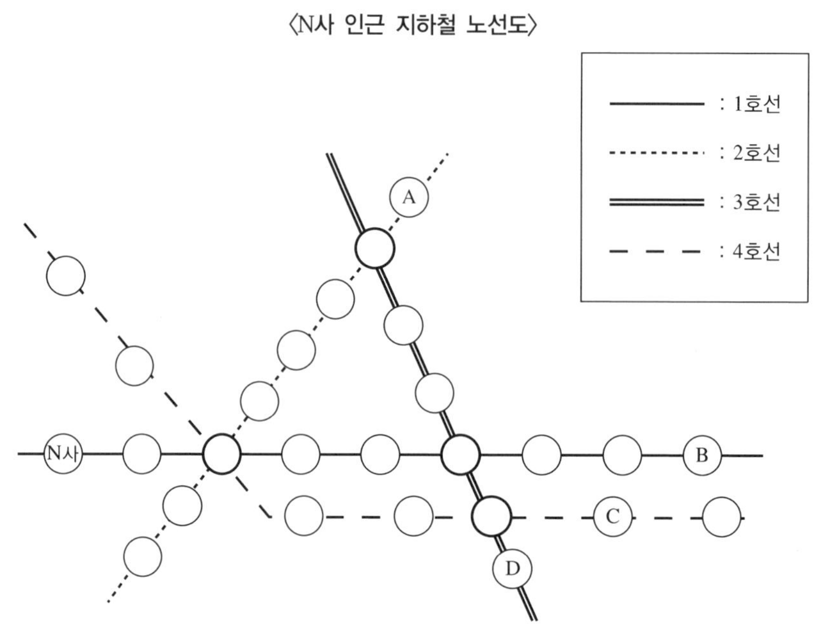

〈N사 인근 지하철 관련 정보〉

- 역간 거리 및 부과요금은 다음과 같다.

열차	역간 거리	기본요금	거리비례 추가요금
1호선	900m	1,200원	5km 초과 시 500m마다 50원 추가
2호선	950m	1,500원	5km 초과 시 1km마다 100원 추가
3호선	1,000m	1,800원	5km 초과 시 500m마다 100원 추가
4호선	1,300m	2,000원	5km 초과 시 1.5km마다 150원 추가

- 모든 노선에서 다음 역으로 이동하는 데 걸리는 시간은 2분이다.
- 모든 노선에서 환승하는 데 걸리는 시간은 3분이다.
- 기본요금이 더 비싼 열차로 환승할 때에는 부족한 기본요금을 추가로 부과하며, 기본요금이 더 저렴한 열차로 환승할 때에는 요금을 추가로 부과하거나 공제하지 않는다.
- 1회 이상 환승할 때의 거리비례 추가요금은 이용한 열차 중 기본요금이 가장 비싼 열차를 기준으로 적용한다.

  예 1호선으로 3,600m 이동 후 3호선으로 환승하여 3,000m 더 이동했다면, 기본요금 및 거리비례 추가요금은 3호선 기준이 적용되어 1,800+300=2,100원이다.

| 한국남동발전 / 문제해결능력

45 다음 중 N사와 A지점을 왕복하는 데 걸리는 최소 이동시간은?

① 28분 ② 34분
③ 40분 ④ 46분

| 한국남동발전 / 문제해결능력

46 다음 중 N사로부터 이동거리가 가장 짧은 지점은?

① A지점 ② B지점
③ C지점 ④ D지점

| 한국남동발전 / 문제해결능력

47 다음 중 N사에서 이동하는 데 드는 비용이 가장 적은 지점은?

① A지점 ② B지점
③ C지점 ④ D지점

※ 다음 글을 읽고 이어지는 질문에 답하시오. [48~50]

SF 영화나 드라마에서만 나오던 3D 푸드 프린터를 통해 음식을 인쇄하여 소비하는 모습은 더 이상 먼 미래의 모습이 아니게 되었다. 2023년 3월 21일 미국의 컬럼비아 대학교에서는 3D 푸드 프린터와 땅콩버터, 누텔라, 딸기잼 등 7가지의 반죽형 식용 카트리지로 7겹 치즈케이크를 만들었다고 국제학술지 'NPJ 식품과학'에 소개하였다. (가) 특히 이 치즈케이크는 베이킹 기능이 있는 레이저와 식물성 원료를 사용한 비건식 식용 카트리지를 통해 만들어졌다. ㉠ 그래서 이번 발표는 대체육과 같은 다른 관련 산업에서도 많은 주목을 받게 되었다.

3D 푸드 프린터는 산업 현장에서 사용되는 일반적인 3D 프린터가 사용자가 원하는 대로 3차원의 물체를 만드는 것처럼 사람이 섭취가 가능한 페이스트, 반죽, 분말 등을 카트리지로 사용하여 사용자가 원하는 디자인으로 압출·성형하여 음식을 만들어 내는 것이다. (나) 현재 3D 푸드 프린터는 산업용 3D 프린터처럼 페이스트를 층층이 쌓아서 만드는 FDM(Fused Deposition Modeling) 방식, 분말형태로 된 재료를 접착제로 굳혀 찍어내는 PBF(Powder Bed Fusion), 레이저로 굳혀 찍어내는 SLS(Selective Laser Sintering) 방식이 주로 사용된다.

(다) 3D 푸드 프린터는 아직 대중화되지 않았지만, 많은 장점을 가지고 있어 미래에 활용가치가 아주 높을 것으로 예상되고 있다. ㉡ 예를 들어 증가하는 노령인구에 맞춰 씹고 삼키는 것이 어려운 사람을 위해 질감과 맛을 조정하거나, 개인별로 필요한 영양소를 첨가하는 등 사용자의 건강관리를 수월하게 해 준다. ㉢ 또한 우주 등 음식을 조리하기 어려운 곳에서 평소 먹던 음식을 섭취할 수 있게 하는 등 활용도는 무궁무진하다. 특히 대체육 부분에서 주목받고 있는데, 3D 푸트 프린터로 육류를 제작하게 된다면 동물을 키우고 도살하여 고기를 얻는 것보다 환경오염을 줄일 수 있다. (라) 대체육은 식물성 원료를 소재로 하는 것이므로 일반적인 고기보다는 맛은 떨어지게 된다. 실제로 대체육 전문 기업인 리디파인 미트(Redefine Meat)에서는 대체육이 축산업에서 발생하는 일반 고기보다 환경오염을 95% 줄일 수 있다고 밝히고 있다.

㉣ 따라서 3D 푸드 프린터는 개발 초기 단계이므로 아직 개선해야 할 점이 많다. 가장 중요한 것은 맛이다. 3D 푸드 프린터에 들어가는 식용 카트리지의 주원료는 식물성 재료이므로 실제 음식의 맛을 내기까지는 아직 많은 노력이 필요하다. (마) 디자인의 영역도 간과할 수 없는데, 길쭉한 필라멘트(3D 프린터에 사용되는 플라스틱 줄) 모양으로 성형된 음식이 '인쇄'라는 인식과 함께 음식을 섭취하는 데 심리적인 거부감을 주는 것도 해결해야 하는 문제이다. ㉤ 게다가 현재 주로 사용하는 방식은 페이스트, 분말을 레이저나 압출로 성형하는 것이므로 만들 수 있는 요리의 종류가 매우 제한적이며, 전력 소모 또한 많다는 것도 해결해야 하는 문제이다.

| LH 한국토지주택공사 / 의사소통능력

48 윗글의 내용에 대한 추론으로 적절하지 않은 것은?

① 설탕케이크 장식 제작은 SLS 방식의 3D 푸드 프린터가 적절하다.
② 3D 푸드 프린터는 식감 등으로 발생하는 편식을 줄일 수 있다.
③ 3D 푸드 프린터는 사용자 맞춤 식단을 제공할 수 있다.
④ 현재 3D 푸드 프린터로 제작된 음식은 거부감을 일으킬 수 있다.
⑤ 컬럼비아 대학교에서 만들어 낸 치즈케이크는 PBF 방식으로 제작되었다.

| LH 한국토지주택공사 / 의사소통능력

49 윗글의 (가) ~ (마) 중 삭제해야 할 문장으로 가장 적절한 것은?

① (가)
② (나)
③ (다)
④ (라)
⑤ (마)

| LH 한국토지주택공사 / 의사소통능력

50 윗글의 접속부사 ㉠ ~ ㉤ 중 문맥상 적절하지 않은 것은?

① ㉠
② ㉡
③ ㉢
④ ㉣
⑤ ㉤

많이 보고 많이 겪고 많이 공부하는 것은 배움의 세 기둥이다.

- 벤자민 디즈라엘리 -

PART 1

직업기초능력평가

CHAPTER 01

의사소통능력

합격 Cheat Key

의사소통능력은 평가하지 않는 공사·공단이 없을 만큼 필기시험에서 중요도가 높은 영역으로, 세부 유형은 문서 이해, 문서 작성, 의사 표현, 경청, 기초 외국어로 나눌 수 있다. 문서 이해·문서 작성과 같은 지문에 대한 주제 찾기, 내용 일치 문제의 출제 비중이 높으며, 문서의 특성을 파악하는 문제도 출제되고 있다.

1 문제에서 요구하는 바를 먼저 파악하라!

의사소통능력에서 가장 중요한 것은 제한된 시간 안에 빠르고 정확하게 답을 찾아내는 것이다. 의사소통능력에서는 지문이 아니라 문제가 주인공이므로 지문을 보기 전에 문제를 먼저 파악해야 하며, 문제에 따라 전략적으로 빠르게 풀어내는 연습을 해야 한다.

2 잠재되어 있는 언어 능력을 발휘하라!

세상에 글은 많고 우리가 학습할 수 있는 시간은 한정적이다. 이를 극복할 수 있는 방법은 다양한 글을 접하는 것이다. 실제 시험장에서 어떤 내용의 지문이 나올지 아무도 예측할 수 없으므로 평소에 신문, 소설, 보고서 등 여러 글을 접하는 것이 필요하다.

3 상황을 가정하라!

업무 수행에 있어 상황에 따른 언어 표현은 중요하다. 같은 말이라도 상황에 따라 다르게 해석될 수 있기 때문이다. 그런 의미에서 자신의 의견을 효과적으로 전달할 수 있는 능력을 평가하는 것이다. 업무를 수행하면서 발생할 수 있는 여러 상황을 가정하고 그에 따른 올바른 언어표현을 정리하는 것이 필요하다.

4 말하는 이의 입장에서 생각하라!

잘 듣는 것 또한 하나의 능력이다. 상대방의 이야기에 귀 기울이고 공감하는 태도는 업무를 수행하는 관계 속에서 필요한 요소이다. 그런 의미에서 다양한 상황에서의 듣는 능력을 평가하는 것이다. 말하는 이가 요구하는 듣는 이의 태도를 파악하고, 이에 따른 판단을 할 수 있도록 언제나 말하는 사람의 입장이 되는 연습이 필요하다.

출제유형분석

01 문서 내용 이해

| 유형분석 |

- 주어진 지문을 읽고 선택지를 고르는 전형적인 독해 문제이다.
- 지문은 주로 신문기사(보도자료 등)나 업무 보고서, 시사 등이 제시된다.
- 공사공단에 따라 자사와 관련된 내용의 기사나 법조문, 보고서 등이 출제되기도 한다.

다음 글의 내용으로 적절하지 않은 것은?

물가 상승률은 일반적으로 가격 수준의 상승 속도를 나타내며, 소비자 물가지수(CPI)와 같은 지표를 사용하여 측정된다. 높은 물가 상승률은 소비재와 서비스의 가격이 상승하고, 돈의 구매력이 감소한다. 이는 소비자들이 더 많은 돈을 지출하여 물가 상승에 따른 가격 상승을 감수해야 함을 의미한다.

물가 상승률은 경제에 다양한 영향을 미친다. 먼저 소비자들의 구매력이 저하되므로 가계소득의 실질 가치가 줄어든다. 이는 소비 지출의 감소와 경기 둔화를 초래할 수 있다. 또한 물가 상승률은 기업의 의사결정에도 영향을 준다. 예를 들어 높은 물가 상승률은 이자율의 상승과 함께 대출 조건을 악화시키므로 기업들은 생산 비용 상승과 이로 인한 이윤 감소에 직면하게 된다.

정부와 중앙은행은 물가 상승률을 통제하기 위해 다양한 금융 정책을 사용하며, 대표적으로 세금 조정, 통화량 조절, 금리 조정 등이 있다.

물가 상승률은 경제 활동에 큰 영향을 주는 중요한 요소이므로 정부, 기업, 투자자 및 개인은 이를 주의 깊게 모니터링하고 전망을 평가하는 데 활용해야 한다. 또한 소비자의 구매력과 경기 상황에 직접적·간접적인 영향을 주므로 경제 주체들은 물가 상승률의 변동에 대응하여 적절한 전략을 수립해야 한다.

① 지나친 물가 상승은 소비 심리를 위축시킨다.
② 정부와 중앙은행이 실행하는 금융 정책의 목적은 물가 안정성을 유지하는 것이다.
③ 중앙은행의 금리 조정으로 지나친 물가 상승을 진정시킬 수 있다.
④ 소비재와 서비스의 가격이 상승하므로 기업의 입장에서는 물가 상승률이 커질수록 이득이다.

정답 ④

높은 물가 상승률은 이자율의 상승과 함께 대출 조건을 악화시키므로 기업들은 생산 비용 상승과 이로 인한 이윤 감소에 직면하게 된다.

풀이 전략!

주어진 선택지에서 키워드를 체크한 후, 지문의 내용과 비교해 가면서 내용의 일치 유무를 빠르게 판단한다.

출제유형분석 01 실전예제

01 다음 글의 내용으로 가장 적절한 것은?

> 지금까지 보았듯이 체계라는 개념은 많은 현실주의자들에게 있어서 중요한 개념이다. 무질서 상태라는 비록 단순한 개념이든 현대의 현실주의자가 고안한 정교한 이론이든 체계라는 것은 국제적인 행위체에 영향을 주기 때문에 중요시되는 것이다. 그런데 최근의 현실주의자들은 체계를 하나의 유기체로 보고 얼핏 국가의 의지나 행동으로부터 독립한 듯이 기술하고 있다. 정치가는 거의 자율성이 없으며 획책할 여지도 없어서 정책결정과정에서는 인간의 의지가 별 효과가 없는 것으로 본다. 행위자로서 인간은 눈앞에 버티고 선 냉혹한 체계의 앞잡이에 불과하며, 그러한 체계는 이해할 수 없는 기능을 갖는 하나의 구조이며 그러한 메커니즘에 대하여 막연하게 밖에는 인지할 수 없다. 정치가들은 무수한 제약에 직면하지만 호기는 거의 오지 않는다. 정치가들은 권력정치라고 불리는 세계규모의 게임에 열중할 뿐이며 자발적으로 규칙을 변화시키고 싶어도 그렇게 하지 못한다. 결국 비판의 초점은 현실주의적 연구의 대부분은 숙명론적이며 결정론적이거나 비관론적인 저류가 흐르고 있다고 지적한다. 그 결과 이러한 비판 중에는 행위자로서 인간과 구조는 상호 간에 영향을 주고 있다는 것을 강조하면서 구조를 보다 동적으로 파악하는 사회학에 눈을 돌리는 학자도 있다.

① 이상주의자들에게 있어서 체계라는 개념은 그리 중요하지 않다.
② 무질서 상태는 국제적 행위체로서 작용하는 체계가 없는 혼란스러운 상태를 의미한다.
③ 현실주의자들은 숙명론 혹은 결정론을 신랄하게 비판한다.
④ 현실주의적 관점에서 정치인들은 체계 앞에서 무기력하다.

02 다음 글의 내용으로 적절하지 않은 것은?

> 우리 민족은 고유한 주거문화로 바닥 난방 기술인 구들을 발전시켜 왔으며, 이는 우리 민족에 다양한 영향을 주었다. 우선 오랜 구들 생활은 우리 민족의 인체에 적지 않은 변화를 초래하였다. 태어나면서부터 따뜻한 구들에 누워 자는 것이 습관이 된 우리 아이들은 사지의 활동량이 적어 발육이 늦어졌다. 구들에서 자란 우리 아이들은 다른 어떤 민족의 아이들보다 따뜻한 곳에서 안정감을 느꼈고, 우리 민족은 아이들에게 따뜻함을 만들어주기 위해 여러 가지를 고안하여 발전시켰다.
>
> 구들은 농경을 주업으로 하는 우리 민족의 생산도구의 제작과 사용에 많은 영향을 주었다. 구들에 앉아 오랫동안 활동하는 습관은 하반신보다 상반신의 작업량을 증가시켰고 상반신의 움직임이 상대적으로 정교하게 되었다. 구들 생활에 익숙해진 우리 민족은 방 안에서의 작업뿐만 아니라 농사를 비롯한 야외의 많은 작업에서도 앉아서 하는 습관을 갖게 되었는데, 이는 큰 농기구를 이용하여 서서 작업을 하는 서양과는 완전히 다른 방식이었다.

① 구들의 영향으로 우리 민족은 앉아서 하는 작업방식이 일반화되었다.
② 구들은 아이들의 체온을 높여 발육을 방해한다.
③ 우리 민족은 하반신 활동보다 상반신 활동이 많은 대신 상반신 작업이 정교한 특징이 있다.
④ 구들은 실내뿐 아니라 실외활동에도 영향을 끼쳤다.

03 다음 글의 내용으로 가장 적절한 것은?

상업 광고는 기업은 물론이고 소비자에게도 요긴하다. 기업은 마케팅 활동의 주요한 수단으로 광고를 적극적으로 이용하여 기업과 상품의 인지도를 높이려 한다. 소비자는 소비 생활에 필요한 상품의 성능, 가격, 판매 조건 등의 정보를 광고에서 얻으려 한다. 광고를 통해 기업과 소비자가 모두 이익을 얻는다면 이를 규제할 필요는 없을 것이다. 그러나 광고에서 기업과 소비자의 이익이 상충하는 경우도 있고, 광고가 사회 전체에 폐해를 낳는 경우도 있어 다양한 규제 방식이 모색되었다.

이때 문제가 된 것은 과연 광고로 인한 피해를 책임질 당사자로서 누구를 상정할 것인가였다. 초기에는 '소비자 책임 부담 원칙'에 따라 광고 정보를 활용한 소비자의 구매 행위에 대해 소비자가 책임을 져야 한다고 보았다. 여기에는 광고 정보가 정직한 것인지와는 관계없이 소비자는 이성적으로 이를 판단하여 구매할 수 있어야 한다는 전제가 있었다. 그래서 기업은 광고에 의존하여 물건을 구매한 소비자가 입은 피해에 대하여 책임을 지지 않았고, 광고의 기만성에 대한 입증 책임도 소비자에게 있었다.

책임 주체로 기업을 상정하여 '기업 책임 부담 원칙'이 부상하게 된 배경은 복합적이다. 시장의 독과점 상황이 광범위해지면서 소비자의 자유로운 선택이 어려워졌고, 상품에 응용된 과학 기술이 복잡해지고 첨단화되면서 상품 정보에 대한 소비자의 정확한 이해도 기대하기 어려워졌다. 또한 다른 상품 광고와의 차별화를 위해 통념에 어긋나는 표현이나 장면도 자주 활용되었다. 그리하여 경제적, 사회·문화적 측면에서 광고로부터 소비자를 보호해야 한다는 당위를 바탕으로 기업이 광고에 대해 책임을 져야 한다는 공감대가 확산되었다.

오늘날 행해지고 있는 여러 광고 규제는 크게 법적 규제와 자율 규제로 나눌 수 있다. 구체적인 법 조항을 통해 광고를 규제하는 법적 규제는 광고 또한 사회적 활동의 일환이라는 점에 근거한다. 특히 자본주의 사회에서는 기업이 시장 점유율을 높여 다른 기업과의 경쟁에서 승리하기 위하여 사실에 반하는 광고나 소비자를 현혹하는 광고를 할 가능성이 높다. 법적 규제는 허위 광고나 기만 광고 등을 불공정 경쟁의 수단으로 간주하여 정부 기관이 규제를 가하는 것이다.

자율 규제는 법적 규제에 대한 기업의 대응책으로 등장했다. 법적 규제가 광고의 역기능에 따른 피해를 막기 위한 강제적 조치라면, 자율 규제는 광고의 순기능을 극대화하기 위한 자율적 조치이다. 광고에 대한 기업의 책임감에서 비롯된 자율 규제는 법적 규제를 보완하는 효과가 있다.

① 광고 주체의 자율 규제가 잘 작동될수록 광고에 대한 법적 규제의 역할도 커진다.

② 기업의 이익과 소비자의 이익이 상충하는 정도가 클수록 법적 규제와 자율 규제의 필요성이 약화된다.

③ 시장 독과점 상황이 심각해지면서 기업 책임 부담 원칙이 약화되고 소비자 책임부담 원칙이 부각되었다.

④ 첨단 기술을 강조한 상품의 광고일수록 소비자가 광고 내용을 정확히 이해하지 못한 채 상품을 구매할 가능성이 커진다.

04 다음 글을 통해 알 수 있는 내용으로 적절하지 않은 것은?

인간의 사유는 특정한 기준을 바탕으로 다른 것과의 차이를 인식하는 것이라 할 수 있다. 이때의 기준을 이루는 근간(根幹)은 당연히 현실 세계의 경험과 인식이다. 하지만 인간은 현실적 경험으로 인식되지 않는 대상을 사유하기도 하는데, 그중 하나가 신화적 사유이고 이는 상상력의 산물이다. 상상력은 통념(通念)상 현실과 대립되는 위치에 속한다. 또한, 현대 문명에서 상상력은 과학적・합리적 사고와 반대되는 사유 체계로 간주되기도 한다. 그러나 신화적 사유를 떠받치고 있는 상상력은 '현실적 – 비현실적', '논리적 – 비논리적', '합리적 – 비합리적' 등과 같은 단순한 양항 체계 속으로 환원될 수 없다.

초기 인류학에서는 근대 문명과 대비시켜 신화적 사유를 미개한 존재들의 미숙한 단계의 사고로 간주(看做)했었다. 이러한 입장을 대표하는 레비브륄에 따르면 미개인은 논리 이전의 사고방식과 비현실적 감각을 가진 존재이다. 그러나 신화 연구에 적지 않은 영향을 끼쳤고 오늘날에도 여전히 유효한 레비스트로스의 논의에 따르면 미개인과 문명인의 사고방식은 사물을 분류하는 방식과 주된 관심 영역 등이 다를 뿐, 어느 것이 더 합리적이거나 논리적이라고 할 수는 없다. 또한, 그것은 세계를 이해하는 두 가지의 서로 다른 방식 혹은 태도일 뿐이다. 신화적 사유를 비롯한 이른바 미개인의 사고방식을 가리키는 레비스트로스가 말하는 '야생의 사고'는 이러한 사고방식이 근대인 혹은 문명인 못지않게 질서와 체계에 민감하고 그 나름의 현실적, 논리적, 합리적 기반을 갖추고 있음을 함축하고 있는 개념이다.

레비스트로스의 '야생의 사고'는 신화시대와 신화적 사유를 근대적 문명에 입각한 발전론적 시각이 아닌 상대주의적 시각으로 바라보았다는 점에서 의미가 크다. 그러나 그가 신화 자체의 사유 방식이나 특성을 특정 시대의 것으로 한정(限定)하는 오류를 범하고 있다는 점에 유의해야 한다. 과거 신화시대에 생겨난 신화적 사유는 신화가 재현되고 재생되는 한 여전히 시간과 공간을 뛰어넘어 현재화되고 있기 때문이다.

이상에서 보듯이 신화적 사유는 현실적・경험적 차원의 '진실'이나 '비진실'로 구분될 수 없다. 신화는 허구적이거나 진실한 것 모두를 '재료'로 사용할 수 있으며, 이러한 재료들은 신화적 사유 고유의 규칙과 체계에 따라 배열된다. 그러므로 신화 텍스트에서 이러한 재료들의 구성 원리를 밝히는 것은 그 신화에 반영된 신화적 사유 체계를 밝히는 것이라 할 수 있다. 또한, 이는 신화를 공유하고 전승(傳承)해 왔던 집단의 원형적 사유 체계에 접근하는 작업이라고도 할 수 있다.

① 신화는 그 고유의 규칙과 체계를 갖고 있다.
② 신화적 사유는 상상력의 산물이라 할 수 있다.
③ 신화적 사유는 특정 시대의 사유 특성에 한정된다.
④ 신화적 상상력은 상상력에 대한 통념적 인식과 차이가 있다.

출제유형분석

02 주제 · 제목

| 유형분석 |

- 주어진 지문을 파악하여 전달하고자 하는 핵심 주제를 고르는 문제이다.
- 정보를 종합하고 중요한 내용을 구별하는 능력이 필요하다.
- 설명문부터 주장, 반박문까지 다양한 성격의 지문이 제시되므로 글의 성격별 특징을 알아두는 것이 좋다.

다음 글의 주제로 가장 적절한 것은?

멸균이란 곰팡이, 세균, 박테리아, 바이러스 등 모든 미생물을 사멸시켜 무균 상태로 만드는 것을 의미한다. 멸균 방법에는 물리적, 화학적 방법이 있으며, 멸균 대상의 특성에 따라 적절한 멸균 방법을 선택하여 실시할 수 있다. 먼저 물리적 멸균법에는 열이나 화학약품을 사용하지 않고 여과기를 이용하여 세균을 제거하는 여과법, 병원체를 불에 태워 없애는 소각법, 100℃에서 10 ~ 20분간 물품을 끓이는 자비소독법, 미생물을 자외선에 직접 노출시키는 자외선 소독법, 160 ~ 170℃의 열에서 1 ~ 2시간 동안 건열 멸균기를 사용하는 건열법, 포화된 고압증기 형태의 습열로 미생물을 파괴시키는 고압증기 멸균법 등이 있다. 다음으로 화학적 멸균법은 화학약품이나 가스를 사용하여 미생물을 파괴하거나 성장을 억제하는 방법으로, E.O 가스, 알코올, 염소 등 여러 가지 화학약품이 사용된다.

① 멸균의 중요성

② 뛰어난 멸균 효과

③ 다양한 멸균 방법

④ 멸균 시 발생할 수 있는 부작용

정답 ③

제시문에서는 멸균에 대해 언급하며, 멸균 방법을 물리적 · 화학적으로 구분하여 다양한 멸균 방법에 대해 설명하고 있다. 따라서 글의 주제로는 ③이 가장 적절하다.

풀이 전략!

'결국', '즉', '그런데', '그러나', '그러므로' 등의 접속어 뒤에 주제가 드러나는 경우가 많다는 것에 주의하면서 지문을 읽는다.

01 다음 중 (나) 문단의 제목으로 가장 적절한 것은?

(가) 인류 문명의 배경에는 항상 물을 다루는 능력이 있었다. 물의 흐름을 다스리는 시설을 발명하고 이를 관리하는 이수(利水), 치수(治水)는 오늘날도 물 관련 사업의 가장 기본적인 요소이자 핵심이다. 외부환경의 변화에도 자유롭게 물을 이용하도록 안정적으로 공급하는 것이 한강권역본부 통합물관리의 기본 과제이다.

(나) 사회가 고도화될수록 물의 양만큼이나 중요한 것이 바로 믿을 수 있는 깨끗한 물, 수질이다. 물 환경의 건강성은 국민 물 복지와 직결되는 사항이기 때문이다. 한강권역본부 통합물관리의 효과는 더욱 가치 있는 양질의 물을 고객에게 전달하는 것으로 나타난다. 관리 부처가 융·통합, 연계됨으로써 물 활용의 효율성 또한 높아졌다.

(다) '4차 산업혁명'이 일상적으로 쓰일 정도로 과학이 발달한 오늘날의 물은 생명을 틔우고 기르는 것 이상으로 무궁무진한 쓰임과 가치를 만들어낸다. 관광·레저 자원으로서 물은 사람을 모으고, 새로운 문화를 꽃피운다. 지자체마다 물을 가까이할 수 있는 친수(親水) 공간 마련에 발 벗고 나서려는 이유이다.

① 한결같은 물! 기본역량을 강화하다.
② 가치 있는 물! 물 가치를 확산하다.
③ 개성 있는 물! 물 사용을 늘리다.
④ 믿을 수 있는 물! 물 활용 효율성을 높이다.

02 다음 글의 제목으로 가장 적절한 것은?

> 우리 고유의 발효식품이자 한식 제1의 반찬인 김치는 천년이 넘는 역사를 함께해 온 우리 삶의 일부이다. 채소를 오래 보관하여 먹기 위한 절임 음식으로 시작된 김치는 양념을 버무리고 숙성시키는 우리만의 발효과학 식품으로 변신하였고, 김장은 우리 민족의 가장 중요한 행사 중 하나가 되었다. 다른 나라에도 소금 등에 채소를 절인 절임 음식이 존재하지만, 절임 후 양념으로 2차 발효시키는 음식으로는 우리 김치가 유일하다. 김치는 발효과정을 통해 원재료보다 영양이 한층 더 풍부하게 변신하며, 암과 노화, 비만 등의 예방과 억제에 효과적인 기능성을 보유한 슈퍼 발효 음식으로 탄생한다.
>
> 김치는 지역마다, 철마다, 또 특별한 의미를 담아 다양하게 변신하여 300가지가 넘는 종류로 탄생하는데, 기후와 지역 등에 따라서 다채로운 맛을 담은 김치들이 있으며, 주재료로 채소뿐만 아니라 수산물이나 육류를 이용한 독특한 김치도 있고, 같은 김치라도 사람에 따라 특별한 김치로 재탄생되기도 한다. 지역과 집안마다 저마다의 비법으로 담그기 때문에 유서 깊은 종가마다 비법으로 만든 특별한 김치가 전해오며, 김치를 담그고 먹는 일도 수행의 연속이라 여기는 사찰에서는 오신채를 사용하지 않은 김치가 존재한다.
>
> 우리 문화의 정수이자 자존심인 김치는 현대에 들어서는 문화와 전통이 결합한 복합 산업으로 펼쳐지고 있다. 김치에 들어가는 수많은 재료에 관련된 산업의 생산액은 3.3조 원이 넘으며, 주로 배추김치로 형성된 김치 생산은 약 2.3조 원의 시장을 형성하고 있고, 시판 김치의 경우 대기업의 시장 주도력이 증가하고 있다. 소비자 요구에 맞춘 다양한 포장 김치가 등장하고, 김치냉장고는 1.1조 원의 시장을 형성하고 있으며, 정성과 기다림을 상징하는 김치는 문화산업의 소재로 활용되며, 김치 문화는 관광 관련 산업으로 활성화되고 있다. 김치의 영양 기능성과 김치 유산균을 활용한 여러 기능성 제품이 개발되고, 부식뿐 아니라 새로운 요리의 식재료로서 김치는 39조 원의 외식산업 시장을 뒷받침하고 있다.

① 김치의 탄생
② 김치산업의 활성화 방안
③ 우리 민족의 축제, 김장
④ 우리 민족의 전통이자 자존심, 김치

03 다음 글의 주제로 가장 적절한 것은?

세계 최대의 소금사막인 우유니 사막은 남아메리카 중앙부 볼리비아의 포토시주(州)에 위치한 소금 호수로, '우유니 소금사막' 혹은 '우유니 염지' 등으로 불린다. 지각변동으로 솟아오른 바다가 빙하기를 거쳐 녹기 시작하면서 거대한 호수가 생겨났는데, 그 면적은 1만 2,000km^{2}이며 해발고도 3,680m의 고지대에 위치한다. 물이 배수되지 않는 지형적 특성 때문에 물이 고여 얕은 호수가 되었으며, 소금으로 덮인 수면 위에 푸른 하늘과 흰 구름이 거울처럼 투명하게 반사되어 관광지로도 이름이 높다.
소금층 두께는 30cm부터 깊은 곳은 100m 이상이며 호수의 소금 매장량은 약 100억 톤 이상이다. 우기인 12월에서 3월 사이에는 20 ~ 30cm의 물이 고여 얕은 염호를 형성하는 반면, 긴 건기 동안에는 표면뿐만 아니라 사막의 아래까지 증발한다. 특이한 점은 지역에 따라 호수의 색이 흰색, 적색, 녹색 등의 다른 빛깔을 띤다는 점이다. 이는 호수마다 쌓인 침전물의 색깔과 조류의 색깔이 다르기 때문이다. 또한 소금 사막 곳곳에서는 커다란 바위부터 작은 모래까지 한꺼번에 섞인 빙하성 퇴적물들과 같은 빙하의 흔적들을 볼 수 있다.

① 우유니 사막의 기후와 식생
② 우유니 사막의 주민 생활
③ 우유니 사막의 자연지리적 특징
④ 우유니 사막 이름의 유래

04 다음 글의 제목으로 가장 적절한 것은?

주어진 개념에 포섭시킬 수 없는 대상(의 표상)을 만난 경우, 상상력은 처음에는 기지의 보편에 포섭시킬 수 있도록 직관의 다양을 종합할 것이다. 말하자면 뉴턴의 절대 공간, 역학의 법칙 등의 개념(보편)과 자신이 가지고 있는 특수(빛의 휘어짐)가 일치하는가, 조화로운가를 비교할 것이다. 하지만 일치되는 것이 없으므로, 상상력은 또 다시 여행을 떠난다. 즉, 새로운 형태의 다양한 종합 활동을 수행해 볼 것이다. 이것은 미지의 세계로 향하는 여행이다. 그리고 이 여행에는 주어진 목적지가 없기 때문에 자유롭다.
이런 자유로운 여행을 통해 예들 들어 상대 공간, 상대 시간, 공간의 만곡, 상대성 이론이라는 새로운 개념들을 가능하게 하는 새로운 도식들을 산출한다면, 그 여행은 종결될 것이다. 여기서 우리는 왜 칸트가 상상력의 자유로운 유희라는 표현을 사용하는지 이해할 수 있게 된다. '상상력의 자유로운 유희'란 이렇게 정해진 개념이나 목적이 없는 상황에서 상상력이 그 개념이나 목적을 찾는 과정을 의미한다고 볼 수 있다. 이는 게임이다. 그리고 그 게임에 있어서 반드시 성취해야 할 그 어떤 것이 없다면, 순수한 놀이(유희)가 성립할 수 있을 것이다.

– 칸트, 『판단력 비판』

① 상상력의 재발견
② 인식능력으로서의 상상력
③ 목적 없는 상상력의 활동
④ 자유로운 유희로서의 상상력의 역할

PART 1

출제유형분석

03 문단 나열

| 유형분석 |

- 각 문단의 내용을 파악하고 논리적 순서에 맞게 배열하는 복합적인 문제이다.
- 전체적인 글의 흐름을 이해하는 것이 중요하며, 각 문장의 지시어나 접속어에 주의한다.

다음 문단을 논리적 순서대로 바르게 나열한 것은?

(가) 여기에 반해 동양에서는 보름달에 좋은 이미지를 부여한다. 예를 들어, 우리나라의 처녀귀신이나 도깨비는 달빛이 흐린 그믐 무렵에나 활동하는 것이다. 그런데 최근에는 동서양의 개념이 마구 뒤섞여 보름달을 배경으로 악마의 상징인 늑대가 우는 광경이 동양의 영화에 나오기도 한다.

(나) 동양에서 달은 '음(陰)'의 기운을, 해는 '양(陽)'의 기운을 상징한다는 통념이 자리를 잡았다. 그래서 달을 '태음', 해를 '태양'이라고 불렀다. 동양에서는 해와 달의 크기가 같은 덕에 음과 양도 동등한 자격을 갖춘다. 즉, 음과 양은 어느 하나가 좋고 다른 하나는 나쁜 것이 아니라 서로 보완하는 관계를 이루는 것이다.

(다) 옛날부터 형성된 이러한 동서양 간의 차이는 오늘날까지 영향을 끼치고 있다. 동양에서는 달이 밝으면 달맞이를 하는데, 서양에서는 달맞이를 자살 행위처럼 여기고 있다. 특히 보름달은 서양인들에게 거의 공포의 상징과 같은 존재이다. 예를 들어, 13일의 금요일에 보름달이 뜨게 되면 사람들이 외출조차 꺼린다.

(라) 하지만 서양의 경우는 다르다. 서양에서 낮은 신이, 밤은 악마가 지배한다는 통념이 자리를 잡았다. 따라서 밤의 상징인 달에 좋지 않은 이미지를 부여하게 되었다. 이는 해와 달의 명칭을 보면 알 수 있다. 라틴어로 해를 'Sol', 달을 'Luna'라고 하는데 정신병을 뜻하는 단어 'Lunacy'의 어원이 바로 'Luna'이다.

① (가) – (나) – (라) – (다)　　② (나) – (라) – (가) – (다)

③ (나) – (라) – (다) – (가)　　④ (다) – (나) – (가) – (라)

정답 ③

제시문은 동양과 서양에서 서로 다른 의미를 부여하고 있는 달에 대해 설명하고 있는 글이다. 따라서 (나) 동양에서 나타나는 해와 달의 의미 → (라) 동양과 상반되는 서양에서의 해와 달의 의미 → (다) 최근까지 지속되고 있는 달에 대한 서양의 부정적 의미 → (가) 동양에서의 변화된 달의 이미지의 순서대로 나열하는 것이 적절하다.

풀이 전략!

상대적으로 시간이 부족하다고 느낄 때는 선택지를 참고하여 문장의 순서를 생각해 본다.

출제유형분석 03 실전예제

01 다음 제시된 문단에 이어질 내용을 논리적 순서대로 바르게 나열한 것은?

> 휘슬블로어란 호루라기를 뜻하는 휘슬(Whistle)과 부는 사람을 뜻하는 블로어(Blower)가 합쳐진 말이다. 즉, 호루라기를 부는 사람이라는 뜻으로 자신이 속해 있거나 속해 있었던 집단의 부정부패를 고발하는 사람을 뜻하며, 흔히 '내부고발자'라고도 불린다. 부정부패는 고발당해야 마땅한 것인데 이렇게 '휘슬블로어'라는 용어가 따로 있는 것은 그만큼 자신이 속한 집단의 부정부패를 고발하는 것이 쉽지 않다는 뜻일 것이다.

(가) 또한 법의 울타리 밖에서 행해지는 것에 대해서도 휘슬블로어는 보호받지 못한다. 일단 기업이나 조직 속에서 배신자가 되었다는 낙인과 상급자들로부터 괘씸죄로 인해 받게 되는 업무 스트레스, 집단 따돌림 등으로 인해 고립되게 되기 때문이다. 뿐만 아니라 익명성이 철저히 보장되어야 하지만 조직에서는 휘슬블로어를 찾기 위해 혈안이 된 상급자의 집요한 색출로 인해 밝혀지는 경우가 많다. 그렇게 될 경우 휘슬블로어들은 권고사직을 통해 해고를 당하거나 괴롭힘을 당한 채 일할 수밖에 없다.

(나) 실제로 휘슬블로어의 절반은 제보 후 1년간 자살충동 등 정신 및 신체적 질환으로 고통을 받는다고 한다. 또한 73%에 해당되는 상당수의 휘슬블로어들은 동료로부터 집단적으로 따돌림을 당하거나 가정에서도 불화를 겪는다고 한다. 우리는 이들이 공정한 사회와 개인의 양심에 손을 얹고 중대한 결정을 한 사람이라는 것을 외면할 수 없으며, 이러한 휘슬블로어들을 법적으로 보호할 필요가 있다.

(다) 내부고발이 어려운 큰 이유는 내부고발을 한 후에 맞게 되는 후폭풍 때문이다. 내부고발은 곧 기업의 이미지가 떨어지는 것부터 시작해 영업 정지와 같은 실질적 징벌로 이어지는 경우가 많기 때문에 내부고발자들은 배신자로 취급되는 경우가 많다. 실제 양심에 따라 내부고발을 한 이후 닥쳐오는 후폭풍에 못 이겨 자신의 발로 회사를 나오는 경우도 많으며, 기업과 동료로부터 배신자로 취급되거나 보복성 업무, 인사이동 등으로 불이익을 받는 경우도 많다.

(라) 현재 이러한 휘슬블로어를 보호하기 위한 법으로는 2011년 9월부터 시행되어 오고 있는 공익신고자 보호법이 있다. 하지만 이러한 법 제도만으로는 휘슬블로어들을 보호하는 데에 무리가 있다. 공익신고자 보호법은 181개 법률 위반행위에 대해서만 공익신고로 보호하고 있는데, 만일 공익신고자 보호법에서 규정하고 있는 법률 위반행위가 아닌 경우에는 보호를 받지 못하고 있는 것이다.

① (다) – (나) – (라) – (가)
② (라) – (다) – (가) – (나)
③ (다) – (가) – (라) – (나)
④ (라) – (가) – (다) – (나)

PART 1

※ 다음 문단을 논리적 순서대로 바르게 나열한 것을 고르시오. [2~4]

02

(가) 이러한 수평적 연결은 사물인터넷 서비스로 새로운 성장 동력을 모색할 수 있다. 예를 들어, 스마트 컵인 프라임베실(개인에게 필요한 수분 섭취량을 알려줌), 스마트 접시인 탑뷰(음식의 양을 측정함), 스마트 포크인 해피포크(식사 습관개선을 돕는 스마트 포크로서 식사 속도와 시간, 1분간 떠먹는 횟수 등을 계산해 식사 습관을 분석함)를 연결하면 식생활 습관을 관리할 수 있을 것이다. 이를 식당, 병원, 헬스케어 센터에서 이용하면 고객의 식생활을 부가 서비스로 관리할 수 있다.

(나) 마치 100m 달리기를 하듯 각자의 트랙에서 목표를 향해 전력 질주하던 시대가 있었다. 선택과 집중의 논리로 수직 계열화를 통해 효율을 확보하고, 성능을 개선하고자 했었다. 그런데 세상이 변하고 있다. 고객 혹은 사용자를 중심으로 기존의 제품과 서비스가 재정의되고 있는 것이다. 이러한 산업의 패러다임적 전환을 신성장 동력이라 말한다.

(다) 기존의 가스 경보기를 만들려면 미세한 가스도 놓치지 않는 센서의 성능, 오래 지속되는 배터리, 크게 알릴 수 있는 알람 소리, 인테리어에 잘 어울리는 멋진 제품 디자인이 필요하다. 그런데 아무리 좋은 가스 경보기를 만들어도 사람의 안전을 담보하지는 못한다. 만약 집에서 가스 경보기가 울리면 아마 창문을 열어 환기시키고, 가스 밸브를 잠그고, 119에 신고를 해야 할 것이다. 사람의 안전을 담보하는, 즉 연결 지배성이 높은 가스 경보기는 이런 일을 모두 해내야 한다. 이런 가스 경보기를 만들려면 전기, 전자, 통신, 기계, 인테리어, 디자인 등의 도메인들이 사용자 경험을 중심으로 연결돼야 한다. 이를 수평적 연결이라 부른다.

(라) 똑똑한 사물인터넷은 점점 더 다양해진다. SK텔레콤의 '누구'나 아마존 '에코' 같은 스마트 스피커는 사용자가 언제 어디든, 일상에서 인공 비서로 사용되는 시대가 되었다. 그리고 귀뚜라미 보일러의 사물인터넷 서비스는 보일러 쪽으로 직접 가지 않아도 스마트폰 전용 앱으로 보일러를 관리한다. 이제 보일러가 언제, 얼마나, 어떻게 쓰이는지, 그리고 보일러의 상태는 어떠한지, 사용하는 방식과 에너지 소모 등의 정보도 얻을 수 있다. 4차 산업혁명의 전진기지 역할을 하는 사물인터넷 서비스는 이제 거스를 수 없는 대세이다.

① (나) – (가) – (다) – (라)
② (나) – (다) – (가) – (라)
③ (다) – (가) – (라) – (나)
④ (다) – (나) – (가) – (라)

03

(가) 대부분의 반딧불이는 빛을 사랑의 도구로 사용하지만, 어떤 반딧불이는 번식 목적이 아닌 적대적 목적으로 사용하기도 한다. 포투루스(Photurus)라는 반딧불이의 암컷은 아무렇지 않게 상대 반딧불이를 잡아먹는다. 이 무시무시한 작업을 벌이기 위해 암컷 포투루스는 포티너스(Photinus) 암컷의 불빛을 흉내 낸다. 이를 자신과 같은 종으로 생각한 수컷 포티너스가 사랑이 가득 찬 마음으로 암컷 포투루스에게 달려들지만, 정체를 알았을 때는 이미 너무 늦었다는 것을 알게 된다.

(나) 먼저 땅에 사는 반딧불이 한 마리가 60마리 정도의 다른 반딧불이들과 함께 일렬로 빛을 내뿜는 경우가 있다. 수많은 반딧불이가 기차처럼 한 줄을 지어 마치 리더의 지시에 따르듯 한 반딧불이의 섬광을 따라 불빛을 내는 모습은 마치 작은 번개처럼 보인다. 이처럼 반딧불이는 집단으로 멋진 작품을 연출하는데 그중 가장 유명한 것은 동남아시아에 서식하는 반딧불이다. 이들은 공동으로 동시에 그리고 완벽하게 발광함으로써 크리스마스 트리의 불빛을 연상시키기도 한다. 그러다 암컷을 발견한 반딧불이는 무리에서 빠져나와 암컷을 향해 직접 빛을 번쩍거리기도 한다.

(다) 이렇게 다른 종의 불빛을 흉내 내는 반딧불이는 북아메리카에서 흔히 찾아볼 수 있다. 그러므로 짝을 찾아 헤매는 수컷 반딧불이에게 황혼이 찾아드는 하늘은 유혹의 무대인 동시에 위험한 장소이기도 하다. 성욕을 채우려 연인을 찾다 그만 식욕만 왕성한 암컷을 만나게 되는 비운을 맞을 수 있기 때문이다.

(라) 사랑과 관련하여 반딧불이의 섬광은 여러 가지 형태의 신호가 있으며, 빛 색깔의 다양성, 밝기, 빛을 내는 빈도, 빛의 지속성 등에서 반딧불이 자신만의 특징을 가지기도 한다. 예를 들어 황혼 무렵에 사랑을 나누고 싶어 하는 반딧불이는 오렌지색을 선호하며, 그래도 역시 사랑엔 깊은 밤이 최고라는 반딧불이는 초록계열의 색을 선호한다. 발광 장소도 땅이나 공중, 식물 등 그 선호도가 다양하다. 반딧불이는 이런 모든 요소를 결합하여 다양한 모습을 보여주는데 이런 다양성이 조화를 이루거나 또는 동시에 이루어지게 되면 말 그대로 장관을 이루게 된다.

(마) 이처럼 혼자 행동하기를 좋아하는 반딧불이는 빛을 번쩍거리면서 서식지를 홀로 돌아다니기도 한다. 대표적인 뉴기니 지역의 반딧불이는 짝을 찾아 좁은 해안선과 근처 숲 사이를 반복적으로 왔다 갔다 한다. 반딧불이 역시 달이 빛나고 파도가 철썩이는 해변을 사랑을 나누기에 최적인 로맨틱한 장소로 여기는 것이다.

① (가) – (나) – (다) – (라) – (마)
② (가) – (다) – (라) – (나) – (마)
③ (나) – (가) – (다) – (마) – (라)
④ (라) – (나) – (마) – (가) – (다)

PART 1

04

(가) 기피 직종에 대한 인식 변화는 쉽게 찾아볼 수 있다. 9월 ○○시는 '하반기 정년퇴직으로 결원이 예상되는 인력을 충원하고자 환경미화원 18명을 신규 채용한다'는 내용의 모집공고를 냈다. 지원자 457명이 몰려 경쟁률은 25 대 1을 기록했다. 지원자 연령을 보면 40대가 188명으로 가장 많았고 30대 160명, 50대 78명, 20대 31명으로 30, 40대 지원자가 76%를 차지했다.

(나) 오랫동안 3D업종은 꺼리는 직업으로 여겨졌다. 일이 힘들기도 하지만 '하대하는' 사회적 시선을 견디기가 쉽지 않았기 때문이다. 그러나 최근 3D업종에 대해 달라진 분위기가 감지되고 있다. 저성장 시대에 들어서면서 청년취업난이 심각해지고, 일이 없어 고민하는 퇴직자가 늘어나 일자리 자체가 소중해지고 있기 때문이다. 즉, '직업에 귀천이 없다.'는 인식이 퍼지면서 3D업종도 다시금 주목받고 있다.

(다) 기피 직종에 대한 인식 변화는 건설업계에서도 진행되고 있다. 최근 건설경기가 회복되고, 인테리어 산업이 호황을 이루면서 '인부' 구하기가 하늘의 별 따기다. 서울 △△구에서 30년째 인테리어 사무실을 운영하는 D씨는 "몇 년 새 공사 의뢰는 상당히 늘었는데 숙련공은 그만큼 늘지 않아 공사 기간에 맞춰 인력을 구하는 게 힘들다."고 말했다.

(라) 이처럼 환경미화원 공개 채용의 인기는 날로 높아지는 분위기다. ○○시 환경위생과 계장은 "모집인원이 해마다 달라 경쟁률도 바뀌지만 10년 전에 비하면 상당히 높아졌다. 지난해에는 모집 인원이 적었던 탓에 경쟁률이 35 대 1이었다. 그리고 환경미화원이 되려고 3수, 4수까지 불사하는 지원자가 늘고 있다."고 말했다.

(마) 환경미화원 공채에 지원자가 몰리는 이유는 근무환경과 연봉 때문이다. 주 5일 8시간 근무인 데다 새벽에 출근해 점심 무렵 퇴근하기에 오후 시간을 자유롭게 쓸 수 있다. 초봉은 3,500만 원 수준이며 근무연수가 올라가면 최고 5,000만 원까지 받을 수 있다. 환경미화원인 B씨는 "육체적으로 힘들긴 하지만 시간적으로 여유롭다는 것이 큰 장점이다. 매일 야근에 시달리다 건강을 잃어본 경험이 있는 사람이 지원하기도 한다. 또 웬만한 중소기업보다 연봉이 좋다 보니 고학력자도 여기로 눈을 돌리는 것 같다."고 말했다.

① (가) – (다) – (마) – (나) – (라)
② (나) – (가) – (라) – (마) – (다)
③ (다) – (마) – (가) – (나) – (라)
④ (라) – (마) – (가) – (나) – (다)

05 다음 제시된 문단에 이어질 내용을 논리적 순서대로 바르게 나열한 것은?

정부가 '열린혁신'을 국정과제로 선정하고, 공공부문의 선도적인 역할을 당부함에 따라 많은 공공기관에서 열린혁신 추진을 위한 조직 및 전담인력을 구성하고 있으며, K공사 역시 경영기획실 내 혁신기획팀을 조직하여 전사 차원의 열린혁신을 도모하고 있다. 다만, 아직까지 열린혁신은 도입 단계로 다소 생소한 개념이므로 이에 대한 이해가 필요하다.

(가) 그렇다면 '열린혁신'을 보다 체계적이고 성공적으로 추진하기 위한 선행조건은 무엇일까? 첫째, 구성원들이 열린혁신을 명확히 이해하고, 수요자의 입장에서 사업을 바라보는 마인드 형성이 필요하다. 공공기관이 혁신을 추진하는 목적은 결국 본연의 사업을 잘 수행하기 위함이다. 이를 위해서는 수요자인 고객을 먼저 생각해야 한다. 제공받는 서비스에 만족하지 못하는 고객을 생각한다면 사업에 대한 변화와 혁신은 자연스럽게 따라올 수밖에 없다.

(나) 위에서 언급한 정의의 측면에서 볼 때 열린혁신의 성공을 위한 초석은 시민사회(혹은 고객)를 포함한 다양한 이해관계자의 적극적인 참여와 협업이다. 어린이 – 시민 – 전문가 – 공무원이 모여 자연을 이용해 기획하고 디자인한 순천시의 '기적의 놀이터', 청년들이 직접 제안한 아이디어를 정부가 정식사업으로 채택하여 발전시킨 '공유기숙사' 등은 열린혁신의 추진방향을 보여주는 대표적인 사례이다. 특히 시민을 공공서비스의 수혜 대상에서 함께 사업을 만들어가는 파트너로 격상시킨 것이 큰 변화이며, 바로 이 지점이 열린혁신의 출발점이라 할 수 있다.

(다) 둘째, 다양한 아이디어가 존중받고 추진될 수 있는 조직문화를 만들어야 한다. 나이・직급에 관계없이 새로운 아이디어를 마음껏 표현할 수 있는 환경을 조성하는 한편, 참신하고 완성도 높은 아이디어에 대해 인센티브를 제공하는 등 조직 차원의 동기부여가 필요하다. 행정안전부에서 주관하는 정부 열린혁신 평가에서 기관장의 의지와 함께 전사 차원의 지원체계 마련을 주문하는 것도 이러한 연유에서다.

(라) '혁신'이라는 용어는 이미 경영・기술 분야에서 널리 사용되고 있다. 미국의 경제학자 슘페터는 혁신을 새로운 제품소개, 생산방법의 도입, 시장개척, 조직방식 등의 새로운 결합으로 발생하는 창조적 파괴라고 정의내린 바 있다. 이를 '열린혁신'의 개념으로 확장해보면 기관 자체의 역량뿐만 아니라 외부의 아이디어를 받아들이고 결합함으로써 당면한 문제를 해결하고, 사회적 가치를 창출하는 일련의 활동이라 말할 수 있을 것이다.

(마) 마지막으로 지속가능한 혁신을 위해 이를 뒷받침할 수 있는 열정적인 혁신 조력자가 필요하다. 수요자의 니즈를 발굴하여 사업에 반영하는 제안 – 설계 – 집행 – 평가 전 과정을 살피고 지원할 수 있는 조력자의 역할은 필수적이다. 따라서 역량 있는 혁신 조력자를 육성하기 위한 체계적인 교육이 수반되어야 할 것이다. 덧붙여 전 과정에 다양한 이해관계자의 참여가 필요한 만큼 담당부서와 사업부서 간의 긴밀한 협조가 이루어진다면 혁신의 성과는 더욱 커질 것이다.

① (가) – (다) – (마) – (라) – (나)
② (나) – (가) – (라) – (다) – (마)
③ (나) – (라) – (다) – (마) – (가)
④ (라) – (나) – (가) – (다) – (마)

출제유형분석

04 맞춤법 및 어휘

| 유형분석 |

- 밑줄 친 단어를 어법에 맞게 수정하는 맞춤법 문제이다.
- 전후 문장에 따라 어법에 맞는 단어를 고르거나, 한글 맞춤법상 올바른 단어를 찾는 문제가 주로 출제된다.
- 주로 일상생활에서 틀리기 쉬운 어휘들이 자주 출제된다.
- 공사공단에 따라 자사와 관련된 사업이나, 기사문 등이 출제되기도 한다.

다음 밑줄 친 단어를 어법에 따라 수정할 때, 적절하지 않은 것은?

> 나는 내가 <u>시작된</u> 일은 반드시 내가 마무리 지어야 한다는 사명감을 가지고 있었다. 그래서 이번 문제 역시 다른 사람의 도움 없이 스스로 해결해야겠다고 다짐했었다. 그러나 일은 생각만큼 쉽게 풀리지 <u>못했다</u>. 이번에 새로 올린 기획안이 사장님의 <u>제가</u>를 받기 어려울 것이라는 이야기가 들렸다. 같은 팀의 박 대리는 내게 사사로운 감정을 기획안에 <u>투영하지</u> 말라는 충고를 전하면서 커피를 건넸고, 화가 난 나는 뜨거운 커피를 그대로 마시다가 하얀 셔츠에 모두 쏟고 말았다. 오늘 회사 내에서 만나는 사람마다 모두 커피를 쏟은 내 셔츠의 사정에 관해 물었고, 그들에 의해 나는 오늘 온종일 칠칠한 사람이 되어야만 했다.

① 시작된 → 시작한

② 못했다 → 않았다

③ 제가 → 재가

④ 투영하지 → 투영시키지

정답 ④

'투영하다'는 '어떤 상황이나 자극에 대한 해석, 판단, 표현 따위에 심리 상태나 성격을 반영하다.'의 의미로, '투영하지'가 적절한 표기이다.

풀이 전략!

평소 헷갈리기 쉬운 어휘나 맞춤법을 숙지해야 하며, 밑줄 친 단어의 전후 맥락을 빠르게 파악하여 올바른 어휘를 골라야 한다.

출제유형분석 04 실전예제

01 다음 중 밑줄 친 단어의 맞춤법이 바른 것끼리 짝지은 것은?

> 오늘은 웬지 아침부터 기분이 좋지 않았다. 회사에 가기 싫은 마음을 다독이며 출근 준비를 하였다. 회사에 겨우 도착하여 업무용 컴퓨터를 켰지만, 모니터 화면에는 아무것도 보이지 않았다. 심각한 바이러스에 노출된 컴퓨터를 힘들게 복구했지만, 며칠 동안 힘들게 작성했던 문서가 훼손되었다. 당장 오늘까지 제출해야 하는 문서인데, 이 문제를 어떡게 해결해야 할지 걱정이 된다. 문서를 다시 작성하든지, 팀장님께 사정을 말씀드리던지 해결책을 찾아야만 한다. 현재 나의 간절한 바램은 이 문제가 무사히 해결되는 것이다.

① 웬지, 며칠, 훼손
② 며칠, 어떡게, 바램
③ 며칠, 훼손, 작성하든지
④ 며칠, 말씀드리던지, 바램

02 다음 중 띄어쓰기가 옳지 않은 문장은?

① 강아지가 집을 나간지 사흘 만에 돌아왔다.
② 북어 한 쾌는 북어 스무 마리를 이른다.
③ 박승후 씨는 국회의원 출마 의사를 밝혔다.
④ 나는 주로 삼학년을 맡아 미술을 지도했다.

03 다음 중 어법에 맞고 자연스러운 문장은?

① 문학은 다양한 삶의 체험을 보여 주는 예술의 장르로서 문학을 즐길 예술적 본능을 지닌다.
② 그는 부모님의 말씀을 거스른 적이 없고 그는 친구들과 어울리다가도 정해진 시간에 반드시 들어오곤 했다.
③ 피로연은 성대하게 치러졌다. 신랑과 신부는 결혼식을 마치고 신혼여행을 떠났다. 하례객들이 식당 안으로 옮겨 앉으면서 시작되었다.
④ 신은 인간을 사랑하기도 하지만, 때로는 인간에게 시련의 고통을 주기도 한다.

※ 다음 글의 밑줄 친 ㉠~㉣ 중 맞춤법이 잘못된 것을 고르시오. [4~5]

04

맹사성은 고려 시대 말 문과에 급제하여 정계에 진출해 조선이 세워진 후 황희 정승과 함께 조선 전기의 문화 발전에 큰 공을 세운 인물이다. 맹사성은 성품이 맑고 깨끗하며, 단정하고 묵직해서 재상으로서의 품위가 있었다. 또 그는 청렴하고 검소하여 늘 ㉠ <u>남루한</u> 행색으로 다녔는데, 이로 인해 한 번은 어느 고을 수령의 야유를 받았다. 나중에서야 맹사성의 실체를 알게 된 수령이 후사가 두려워 도망을 가다가 관인을 못에 ㉡ <u>빠뜨렸고</u>, 후에 그 못을 인침연(人沈淵)이라 불렀다는 일화가 남아 있다.

조선시대의 학자 서거정은 『필원잡기』에서 이런 맹사성이 평소에 어떻게 살았는가를 소개했다. 서거정의 소개에 따르면 맹사성은 음률을 깨우쳐서 항상 하루에 서너 곡씩 피리를 불곤 했다. 그는 혼자 문을 닫고 조용히 앉아 피리 불기를 계속할 뿐 사사로운 손님을 받지 않았다. 일을 보고하러 오는 등 꼭 만나야 할 손님이 오면 잠시 문을 열어 맞이할 뿐 ㉢ <u>그 밖에는</u> 오직 피리를 부는 것만이 그의 삶의 전부였다. 일을 보고하러 오는 사람은 동구 밖에서 피리 소리를 듣고 맹사성이 방 안에 있다는 것을 알 정도였다.

맹사성은 여름이면 소나무 그늘 아래에 앉아 피리를 불고, 겨울이면 방 안 부들자리에 앉아 피리를 불었다. 서거정의 표현에 의하면 맹사성의 방에는 '오직 부들자리와 피리만 있을 뿐 다른 물건은 없었다.'고 한다. 당시 한 나라의 정승까지 맡고 있었던 사람의 방이었건만 그곳에는 온갖 요란한 장신구나 수많은 장서가 쌓여 있지 않고 오직 피리 하나만 있었던 것이다.

옛 왕조의 끝과 새 왕조의 시작이라는 격동기에 살면서 급격한 변화를 경험해야 했던 맹사성이 방에 오직 부들자리와 피리만을 두면서 생각한 것은 무엇일까? 그는 어떤 생각을 하며 어떤 삶을 살아갔을까? 피리 소리만 ㉣ <u>남겨둔 체</u> 늘 비우는 방과 같이 늘 마음을 비우려 노력했던 것은 아닐까.

① ㉠　　② ㉡

③ ㉢　　④ ㉣

05

계약서란 계약의 당사자 간의 의사표시에 따른 법률행위인 계약 내용을 문서화한 것으로 당사자 사이의 권리와 의무 등 법률관계를 규율하고 의사표시 내용을 항목별로 구분한 후, 구체적으로 명시하여 어떠한 법률 행위를 어떻게 ㉠ 하려고 하는지 등의 내용을 특정한 문서이다. 계약서의 작성은 미래에 계약에 관한 분쟁 발생 시 중요한 증빙자료가 된다.
계약서의 종류를 살펴보면, 먼저 임대차계약서는 임대인 소유의 부동산을 임차인에게 임대하고, 임차인은 이에 대한 약정을 합의하는 내용을 담고 있다. 임대차는 당사자의 한쪽이 상대방에게 목적물을 사용·수익하게 할 수 있도록 약정하고, 상대방이 이에 대하여 차임을 지급할 것을 ㉡ 약정함으로써 그 효력이 생긴다. 부동산 임대차의 경우 목적 부동산의 전세, 월세에 대한 임차보증금 및 월세를 지급할 것을 내용으로 하는 계약이 여기에 해당하며, 임대차계약서는 주택 등 집합건물의 임대차 계약을 작성하는 경우에 사용되는 계약서이다. 주택 또는 상가의 임대차계약은 민법에 대한 특례를 규정한 주택임대차보호법 및 상가건물 임대차보호법의 적용을 받으며, 이 법의 적용을 받지 않은 임대차에 관하여는 민법상의 임대차 규정을 적용하고 있다.
다음으로 근로계약서는 근로자가 회사(근로기준법에서는 '사용자'라고 함)의 지시 또는 관리에 따라 일을 하고 이에 대한 ㉢ 댓가로 회사가 임금을 지급하기로 한 내용의 계약서로 유상·쌍무계약을 말한다. 근로자와 사용자의 근로관계는 서로 동등한 지위에서 자유의사에 의하여 결정한 계약에 의하여 성립한다. 이러한 근로관계의 성립은 구술에 의하여 약정되기도 하지만 통상적으로 근로계약서 작성에 의하여 행해지고 있다.
마지막으로 부동산 매매계약서는 당사자가 계약 목적물을 매매할 것을 합의하고, 매수인이 매도자에게 매매 대금을 지급할 것을 약정함으로 인해 그 효력이 발생한다. 부동산 매매계약서는 부동산을 사고, 팔기 위하여 매도인과 매수인이 약정하는 계약서로 매매대금 및 지급시기, 소유권 이전, 제한권 소멸, 제세공과금, 부동산의 인도, 계약의 해제에 관한 사항 등을 약정하여 교환하는 문서이다. 부동산거래는 상황에 따라 다양한 매매조건이 ㉣ 수반되기 때문에 획일적인 계약내용 외에 별도 사항을 기재하는 경우가 많으므로 계약서에 서명하기 전에 계약내용을 잘 확인하여야 한다.
이처럼 계약서는 계약의 권리와 의무의 발생, 변경, 소멸 등을 명시하는 중요한 문서로 계약서를 작성할 때에는 신중하고 냉철하게 판단한 후, 권리자와 의무자의 관계, 목적물이나 권리의 행사방법 등을 명확하게 전달할 수 있도록 육하원칙에 따라 간결하고 명료하게 그리고 정확하고 평이하게 작성해야 한다.

① ㉠
② ㉡
③ ㉢
④ ㉣

PART 1

출제유형분석

05 경청 태도 및 자세

| 유형분석 |

- 주로 특정 상황을 제시한 뒤 올바른 경청 방법을 묻는 형태의 문제이다.
- 경청과 관련한 이론에 대해 묻거나 몇 개의 대화문 중에서 올바른 경청 자세로 이루어진 것을 고르는 유형으로도 출제된다.

다음 중 효과적인 경청방법으로 적절하지 않은 것은?

① 말하는 사람의 모든 것에 집중해서 적극적으로 들어야 한다.

② 상대방의 의견에 동조할 수 없더라도 일단 수용한다.

③ 질문에 대한 답이 즉각적으로 이루어질 때만 질문을 한다.

④ 대화의 내용을 주기적으로 요약한다.

정답 ③

질문에 대한 답이 즉각적으로 이루어질 수 없는 상황이라고 하더라도 질문을 하면 경청하는 데 적극적인 자세가 되고 집중력 또한 높아진다.

풀이 전략!

별다른 암기 없이도 풀 수 있는 문제가 대부분이지만, 올바른 경청을 방해하는 요인이나 경청훈련 등에 대한 내용은 미리 숙지하고 있는 것이 좋다.

출제유형분석 05 실전예제

01 **다음 중 바람직한 경청 방법으로 옳은 것은?**

① 상대의 말에 대한 원활한 대답을 위해 상대의 말을 들으면서 미리 대답할 말을 준비한다.
② 대화내용에서 상대방의 잘못이 드러나는 경우, 교정을 위해 즉시 비판적인 조언을 해준다.
③ 상대의 말을 모두 들은 후에 적절한 행동을 하도록 한다.
④ 상대가 전달할 내용에 대해 미리 짐작하여 대비한다.

PART 1

02 **다음은 새로 부임한 김과장에 대한 직원들의 대화 내용이다. 키슬러의 대인관계 의사소통에 따를 때, 김과장에게 해 줄 조언으로 가장 적절한 것은?**

> 직원 A : 최과장님이 본사로 발령 나시면서, 홍보팀에 과장님이 새로 부임하셨다며, 어떠셔? 계속 지방에 출장 중이어서 이번에 처음 뵙는데 궁금하네.
> 직원 B : 김과장님? 음. 되게 능력이 있으시다고 들었어. 회사에서 상당한 연봉을 제시해 직접 스카웃 하셨다고 들었거든. 근데, 좀 직원들에게 관심이 너무 많으셔.
> 직원 C : 맞아. 최과장님은 업무를 지시하시고 나서는 우리가 보고할 때까지 아무 간섭 안 하시고 보고 후에 피드백을 주셔서 일하는 중에는 부담이 덜했잖아. 근데, 새로 온 김과장님은 업무 중간 중간에 어디까지 했냐? 어떻게 처리되었냐? 이렇게 해야 한다. 저렇게 해야 한다. 계속 말씀하셔서 너무 눈치 보여. 물론 바로바로 피드백을 받을 수 있어 수정이 수월하긴 하지만 말이야.
> 직원 B : 맞아. 그것도 그거지만 나는 회식 때마다 이전 회사에서 했던 프로젝트에 대해 계속 자랑하셔서 이젠 그 대사도 외울 지경이야. 물론 김과장님의 능력이 출중하다는 건 우리도 알기는 하지만.

① 독단적으로 결정하시면 대인 갈등을 겪으실 수도 있으니 직원들과의 상의가 필요합니다.
② 자신만 생각하지 마시고, 타인에게 관심을 갖고 배려해 주세요.
③ 직원들과 어울리지 않으시고 혼자 있는 것만 선호하시면 대인관계를 유지하기 어려워요.
④ 타인에 대한 높은 관심과 인정받고자 하는 욕구는 낮출 필요성이 있어요.

CHAPTER 02

수리능력

합격 Cheat Key

수리능력은 사칙 연산・통계・확률의 의미를 정확하게 이해하고 이를 업무에 적용하는 능력으로, 기초 연산과 기초 통계, 도표 분석 및 작성의 문제 유형으로 출제된다. 수리능력 역시 채택하지 않는 공사・공단이 거의 없을 만큼 필기시험에서 중요도가 높은 영역이다.

특히, 난이도가 높은 공사・공단의 시험에서는 도표 분석, 즉 자료 해석 유형의 문제가 많이 출제되고 있고, 응용 수리 역시 꾸준히 출제하는 공사・공단이 많기 때문에 기초 연산과 기초 통계에 대한 공식의 암기와 자료 해석 능력을 기를 수 있는 꾸준한 연습이 필요하다.

1 응용 수리의 공식은 반드시 암기하라!

응용 수리는 공사・공단마다 출제되는 문제는 다르지만, 사용되는 공식은 비슷한 경우가 많으므로 자주 출제되는 공식을 반드시 암기하여야 한다. 문제에서 묻는 것을 정확하게 파악하여 그에 맞는 공식을 적절하게 적용하는 꾸준한 노력과 공식을 암기하는 연습이 필요하다.

2 자료의 해석은 자료에서 즉시 확인할 수 있는 지문부터 확인하라!

수리능력 중 도표 분석, 즉 자료 해석 능력은 많은 시간을 필요로 하는 문제가 출제되므로, 증가・감소 추이와 같이 눈으로 확인이 가능한 지문을 먼저 확인한 후 복잡한 계산이 필요한 지문을 확인하는 방법으로 문제를 풀이한다면 시간을 조금이라도 아낄 수 있다. 또한, 여러 가지 보기가 주어진 문제 역시 지문을 잘 확인하고 문제를 풀이한다면 불필요한 계산을 생략할 수 있으므로 항상 지문부터 확인하는 습관을 들여야 한다.

3 도표 작성에서는 지문에 작성된 도표의 제목을 반드시 확인하라!

도표 작성은 하나의 자료 혹은 보고서와 같은 수치가 표현된 자료를 도표로 작성하는 형식으로 출제되는데, 대체로 표보다는 그래프를 작성하는 형태로 많이 출제된다. 지문을 살펴보면 각 지문에서 주어진 도표에도 소제목이 있는 경우가 대부분이다. 이때, 자료의 수치와 도표의 제목이 일치하지 않는 경우 함정이 존재하는 문제일 가능성이 높으므로 도표의 제목을 반드시 확인하는 것이 중요하다.

출제유형분석

01 응용 수리

| 유형분석 |

- 문제에서 제공하는 정보를 파악한 뒤, 사칙연산을 활용하여 계산하는 전형적인 수리문제이다.
- 문제를 풀기 위한 정보가 산재되어 있는 경우가 많으므로 주어진 조건 등을 꼼꼼히 확인해야 한다.

세희네 가족의 올해 휴가비용은 작년 대비 교통비는 15%, 숙박비는 24% 증가하였고, 전체 휴가비용은 20% 증가하였다. 작년 전체 휴가비용이 36만 원일 때, 올해 숙박비는?(단, 전체 휴가비용은 교통비와 숙박비의 합이다)

① 160,000원 ② 184,000원

③ 200,000원 ④ 248,000원

정답 ④

작년 교통비를 x만 원, 숙박비를 y만 원이라 하자.

$1.15x+1.24y=1.2(x+y)$ … ㉠

$x+y=36$ … ㉡

㉠과 ㉡을 연립하면 $x=16$, $y=20$이다.

따라서 올해 숙박비는 $20\times1.24=24.8$만 원이다.

풀이 전략!

문제에서 묻는 바를 정확하게 확인한 후, 필요한 조건 또는 정보를 구분하여 신속하게 풀어 나간다. 단, 계산에 착오가 생기지 않도록 유의한다.

출제유형분석 01 실전예제

01 나영이와 현지가 집에서 공원을 향해 분당 150m의 속력으로 걸어가고 있다. 30분 정도 걸었을 때, 나영이가 지갑을 집에 두고 온 것을 기억하여 분당 300m의 속력으로 집에 갔다가 같은 속력으로 다시 공원을 향해 걸어간다고 한다. 현지는 그 속력 그대로 20분 뒤에 공원에 도착했을 때, 나영이는 현지가 공원에 도착하고 몇 분 후에 공원에 도착할 수 있는가?(단, 집에서 공원까지의 거리는 직선이고, 이동시간 외 다른 소요시간은 무시한다)

① 20분 ② 25분
③ 30분 ④ 35분

02 출입국관리사무소에서는 우리나라에 입국한 외국인을 조사하고 있다. 당일 조사한 결과 외국인 100명 중 중국인은 30%였고, 관광을 목적으로 온 외국인은 20%였으며, 중국인을 제외한 외국인 중 관광을 목적으로 온 사람은 20%였다. 임의로 중국인 1명을 조사할 때, 관광을 목적으로 온 사람일 확률은?

① $\frac{1}{2}$ ② $\frac{1}{3}$
③ $\frac{1}{4}$ ④ $\frac{1}{5}$

03 농도를 알 수 없는 설탕물 500g에 3%의 설탕물 200g을 온전히 섞었더니 섞은 설탕물의 농도는 7%가 되었다. 처음 500g의 설탕물에 녹아있던 설탕은 몇 g인가?

① 40g ② 41g
③ 42g ④ 43g

04 신영이는 제주도로 여행을 갔다. A호텔에서 B공원까지 거리는 지도상에서 10cm이고, 지도의 축척은 1 : 50,000이다. 신영이가 30km/h의 속력으로 자전거를 타고 갈 때, A호텔에서 출발하여 B공원에 도착하는 데 걸리는 시간은?

① 10분
② 15분
③ 20분
④ 25분

05 30명의 남학생 중에서 16명, 20명의 여학생 중에서 14명이 수학여행으로 국외를 선호하였다. 전체 50명의 학생 중 임의로 선택한 한 명이 국내 여행을 선호하는 학생일 때, 이 학생이 남학생일 확률은?

① $\frac{3}{5}$
② $\frac{7}{10}$
③ $\frac{4}{5}$
④ $\frac{9}{10}$

06 K공사에 근무 중인 S사원은 업무 계약 건으로 출장을 가야 한다. 시속 75km로 이동하던 중 점심시간이 되어 전체 거리의 40% 지점에 위치한 휴게소에서 30분 동안 점심을 먹었다. 시계를 확인하니 약속된 시간에 늦을 것 같아 시속 25km를 더 올려 이동하였더니, 출장지까지 총 3시간 20분이 걸려 도착하였다. K공사에서 출장지까지의 거리는?

① 100km
② 150km
③ 200km
④ 250km

07 K식품업체에서 일하고 있는 용선이가 속한 부서는 추석을 앞두고 약 1,200개 제품의 포장 작업을 해야 한다. 손으로 포장하면 하나에 3분이 걸리고 기계로 포장하면 2분이 걸리는데 기계를 이용하면 포장 100개마다 50분을 쉬어야 한다. 만약 휴식 없이 연속해서 작업을 한다고 할 때, 가장 빨리 작업을 마치는 데 시간이 얼마나 필요하겠는가?(단, 두 가지 작업은 병행할 수 있다)

① 24시간
② 25시간
③ 26시간
④ 27시간

PART 1

08 K카페는 평균 고객이 하루에 100명이다. 모든 고객은 음료를 포장을 하거나 카페 내에서 음료를 마신다. 한 사람당 평균 6,400원을 소비하며 카페 내에서 음료를 마시는 고객은 한 사람당 서비스 비용이 평균적으로 1,500원이 들고 가게 유지 비용은 하루에 53만 5천 원이 든다. 이 경우 하루에 수익이 발생할 수 있는 포장 고객은 최소 몇 명인가?

① 28명
② 29명
③ 30명
④ 31명

09 경언이는 고향인 진주에서 서울로 올라오려고 한다. 오전 8시에 출발하여 우등버스를 타고 340km를 달려 서울 고속터미널에 도착하였는데, 원래 도착 예정시간보다 2시간이 늦어졌다. 도착 예정시간은 평균 100km/h로 달리고 휴게소에서 30분 쉬는 것으로 계산되었으나 실제로 휴게소에서 36분을 쉬었다고 한다. 이때, 진주에서 서울로 이동하는 동안 경언이가 탄 버스의 평균 속도는?

① 약 49km/h
② 약 53km/h
③ 약 57km/h
④ 약 64km/h

출제유형분석

02 자료 계산

| 유형분석 |

- 문제에 주어진 도표를 분석하여 각 선택지의 값을 계산해 정답 유무를 판단하는 문제이다.
- 주로 그래프와 표로 제시되며, 경영·경제·산업 등과 관련된 최신 이슈를 많이 다룬다.
- 자료 간의 증감률·비율·추세 등을 자주 묻는다.

다음은 K국의 부양인구비를 나타낸 자료이다. 2023년 15세 미만 인구 대비 65세 이상 인구의 비율은 얼마인가?(단, 비율은 소수점 둘째 자리에서 반올림한다)

〈부양인구비〉

구분	2019년	2020년	2021년	2022년	2023년
부양비	37.3	36.9	36.8	36.8	36.9
유소년부양비	22.2	21.4	20.7	20.1	19.5
노년부양비	15.2	15.6	16.1	16.7	17.3

※ (유소년부양비)$=\frac{(15\text{세 미만 인구})}{(15\sim64\text{세 인구})}\times100$

※ (노년부양비)$=\frac{(65\text{세 이상 인구})}{(15\sim64\text{세 인구})}\times100$

① 72.4%
② 77.6%
③ 81.5%
④ 88.7%

정답 ④

2023년 15세 미만 인구를 x명, 65세 이상 인구를 y명, 15 ~ 64세 인구를 a명이라 하면,

15세 미만 인구 대비 65세 이상 인구 비율은 $\frac{y}{x}\times100$이므로

(2023년 유소년부양비)$=\frac{x}{a}\times100=19.5 \rightarrow a=\frac{x}{19.5}\times100 \cdots$ ㉠

(2023년 노년부양비)$=\frac{y}{a}\times100=17.3 \rightarrow a=\frac{y}{17.3}\times100 \cdots$ ㉡

㉠, ㉡을 연립하면 $\frac{x}{19.5}=\frac{y}{17.3} \rightarrow \frac{y}{x}=\frac{17.3}{19.5}$이므로, 15세 미만 인구 대비 65세 이상 인구의 비율은 $\frac{17.3}{19.5}\times100 \fallingdotseq 88.7$%이다.

풀이 전략!

선택지를 먼저 읽고 필요한 정보를 도표에서 확인하도록 하며, 계산이 필요한 경우에는 실제 수치를 사용하여 복잡한 계산을 하는 대신, 대소 관계의 비교나 선택지의 옳고 그름만을 판단할 수 있을 정도로 간소화하여 계산해 풀이시간을 단축할 수 있도록 한다.

01 카페 주인인 S씨는 매장 내부의 가로 600cm, 세로 500cm 크기의 직사각형 벽을 하늘색 또는 크림색 정사각형 타일로 채우려고 한다. 타일의 크기와 비용이 다음과 같을 때, 어떤 타일을 선택하는 것이 얼마 더 경제적인가?(단, 타일은 세트로만 구매 가능하다)

구분	크기	1세트당 개수	1세트당 가격
하늘색 타일	1m×1m	2개	5만 원
크림색 타일	1m×1m	3개	7만 원

	타일	구매비용의 차
①	하늘색 타일	3만 원
②	하늘색 타일	5만 원
③	크림색 타일	3만 원
④	크림색 타일	5만 원

02 신년을 맞이하여 회사에서 달력을 주문하려고 한다. A업체와 B업체를 고려하고 있다고 할 때, 달력을 최소 몇 권 이상 주문해야 A업체에서 주문하는 것이 B업체에서 주문하는 것보다 유리해지는가?

구분	권당 가격(원)	배송비(원)
A업체	1,650	3,000
B업체	1,800	무료

① 19권　② 20권
③ 21권　④ 22권

03 김대리는 장거리 출장을 가기 전 주유와 함께 세차를 할 예정이다. A주유소와 B주유소의 주유 가격 및 세차 가격이 다음과 같을 때, A주유소에서 얼마나 주유해야 B주유소보다 저렴한가?

구분	주유 가격	세차 가격
A주유소	1,550원/L	3천 원(5만 원 이상 주유 시 무료)
B주유소	1,500원/L	3천 원(7만 원 이상 주유 시 무료)

① 32L 이상 45L 이하
② 32L 이상 46L 이하
③ 33L 이상 45L 이하
④ 33L 이상 46L 이하

04 다음은 2023년 우리나라의 LPCD(Liter Per Capital Day)에 대한 자료이다. 1인 1일 사용량에서 영업용 사용량이 차지하는 비중과 1인 1일 가정용 사용량의 하위 두 항목이 차지하는 비중을 순서대로 나열한 것은?(단, 소수점 셋째 자리에서 반올림한다)

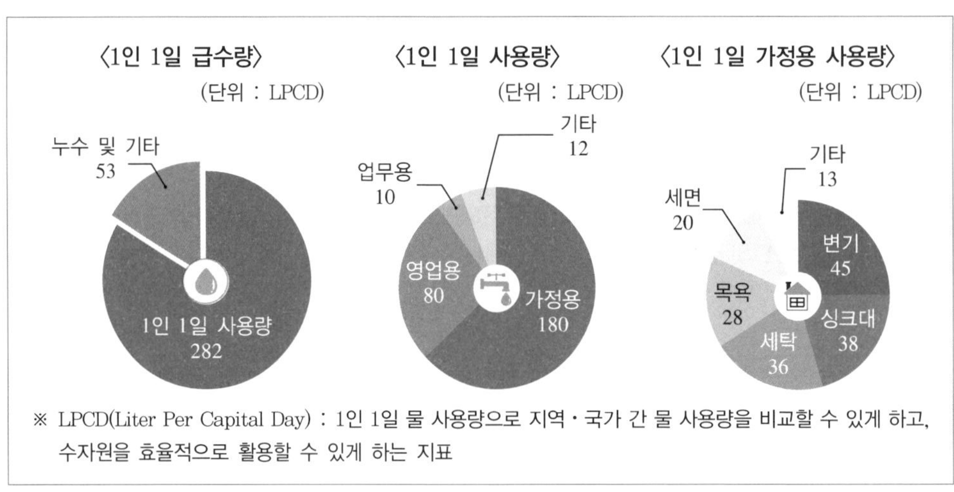

※ LPCD(Liter Per Capital Day) : 1인 1일 물 사용량으로 지역·국가 간 물 사용량을 비교할 수 있게 하고, 수자원을 효율적으로 활용할 수 있게 하는 지표

① 27.57%, 16.25%
② 27.57%, 19.24%
③ 28.37%, 18.33%
④ 28.37%, 19.24%

05 다음은 2023년 방송산업 종사자 수를 나타낸 자료이다. 2023년 추세에 언급되지 않은 분야의 인원은 고정되어 있었다고 할 때, 2022년 방송산업 종사자 수는 모두 몇 명인가?

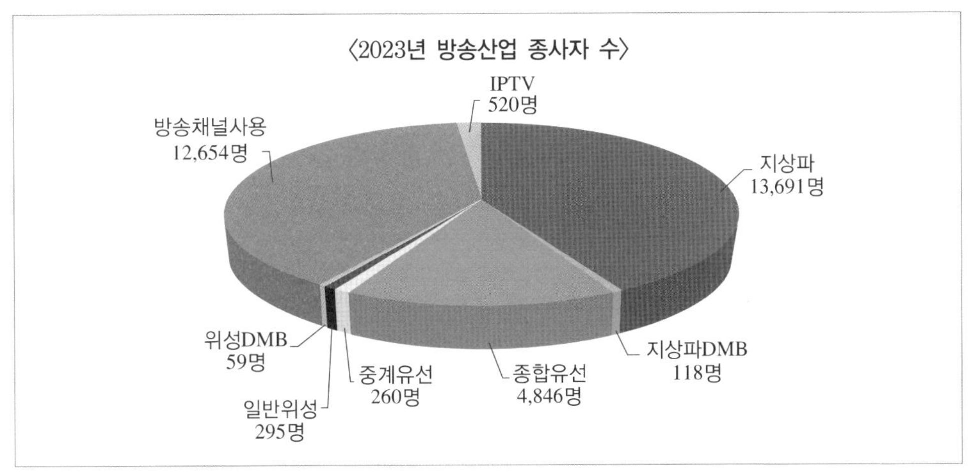

〈2023년 추세〉

지상파 방송사(지상파DMB 포함)는 전년보다 301명(2.2%p)이 증가한 것으로 나타났다. 직종별로 방송직에서는 PD(1.4%p 감소)와 아나운서(1.1%p 감소), 성우, 작가, 리포터, 제작지원 등의 기타 방송직(5%p 감소)이 감소했으나, 카메라, 음향, 조명, 미술, 편집 등의 제작관련직(4.8%p 증가)과 기자(0.5%p 증가)는 증가하였다. 그리고 영업홍보직(13.5%p 감소), 기술직(6.1%p 감소), 임원(0.7%p 감소)은 감소했으나, 연구직(11.7%p 증가)과 관리행정직(5.8%p 증가)은 증가했다.

① 20,081명
② 24,550명
③ 32,142명
④ 36,443명

출제유형분석

03 자료 이해

| 유형분석 |

- 제시된 표를 분석하여 선택지의 정답 유무를 판단하는 문제이다.
- 표의 수치 등을 통해 변화량이나 증감률, 비중 등을 비교하여 판단하는 문제가 자주 출제된다.
- 지원하고자 하는 기업이나 산업과 관련된 자료 등이 문제의 자료로 많이 다뤄진다.

다음은 도시폐기물량 상위 10개국의 도시폐기물량지수와 한국의 도시폐기물량을 나타낸 자료이다. 이에 대한 〈보기〉의 설명 중 옳은 것을 모두 고르면?

〈도시폐기물량 상위 10개국의 도시폐기물량지수〉

순위	2020년		2021년		2022년		2023년	
	국가	지수	국가	지수	국가	지수	국가	지수
1	미국	12.05	미국	11.94	미국	12.72	미국	12.73
2	러시아	3.40	러시아	3.60	러시아	3.87	러시아	4.51
3	독일	2.54	브라질	2.85	브라질	2.97	브라질	3.24
4	일본	2.53	독일	2.61	독일	2.81	독일	2.78
5	멕시코	1.98	일본	2.49	일본	2.54	일본	2.53
6	프랑스	1.83	멕시코	2.06	멕시코	2.30	멕시코	2.35
7	영국	1.76	프랑스	1.86	프랑스	1.96	프랑스	1.91
8	이탈리아	1.71	영국	1.75	이탈리아	1.76	터키	1.72
9	터키	1.50	이탈리아	1.73	영국	1.74	영국	1.70
10	스페인	1.33	터키	1.63	터키	1.73	이탈리아	1.40

※ $(\text{도시폐기물량지수})=\frac{(\text{해당 연도 해당 국가의 도시폐기물량})}{(\text{해당 연도 한국의 도시폐기물량})}$

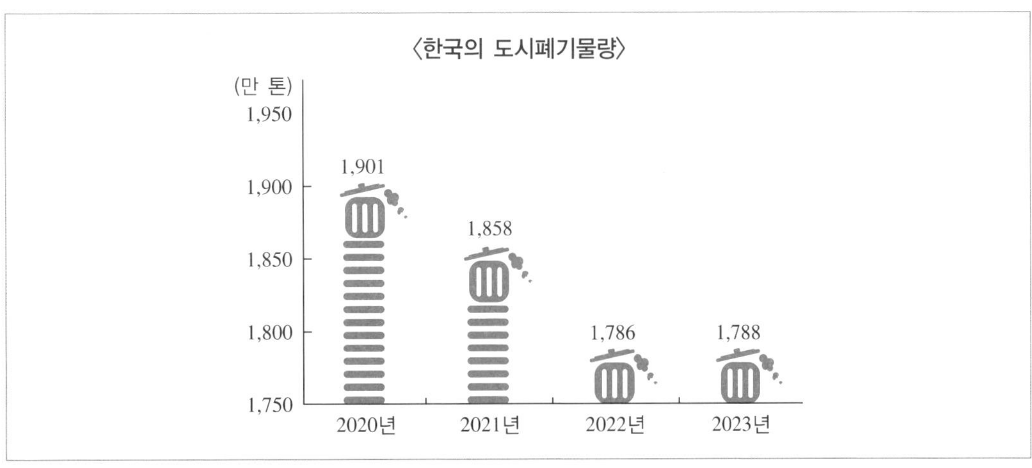

PART 1

보기

㉠ 2023년 도시폐기물량은 미국이 일본의 4배 이상이다.
㉡ 2022년 러시아의 도시폐기물량은 8,000만 톤 이상이다.
㉢ 2023년 스페인의 도시폐기물량은 2020년에 비해 감소하였다.
㉣ 영국의 도시폐기물량은 터키의 도시폐기물량보다 매년 많다.

① ㉠, ㉢ ② ㉠, ㉣
③ ㉡, ㉢ ④ ㉢, ㉣

정답 ①

㉠ 제시된 자료의 각주에 의해 같은 해의 각국의 도시폐기물량지수는 그 해 한국의 도시폐기물량을 기준해 도출된다. 즉, 같은 해의 여러 국가의 도시폐기물량을 비교할 때 도시폐기물량지수로도 비교가 가능하다. 2023년 미국과 일본의 도시폐기물량지수는 각각 12.73, 2.53이며, 2.53×4=10.12<12.73이므로 옳은 설명이다.

㉢ 2020년 한국의 도시폐기물량은 1,901만 톤이므로 2020년 스페인의 도시폐기물량은 1,901×1.33=2,528.33만 톤이다. 도시폐기물량 상위 10개국의 도시폐기물량지수 자료를 보면 2023년 스페인의 도시폐기물량지수는 상위 10개국에 포함되지 않았음을 확인할 수 있다. 즉, 스페인의 도시폐기물량은 도시폐기물량지수 10위인 이탈리아의 도시폐기물량보다 적다. 2023년 한국의 도시폐기물량은 1,788만 톤이므로 이탈리아의 도시폐기물량은 1,788×1.40=2,503.2만 톤이다. 즉, 2023년 이탈리아의 도시폐기물량은 2020년 스페인의 도시폐기물량보다 적다. 따라서 2023년 스페인의 도시폐기물량은 2020년에 비해 감소했다.

오답분석

㉡ 2022년 한국의 도시폐기물량은 1,786만 톤이므로 2022년 러시아의 도시폐기물량은 1,786×3.87=6,911.82만 톤이다.
㉣ 2023년의 경우 터키의 도시폐기물량지수는 영국보다 높다. 따라서 2023년 영국의 도시폐기물량은 터키의 도시폐기물량보다 적다.

풀이 전략!

평소 변화량이나 증감률, 비중 등을 구하는 공식을 알아두고 있어야 하며, 지원하는 기업이나 산업에 관한 자료 등을 확인하여 비교하는 연습 등을 한다.

출제유형분석 03 실전예제

01 다음은 연도별 관광통역 안내사 자격증 취득현황을 나타낸 자료이다. 〈보기〉 중 이에 대한 설명으로 옳지 않은 것을 모두 고르면?

〈연도별 관광통역 안내사 자격증 취득현황〉

(단위 : 명)

구분	영어	일어	중국어	불어	독어	스페인어	러시아어	베트남어	태국어
2022년	464	153	1,418	6	3	3	6	5	15
2021년	344	137	1,963	7	3	4	5	5	17
2020년	379	266	2,468	3	1	4	6	15	35
2019년	238	244	1,160	3	4	3	4	4	8
2018년	166	278	698	2	3	2	3	–	12
2017년	156	357	370	2	2	1	5	1	4
합계	1,747	1,435	8,077	23	16	17	29	30	91

보기

ㄱ. 영어와 스페인어 관광통역 안내사 자격증 취득자는 2018년부터 2022년까지 매년 증가하였다.

ㄴ. 중국어 관광통역 안내사 자격증 취득자는 2020년부터 2022년까지 매년 일어 관광통역 안내사 자격증 취득자의 8배 이상이다.

ㄷ. 태국어 관광통역 안내사 자격증 취득자 수 대비 베트남어 관광통역 안내사 자격증 취득자 수 비율은 2019년부터 2021년까지 매년 증가하였다.

ㄹ. 불어 관광통역 안내사 자격증 취득자 수와 스페인어 관광통역 안내사 자격증 취득자 수는 2018년부터 2022년까지 전년 대비 증감추이가 동일하다.

① ㄱ
② ㄴ, ㄹ
③ ㄱ, ㄷ
④ ㄱ, ㄷ, ㄹ

02 다음은 동일한 상품군을 판매하는 백화점과 TV홈쇼핑의 상품군별 2023년 판매수수료율에 대한 자료이다. 〈보기〉 중 이에 대한 설명으로 옳은 것을 모두 고르면?

〈백화점 판매수수료율 순위〉

(단위 : %)

판매수수료율 상위 5개			판매수수료율 하위 5개		
순위	상품군	판매수수료율	순위	상품군	판매수수료율
1	셔츠	33.9	1	디지털기기	11.0
2	레저용품	32.0	2	대형가전	14.4
3	잡화	31.8	3	소형가전	18.6
4	여성정장	31.7	4	문구	18.7
5	모피	31.1	5	신선식품	20.8

〈TV홈쇼핑 판매수수료율 순위〉

(단위 : %)

판매수수료율 상위 5개			판매수수료율 하위 5개		
순위	상품군	판매수수료율	순위	상품군	판매수수료율
1	셔츠	42.0	1	여행패키지	8.4
2	여성캐주얼	39.7	2	디지털기기	21.9
3	진	37.8	3	유아용품	28.1
4	남성정장	37.4	4	건강용품	28.2
5	화장품	36.8	5	보석	28.7

보기

ㄱ. 백화점과 TV홈쇼핑 모두 셔츠 상품군의 판매수수료율이 전체 상품군 중 가장 높았다.
ㄴ. 여성정장 상품군과 모피 상품군의 판매수수료율은 TV홈쇼핑이 백화점보다 더 낮았다.
ㄷ. 디지털기기 상품군의 판매수수료율은 TV홈쇼핑이 백화점보다 더 높았다.
ㄹ. 여행패키지 상품군의 판매수수료율은 백화점이 TV홈쇼핑의 2배 이상이었다.

① ㄱ, ㄴ
② ㄱ, ㄷ
③ ㄴ, ㄹ
④ ㄱ, ㄷ, ㄹ

PART 1

03 다음은 민간 분야 사이버 침해사고 발생현황에 대한 자료이다. 〈보기〉 중 이에 대한 설명으로 옳지 않은 것을 모두 고르면?

〈민간 분야 사이버 침해사고 발생현황〉

(단위 : 건)

구분	2020년	2021년	2022년	2023년
홈페이지 변조	6,490	10,148	5,216	3,727
스팸릴레이	1,163	988	731	365
기타 해킹	3,175	2,743	4,126	2,961
단순침입시도	2,908	3,031	3,019	2,783
피싱 경유지	2,204	4,320	3,043	1,854
전체	15,940	21,230	16,135	11,690

보기

ㄱ. 단순침입시도 분야의 침해사고는 매년 스팸릴레이 분야의 침해사고 건수의 두 배 이상이다.
ㄴ. 2020년 대비 2023년 침해사고 건수가 50%p 이상 감소한 분야는 2개 분야이다.
ㄷ. 2022년 홈페이지 변조 분야의 침해사고 건수가 차지하는 비중은 35% 이하이다.
ㄹ. 2021년 대비 2023년은 모든 분야의 침해사고 건수가 감소하였다.

① ㄱ, ㄴ
② ㄱ, ㄹ
③ ㄴ, ㄹ
④ ㄷ, ㄹ

04 다음은 K국의 출생, 사망 추이를 나타낸 자료이다. 이에 대한 설명으로 옳지 않은 것은?

〈연도별 K국 출생, 사망 추이〉

구분		2017년	2018년	2019년	2020년	2021년	2022년	2023년
출생아 수(명)		490,543	472,761	435,031	448,153	493,189	465,892	444,849
사망자 수(명)		244,506	244,217	243,883	242,266	244,874	246,113	246,942
기대수명(년)		77.44	78.04	78.63	79.18	79.56	80.08	80.55
수명	남자(년)	73.86	74.51	75.14	75.74	76.13	76.54	76.99
	여자(년)	80.81	81.35	81.89	82.36	82.73	83.29	83.77

① 출생아 수는 2017년 이후 감소하다가 2020년, 2021년에 증가 이후 다시 감소하고 있다.
② 매년 기대수명은 증가하고 있다.
③ 남자와 여자의 수명은 매년 5년 이상의 차이를 보이고 있다.
④ 매년 출생아 수는 사망자 수보다 20만 명 이상 더 많으므로 매년 총인구는 20만 명 이상씩 증가한다고 볼 수 있다.

05 다음은 연령별 선물환거래 금액 비율을 나타낸 자료이다. 이에 대한 설명으로 옳은 것은?

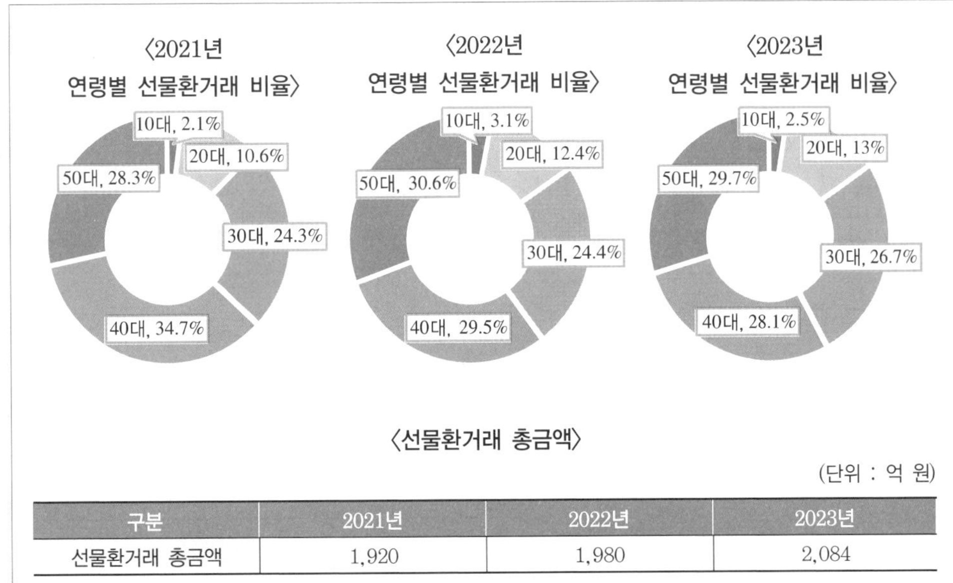

〈선물환거래 총금액〉

(단위 : 억 원)

구분	2021년	2022년	2023년
선물환거래 총금액	1,920	1,980	2,084

① 2022 ~ 2023년의 전년 대비 10대와 20대의 선물환거래 금액 비율 증감 추이는 같다.

② 2022년 대비 2023년의 50대의 선물환거래 금액 증가량은 13억 원 이상이다.

③ 2022 ~ 2023년 동안 전년 대비 매년 40대의 선물환거래 금액은 지속적으로 감소하고 있다.

④ 2023년 10 ~ 40대의 선물환거래 금액 총비율은 2022년 50대의 비율의 2.5배 이상이다.

CHAPTER 03

문제해결능력

합격 Cheat Key

문제해결능력은 업무를 수행하면서 여러 가지 문제 상황이 발생하였을 때, 창의적이고 논리적인 사고를 통하여 이를 올바르게 인식하고 적절히 해결하는 능력으로, 하위 능력에는 사고력과 문제처리능력이 있다.

문제해결능력은 NCS 기반 채용을 진행하는 대다수의 공사·공단에서 채택하고 있으며, 다양한 자료와 함께 출제되는 경우가 많아 어렵게 느껴질 수 있다. 특히, 난이도가 높은 문제로 자주 출제되기 때문에 다른 영역보다 더 많은 노력이 필요할 수는 있지만 그렇기에 차별화를 할 수 있는 득점 영역이므로 포기하지 말고 꾸준하게 노력해야 한다.

1 질문의 의도를 정확하게 파악하라!

문제해결능력은 문제에서 무엇을 묻고 있는지 정확하게 파악하여 먼저 풀이 방향을 설정하는 것이 가장 중요하다. 특히, 조건이 주어지고 답을 찾는 창의적·분석적인 문제가 주로 출제되고 있기 때문에 처음에 정확한 풀이 방향이 설정되지 않는다면 문제를 제대로 풀지 못하게 되므로 첫 번째로 출제 의도 파악에 집중해야 한다.

2 중요한 정보는 반드시 표시하라!

출제 의도를 정확히 파악하기 위해서는 문제의 중요한 정보를 반드시 표시하거나 메모하여 하나의 조건, 단서도 잊고 넘어가는 일이 없도록 해야 한다. 실제 시험에서는 시간의 압박과 긴장감으로 정보를 잘못 적용하거나 잊어버리는 실수가 많이 발생하므로 사전에 충분한 연습이 필요하다.

3 반복 풀이를 통해 취약 유형을 파악하라!

문제해결능력은 특히 시간관리가 중요한 영역이다. 따라서 정해진 시간 안에 고득점을 할 수 있는 효율적인 문제 풀이 방법을 찾아야 한다. 이때, 반복적인 문제 풀이를 통해 자신이 취약한 유형을 파악하는 것이 중요하다. 정확하게 풀 수 있는 문제부터 빠르게 풀고 취약한 유형은 나중에 푸는 효율적인 문제 풀이를 통해 최대한 고득점을 맞는 것이 중요하다.

출제유형분석

01 명제 추론

| 유형분석 |

- 주어진 조건을 토대로 논리적으로 추론하여 참 또는 거짓을 구분하는 문제이다.
- 자료를 제시하고 새로운 결과나 자료에 주어지지 않은 내용을 추론해 가는 형식의 문제가 출제된다.

K공사는 공휴일 세미나 진행을 위해 인근의 가게 A ~ F에서 필요한 물품을 구매하고자 한다. 다음 〈조건〉을 참고할 때, 공휴일에 영업하는 가게의 수는?

조건

- C는 공휴일에 영업하지 않는다.
- B가 공휴일에 영업하지 않으면, C와 E는 공휴일에 영업한다.
- E 또는 F가 영업하지 않는 날이면, D는 영업한다.
- B가 공휴일에 영업하면, A와 E는 공휴일에 영업하지 않는다.
- B와 F 중 한 곳만 공휴일에 영업한다.

① 2곳 ② 3곳
③ 4곳 ④ 5곳

정답 ①

주어진 조건을 순서대로 논리 기호화하면 다음과 같다.

- 첫 번째 조건 : ~C
- 두 번째 조건 : ~B → (C ∧ E)
- 세 번째 조건 : (~E ∨ ~F) → D
- 네 번째 조건 : B → (~A ∧ ~E)

첫 번째 조건이 참이므로 두 번째 조건의 대우[(~C ∨ ~E) → B]에 따라 B는 공휴일에 영업한다. 이때 네 번째 조건에 따라 A와 E는 영업하지 않고, 다섯 번째 조건에 따라 F도 영업하지 않는다. 마지막으로 세 번째 조건에 따라 D는 영업한다. 따라서 공휴일에 영업하는 가게는 B와 D 2곳이다.

풀이 전략!

조건과 관련한 기본적인 논법에 대해서는 미리 학습해 두며, 이를 바탕으로 각 문장에 있는 핵심단어 또는 문구를 기호화하여 정리한 후, 선택지와 비교하여 참 또는 거짓을 판단한다. 또한, 이를 바탕으로 문제에서 구하고자 하는 내용을 추론 및 분석한다.

출제유형분석 01 실전예제

01 세미는 1박 2일로 경주 여행을 떠나 불국사, 석굴암, 안압지, 첨성대 유적지를 방문했다. 다음 〈조건〉에 따를 때, 세미의 유적지 방문 순서가 될 수 없는 것은?

> **조건**
> - 첫 번째로 방문한 곳은 석굴암, 안압지 중 한 곳이었다.
> - 여행 계획대로라면 첫 번째로 석굴암을 방문했을 때, 두 번째로는 첨성대에 방문하기로 되어 있었다.
> - 두 번째로 방문한 곳이 안압지가 아니라면, 불국사도 아니었다.
> - 세 번째로 방문한 곳은 석굴암이 아니었다.
> - 세 번째로 방문한 곳이 첨성대라면, 첫 번째로 방문한 곳은 불국사였다.
> - 마지막으로 방문한 곳이 불국사라면, 세 번째로 방문한 곳은 안압지였다.

① 안압지 – 첨성대 – 불국사 – 석굴암
② 안압지 – 석굴암 – 첨성대 – 불국사
③ 안압지 – 석굴암 – 불국사 – 첨성대
④ 석굴암 – 첨성대 – 안압지 – 불국사

02 중학생 50명을 대상으로 한 해외여행에 대한 설문조사 결과가 〈조건〉과 같을 때, 다음 중 항상 참인 것은?

> **조건**
> - 미국을 여행한 사람이 가장 많다.
> - 일본을 여행한 사람은 미국 또는 캐나다 여행을 했다.
> - 중국과 캐나다를 모두 여행한 사람은 없다.
> - 일본을 여행한 사람의 수가 캐나다를 여행한 사람의 수보다 많다.

① 일본을 여행한 사람보다 중국을 여행한 사람이 더 많다.
② 일본을 여행했지만 미국을 여행하지 않은 사람은 중국을 여행하지 않았다.
③ 미국을 여행한 사람의 수는 일본 또는 중국을 여행한 사람보다 많다.
④ 중국을 여행한 사람은 일본을 여행하지 않았다.

PART 1

03 고용노동부와 K공사가 주관한 채용박람회의 해외채용관에는 8개의 부스가 마련되어 있다. A호텔, B호텔, C항공사, D항공사, E여행사, F여행사, G면세점, H면세점이 〈조건〉에 따라 8개의 부스에 각각 위치하고 있을 때, 다음 중 항상 참인 것은?

> **조건**
>
> - 같은 종류의 업체는 같은 라인에 위치할 수 없다.
> - A호텔과 B호텔은 복도를 사이에 두고 마주 보고 있다.
> - G면세점과 H면세점은 양 끝에 위치하고 있다.
> - E여행사 반대편에 위치한 H면세점은 F여행사와 나란히 위치하고 있다.
> - C항공사는 제일 앞번호의 부스에 위치하고 있다.

[부스 위치]

1	2	3	4
복도			
5	6	7	8

① A호텔은 면세점 옆에 위치하고 있다.
② B호텔은 여행사 옆에 위치하고 있다.
③ C항공사는 여행사 옆에 위치하고 있다.
④ D항공사는 E여행사와 나란히 위치하고 있다.

04 A는 사내 여행 동아리의 회원이고 이번 주말에 반드시 여행에 참가할 계획이다. 다음 〈조건〉에 따라 회원들이 여행에 참가할 때, 여행에 참석하는 사람을 모두 고르면?

> **조건**
>
> - C가 여행에 참가하지 않으면, A도 참가하지 않는다.
> - E가 여행에 참가하지 않으면, B는 여행에 참가한다.
> - D가 여행에 참가하지 않으면, B도 여행에 참가하지 않는다.
> - E가 여행에 참가하면, C는 참가하지 않는다.

① A, B　　② A, B, C
③ A, B, D　　④ A, B, C, D

05 이번 학기에 4개의 강좌 A ~ D가 새로 개설되는데, 강사 갑 ~ 무 중 4명이 한 강좌씩 맡으려 한다. 배정 결과를 궁금해 하는 5명은 다음과 같이 예측했다. 배정 결과를 보니 갑 ~ 무의 진술 중 한 명의 진술만이 거짓이고 나머지는 참임이 드러났을 때, 다음 중 바르게 추론한 것은?

> 갑 : 을이 A강좌를 담당하고 병은 강좌를 담당하지 않을 것이다.
> 을 : 병이 B강좌를 담당할 것이다.
> 병 : 정은 D강좌가 아닌 다른 강좌를 담당할 것이다.
> 정 : 무가 D강좌를 담당할 것이다.
> 무 : 을의 말은 거짓일 것이다.

① 갑은 A강좌를 담당한다.
② 을은 C강좌를 담당한다.
③ 병은 강좌를 담당하지 않는다.
④ 정은 D강좌를 담당한다.

06 다음 〈조건〉이 참일 때, 〈보기〉에서 반드시 참인 것을 모두 고르면?

조건

- A, B, C, D 중 한 명의 근무지는 서울이다.
- A, B, C, D는 각기 다른 한 도시에서 근무한다.
- 갑, 을, 병 각각의 두 진술 중 하나는 참이고 다른 하나는 거짓이다.
- 갑은 "A의 근무지는 광주이다."와 "D의 근무지는 서울이다."라고 진술했다.
- 을은 "B의 근무지는 광주이다."와 "C의 근무지는 세종이다."라고 진술했다.
- 병은 "C의 근무지는 광주이다."와 "D의 근무지는 부산이다."라고 진술했다.

보기

ㄱ. A의 근무지는 광주이다.
ㄴ. B의 근무지는 서울이다.
ㄷ. C의 근무지는 세종이다.

① ㄱ, ㄴ ② ㄱ, ㄷ
③ ㄴ, ㄷ ④ ㄱ, ㄴ, ㄷ

출제유형분석

02 규칙 적용

| 유형분석 |

- 주어진 상황과 규칙을 종합적으로 활용하여 풀어 가는 문제이다.
- 일정, 비용, 순서 등 다양한 내용을 다루고 있어 유형을 한 가지로 단일화하기 어렵다.

A팀과 B팀은 보안등급 상에 해당하는 문서를 나누어 보관하고 있다. 이에 따라 두 팀은 보안을 위해 제시된 규칙에 따라 각 팀의 비밀번호를 지정하였다. 다음 중 A팀과 B팀에 들어갈 수 있는 암호배열은?

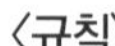

- 1 ~ 9까지의 숫자로 (한 자릿수)×(두 자릿수)=(세 자릿수)=(두 자릿수)×(한 자릿수) 형식의 비밀번호로 구성한다.
- 가운데에 들어갈 세 자릿수의 숫자는 156이며 숫자는 중복 사용할 수 없다. 즉, 각 팀의 비밀번호에 1, 5, 6이란 숫자가 들어가지 않는다.

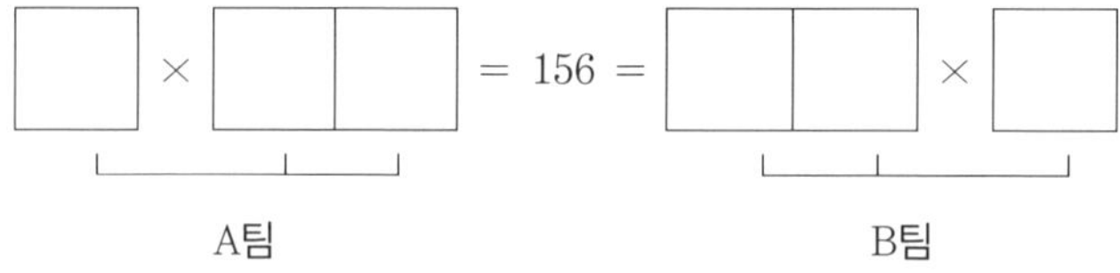

① 23　　② 27
③ 29　　④ 39

정답 ④

규칙에 따라 사용할 수 있는 숫자는 1, 5, 6을 제외한 나머지 2, 3, 4, 7, 8, 9의 총 6개이다. (한 자릿수)×(두 자릿수)=156이 되는 수를 알기 위해서는 156의 소인수를 구해보면 된다. 156의 소인수는 3, 2^2, 13으로 여기서 156이 되는 수의 곱 중에 조건을 만족하는 것은 2×78과 4×39이다. 따라서 선택지 중에 A팀 또는 B팀에 들어갈 수 있는 암호배열은 39이다.

풀이 전략!

문제에 제시된 조건이나 규칙을 정확히 파악한 후, 선택지나 상황에 적용하여 문제를 풀어 나간다.

01 K제품을 운송하는 A씨는 업무상 편의를 위해 고객의 주문 내역을 임의의 코드로 기록하고 있다. 다음과 같은 주문전화가 왔을 때, A씨가 기록한 기호로 옳은 것은?

〈주문 내역 코드〉

구분				
재료	연강	고강도강	초고강도강	후열처리강
	MS	HSS	AHSS	PHTS
판매량	낱개	1묶음	1box	1set
	01	10	11	00
지역	서울	경기남부	경기북부	인천
	E	S	N	W
윤활유 사용	청정작용	냉각작용	윤활작용	밀폐작용
	P	C	I	S
용도	베어링	스프링	타이어코드	기계구조
	SB	SS	ST	SM

※ A씨는 [재료] – [판매량] – [지역] – [윤활유 사용] – [용도]의 순서로 기호를 기록한다.

〈주문 전화〉

B씨 : 어이~ A씨. 나야, 나. 인천 지점에서 같이 일했던 B. 내가 필요한 것이 있어서 전화했어. 일단 서울 지점의 C씨가 스프링으로 사용할 제품이 필요하다고 하는데 한 박스 정도면 될 것 같아. 이전에 주문했던 대로 연강에 윤활용으로 윤활유를 사용한 제품으로 부탁하네. 나는 이번에 경기도 남쪽으로 가는데 거기에 있는 내 사무실 알지? 거기로 초고강도강 타이어코드용으로 1세트 보내 줘. 튼실한 걸로 밀폐용 윤활유 사용해서 부탁해. 저번에 냉각용으로 사용한 제품은 생각보다 좋진 않았어.

① MS11EISB, AHSS00SSST
② MS11EISS, AHSS00SSST
③ MS11EISS, HSS00SSST
④ MS11WISS, AHSS10SSST

PART 1

02 K사는 신제품의 품번을 다음과 같은 규칙에 따라 정한다고 한다. 제품에 설정된 임의의 영단어가 'intellectual'이라면, 이 제품의 품번으로 옳은 것은?

〈규칙〉

- 1단계 : 알파벳 a ~ z를 숫자 1, 2, 3, …으로 변환하여 계산한다.
- 2단계 : 제품에 설정된 임의의 영단어를 숫자로 변환한 값의 합을 구한다.
- 3단계 : 임의의 영단어 속 자음의 합에서 모음의 합을 뺀 값의 절댓값을 구한다.
- 4단계 : 2단계와 3단계의 값을 더한 다음 4로 나누어 2단계의 값에 더한다.
- 5단계 : 4단계의 값이 정수가 아닐 경우, 소수점 첫째 자리에서 버림한다.

① 120 ② 140
③ 160 ④ 180

03 다음 규칙을 근거로 판단할 때, 방에 출입한 사람의 순서는?

〈규칙〉

방에는 1부터 6까지의 번호가 각각 적힌 6개의 전구가 다음과 같이 놓여 있다.

왼쪽 ← → 오른쪽

전구 번호	1	2	3	4	5	6
상태	켜짐	켜짐	켜짐	꺼짐	꺼짐	꺼짐

총 3명(A ~ C)이 각각 한 번씩 홀로 방에 들어가 자신이 정한 규칙에 의해서만 전구를 켜거나 끄고 나왔다.

- A는 번호가 3의 배수인 전구가 켜진 상태라면 그 전구를 끄고, 꺼진 상태라면 그대로 둔다.
- B는 번호가 2의 배수인 전구가 켜진 상태라면 그 전구를 끄고, 꺼진 상태라면 그 전구를 켠다.
- C는 3번 전구는 그대로 두고, 3번 전구를 기준으로 왼쪽과 오른쪽 중 켜진 전구의 개수가 많은 쪽의 전구를 전부 끈다.
- 다만 켜진 전구의 개수가 같다면 양쪽에 켜진 전구를 모두 끈다.
- 마지막 사람이 방에서 나왔을 때, 방의 전구는 모두 꺼져 있었다.

① A－B－C ② A－C－B
③ B－A－C ④ B－C－A

04 다음은 도서코드(ISBN)에 대한 자료이다. 주문한 도서에 대한 설명으로 옳은 것은?

〈도서코드(ISBN) 부여 방법〉

국제표준도서번호					부가기호		
접두부	국가번호	발행자번호	서명식별번호	체크기호	독자대상	발행형태	내용분류
123	12	1234567		1	1	1	123

※ 국제표준도서번호는 5개의 군으로 나누어지고 군마다 '–'로 구분한다.

※ 부가기호는 국제표준도서번호와 따로 표기하며 군마다 '–'로 구분하지 않는다.

〈도서코드(ISBN) 세부사항〉

접두부	국가번호	발행자번호	서명식별번호	체크기호
978 또는 979	89 한국 05 미국 72 중국 40 일본 22 프랑스	발행자번호 – 서명식별번호 7자리 숫자 예 8491 – 208 : 발행자번호가 8491번인 출판사에서 208번째 발행한 책		0 ~ 9

독자대상	발행형태	내용분류
0 교양 1 실용 2 여성 3 (예비) 4 청소년 5 중고등 학습참고서 6 초등 학습참고서 7 아동 8 (예비) 9 전문	0 문고본 1 사전 2 신서판 3 단행본 4 전집 5 (예비) 6 도감 7 그림책, 만화 8 혼합자료, 점자자료, 전자책, 마이크로자료 9 (예비)	030 백과사전 100 철학 170 심리학 200 종교 360 법학 470 생명과학 680 연극 710 한국어 770 스페인어 740 영미문학 720 유럽사

〈주문도서〉

978 – 05 – 441 – 1011 – 3 14710

① 한국에서 출판한 도서이다.

② 441번째 발행된 도서이다.

③ 발행자번호는 총 7자리이다.

④ 한 권으로만 출판되지는 않았다.

출제유형분석

03 SWOT 분석

| 유형분석 |

- 상황에 대한 환경 분석 결과를 통해 주요 과제를 도출하는 문제이다.
- 주로 3C 분석 또는 SWOT 분석을 활용한 문제들이 출제되고 있으므로 해당 분석도구에 대한 사전 학습이 요구된다.

다음은 한 분식점에 대한 SWOT 분석 결과이다. 이에 대한 대응 방안으로 가장 적절한 것은?

S(강점)	W(약점)
• 좋은 품질의 재료만 사용 • 청결하고 차별화된 이미지	• 타 분식점에 비해 한정된 메뉴 • 배달서비스를 제공하지 않음
O(기회)	**T(위협)**
• 분식점 앞에 곧 학교가 들어설 예정 • 최근 TV프로그램 섭외 요청을 받음	• 프랜차이즈 분식점들로 포화상태 • 저렴한 길거리 음식으로 취급하는 경향이 있음

① ST전략 : 비싼 재료들을 사용하여 가격을 올려 저렴한 길거리 음식이라는 인식을 바꾼다.
② WT전략 : 다른 분식점들과 차별화된 전략을 유지하기 위해 배달서비스를 시작한다.
③ SO전략 : TV프로그램에 출연해 좋은 품질의 재료만 사용한다는 점을 부각시킨다.
④ WO전략 : TV프로그램 출연용으로 다양한 메뉴를 일시적으로 개발한다.

정답 ③

SO전략은 강점을 살려 기회를 포착하는 전략이므로 TV프로그램에 출연하여 좋은 품질의 재료만 사용한다는 점을 홍보하는 것이 적절하다.

풀이 전략!

문제에 제시된 분석도구를 확인한 후, 분석 결과를 종합적으로 판단하여 각 선택지의 전략 과제와 일치 여부를 판단한다.

출제유형분석 03 실전예제

01 K공사에 근무하는 A대리는 국내 신재생에너지 산업에 대한 SWOT 분석 결과 자료를 토대로, 경영 전략을 〈보기〉와 같이 판단하였다. 다음 〈보기〉 중 SWOT 전략과 내용이 잘못 연결된 것을 모두 고르면?

〈국내 신재생에너지 산업에 대한 SWOT 분석 결과〉

구분	분석 결과
강점(Strength)	• 해외 기관과의 협업을 통한 풍부한 신재생에너지 개발 경험 • 에너지 분야의 우수한 연구개발 인재 확보
약점(Weakness)	• 아직까지 화석연료 대비 낮은 전력 효율성 • 도입 필요성에 대한 국민적 인식 저조
기회(Opportunity)	• 신재생에너지에 대한 연구가 세계적으로 활발히 추진 • 관련 정부부처로부터 충분한 예산 확보
위협(Threat)	• 신재생에너지 산업 특성상 설비 도입 시의 높은 초기 비용

보기

㉠ SO전략 – 개발 경험을 통해 쌓은 기술력을 바탕으로 향후 효과적인 신재생에너지 연구 추진
㉡ ST전략 – 우수한 연구개발 인재들을 활용하여 초기비용 감축방안 연구 추진
㉢ WO전략 – 확보한 예산을 토대로 우수한 연구원 채용
㉣ WT전략 – 세계의 신재생에너지 연구를 활용한 전력 효율성 개선

① ㉠, ㉡
② ㉡, ㉢
③ ㉡, ㉣
④ ㉢, ㉣

02 레저용 차량을 생산하는 K기업에 대한 다음의 SWOT 분석 결과를 참고할 때, 〈보기〉 중 각 전략에 따른 대응으로 적절한 것을 모두 고르면?

SWOT 분석은 조직의 외부환경 분석을 통해 기회와 위협 요인을 파악하고, 조직의 내부 역량 분석을 통해서 조직의 강점과 약점을 파악하여, 이를 토대로 강점은 최대화하고 약점은 최소화하며, 기회는 최대한 활용하고 위협에는 최대한 대처하는 전략을 세우기 위한 분석 방법이다.

〈SWOT 분석 매트릭스〉

구분	강점(Strength)	약점(Weakness)
기회(Opportunity)	**SO전략 : 공격적 전략** 강점으로 기회를 살리는 전략	**WO전략 : 방향전환 전략** 약점을 보완하여 기회를 살리는 전략
위협(Threat)	**ST전략 : 다양화 전략** 강점으로 위협을 최소화하는 전략	**WT전략 : 방어적 전략** 약점을 보완하여 위협을 최소화하는 전략

〈K기업의 SWOT 분석 결과〉

강점(Strength)	약점(Weakness)
• 높은 브랜드 이미지 · 평판 • 훌륭한 서비스와 판매 후 보증수리 • 확실한 거래망, 딜러와의 우호적인 관계 • 막대한 R&D 역량 • 자동화된 공장 • 대부분의 차량 부품 자체 생산	• 한 가지 차종에만 집중 • 고도의 기술력에 대한 과도한 집중 • 생산설비에 막대한 투자 → 차량모델 변경의 어려움 • 한 곳의 생산 공장만 보유 • 전통적인 가족형 기업 운영
기회(Opportunity)	**위협(Threat)**
• 소형 레저용 차량에 대한 수요 증대 • 새로운 해외시장의 출현 • 저가형 레저용 차량에 대한 선호 급증	• 휘발유의 부족 및 가격의 급등 • 레저용 차량 전반에 대한 수요 침체 • 다른 회사들과의 경쟁 심화 • 차량 안전 기준의 강화

보기

ㄱ. ST전략 : 기술개발을 통하여 연비를 개선한다.
ㄴ. SO전략 : 대형 레저용 차량을 생산한다.
ㄷ. WO전략 : 규제강화에 대비하여 보다 안전한 레저용 차량을 생산한다.
ㄹ. WT전략 : 생산량 감축을 고려한다.
ㅁ. WO전략 : 국내 다른 지역이나 해외에 공장들을 분산 설립한다.
ㅂ. ST전략 : 경유용 레저 차량 생산을 고려한다.
ㅅ. SO전략 : 해외 시장 진출보다는 내수 확대에 집중한다.

① ㄱ, ㄴ, ㅁ, ㅂ
② ㄱ, ㄹ, ㅁ, ㅂ
③ ㄴ, ㄹ, ㅂ, ㅅ
④ ㄴ, ㄹ, ㅁ, ㅂ

03 **다음은 국내 금융기관에 대한 SWOT 분석 자료이다. 이를 통해 SWOT 전략을 세운다고 할 때, 〈보기〉 중 분석 결과에 대응하는 전략과 그 내용이 바르게 연결된 것을 모두 고르면?**

국내 대부분의 예금과 대출을 국내 은행이 차지하고 있을 정도로 국내 금융기관에 대한 우리나라 국민들의 충성도는 높은 편이다. 또한 국내 금융기관은 철저한 신용 리스크 관리로 해외 금융기관과 비교해 자산건전성 지표가 매우 우수한 편이다. 시장 리스크 관리도 해외 선진 금융기관 수준에 도달한 것으로 평가받는다. 국내 금융기관은 외환위기와 글로벌 금융위기 등을 거치며 꾸준히 자산건전성을 강화해 왔기 때문이다.
그러나 은행과 이자 이익에 수익이 편중돼 있다는 점은 국내 금융기관의 가장 큰 약점이 된다. 대부분 예금과 대출 거래 중심의 영업구조로 되어 있기 때문이다. 취약한 해외 비즈니스도 문제로 들 수 있다. 최근 동남아 시장을 중심으로 해외 진출에 박차를 가하고 있지만, 아직은 눈에 띄는 성과가 많지 않은 상황이다.
많은 어려움에도 불구하고 국내 금융기관의 발전 가능성은 아직 무궁무진하다. 우선 해외 시장으로 눈을 돌리면 다양한 기회가 열려 있다. 전 세계 신용·단기 자금 확대, 글로벌 무역 회복세로 국내 금융기관의 해외 진출 여건은 양호한 편이다. 따라서 해외 시장 개척을 통해 어떻게 신규 수익원을 확보하느냐가 성장의 새로운 기회로 작용할 전망이다. IT 기술 발달에 따른 핀테크의 등장도 새로운 기회가 될 수 있다. 국내의 발달된 인터넷과 모바일뱅킹 서비스, IT 인프라를 활용한 새로운 수익 창출 가능성이 열려 있는 것이다.
그러나 역설적으로 핀테크의 등장은 오히려 국내 금융기관의 발목을 잡을 수 있다. 블록체인 기술에 기반한 암호화폐, 간편결제와 송금, 로보어드바이저, 인터넷 은행, P2P 대출 등 다양한 핀테크 분야의 새로운 서비스들이 기존 금융 서비스의 대체재로서 출현하고 있기 때문이다. 금융시장 개방에 따른 글로벌 금융기관과의 경쟁 심화도 넘어야 할 산이다. 특히 중국 은행을 비롯한 중국 금융이 급성장하고 있어 이에 대한 대비책 마련이 시급하다.

보기

㉠ SO전략 : 높은 국내 시장점유율을 기반으로 국내 핀테크 사업에 진출한다.
㉡ WO전략 : 위기관리 역량을 강화하여 해외 금융시장에 진출한다.
㉢ ST전략 : 해외 금융기관과 비교해 우수한 자산건전성을 강조하여 글로벌 금융기관과의 경쟁에서 우위를 차지한다.
㉣ WT전략 : 해외 비즈니스 역량을 강화하여 해외 금융시장에 진출한다.

① ㉠, ㉡　　② ㉠, ㉢
③ ㉡, ㉢　　④ ㉡, ㉣

출제유형분석

04 자료 해석

| 유형분석 |

- 주어진 자료를 해석하고 활용하여 풀어가는 문제이다.
- 꼼꼼하고 분석적인 접근이 필요한 다양한 자료들이 출제된다.

다음 중 정수장 수질검사 현황에 대해 바르게 설명한 사람은?

〈정수장 수질검사 현황〉

급수 지역	항목						검사결과	
	일반세균 100 이하 (CFU/mL)	대장균 불검출 (수/100mL)	NH3-N 0.5 이하 (mg/L)	잔류염소 4.0 이하 (mg/L)	구리 1 이하 (mg/L)	망간 0.05 이하 (mg/L)	적합	기준 초과
함평읍	0	불검출	불검출	0.14	0.045	불검출	적합	없음
이삼읍	0	불검출	불검출	0.27	불검출	불검출	적합	없음
학교면	0	불검출	불검출	0.13	0.028	불검출	적합	없음
엄다면	0	불검출	불검출	0.16	0.011	불검출	적합	없음
나산면	0	불검출	불검출	0.12	불검출	불검출	적합	없음

① A사원 : 함평읍의 잔류염소는 가장 낮은 수치를 보였고, 기준치에 적합하네.
② B사원 : 모든 급수지역에서 일반세균이 나오지 않았어.
③ C사원 : 기준치를 초과한 곳은 없었지만 적합하지 않은 지역은 있어.
④ D사원 : 대장균과 구리가 검출되면 부적합 판정을 받는구나.

정답 ②

오답분석

① 잔류염소에서 가장 낮은 수치를 보인 지역은 나산면(0.12)이고, 함평읍(0.14)은 세 번째로 낮다.
③ 기준치를 초과한 곳도 없고, 모두 적합 판정을 받았다.
④ 항평읍과 학교면, 엄다면은 구리가 검출되었지만 적합 판정을 받았다.

풀이 전략!

문제 해결을 위해 필요한 정보가 무엇인지 먼저 파악한 후, 제시된 자료를 분석적으로 읽고 해석한다.

출제유형분석 04 실전예제

01 김대리는 X부품을 공급할 외주업체 한 곳을 선정하고자 한다. 부품 공급 업체 선정기준과 입찰에 참여한 업체의 정보가 다음과 같을 때, X부품 공급 업체로 선정될 업체는?

〈공급 업체 선정기준〉

- 입찰에 참여한 업체의 가격점수, 품질점수, 생산속도점수를 2 : 3 : 1의 가중치로 합산하여 최종점수를 도출 후, 점수가 가장 높은 업체를 선정한다.
- 각 입찰업체의 가격점수, 품질점수, 생산속도점수는 다음 등급 혹은 구간에 따라 점수로 환산하여 반영한다.
- 가격점수

A	B	C
30	20	15

- 품질점수

우수	양호	보통	미흡
30	27	25	18

- 생산속도점수

안정	보통	불안정
30	20	10

〈입찰 참여 업체 정보〉

업체	가격 평가등급	품질 평가등급	생산속도 평가등급
가	A	양호	불안정
나	B	우수	안정
다	C	보통	보통
라	B	미흡	안정

① 가　　② 나
③ 다　　④ 라

02 K공사는 창립 10주년을 맞이하여 전 직원 단합대회를 준비하고 있다. 이를 위해 진행위원 S는 여행상품 중 한 가지를 선정하려 하는데, 직원 투표 결과를 통해 결정하려고 한다. 직원 투표 결과와 여행지별 1인당 경비가 다음과 같고, 추가로 행사를 위한 부서별 고려사항을 참고하여 선택할 경우 〈보기〉 중 옳은 것을 모두 고르면?

〈직원 투표 결과〉

상품내용		투표 결과(표)					
여행상품	1인당 비용(원)	총무팀	영업팀	개발팀	홍보팀	공장1	공장2
A	500,000	2	1	2	0	15	6
B	750,000	1	2	1	1	20	5
C	600,000	3	1	0	1	10	4
D	1,000,000	3	4	2	1	30	10
E	850,000	1	2	0	2	5	5

〈여행상품별 혜택 정리〉

상품명	날짜	장소	식사제공	차량지원	편의시설	체험시설
A	5/10 ~ 5/11	해변	○	○	×	×
B	5/10 ~ 5/11	해변	○	○	○	×
C	6/7 ~ 6/8	호수	○	○	○	×
D	6/15 ~ 6/17	도심	○	×	○	○
E	7/10 ~ 7/13	해변	○	○	○	×

〈부서별 고려사항〉

- 총무팀 : 행사 시 차량 지원이 가능함
- 영업팀 : 6월 초순에 해외 바이어와 가격 협상 회의 일정이 있음
- 공장1 : 3일 연속 공장 비가동 시 제품의 품질 저하가 예상됨
- 공장2 : 7월 중순 공장 이전 계획이 있음

보기

㉠ 필요한 여행상품 비용은 총 1억 500만 원이 필요하다.
㉡ 투표 결과, 가장 인기가 좋은 여행상품은 B이다.
㉢ 공장1의 A, B 투표 결과가 바뀐다면 여행상품 선택은 변경된다.

① ㉠　　② ㉠, ㉡
③ ㉠, ㉢　　④ ㉡, ㉢

03 다음은 미성년자(만 19세 미만)의 전자금융서비스 신규 · 변경 · 해지 신청에 필요한 서류와 관련된 자료이다. 이를 이해한 내용으로 가장 적절한 것은?

<table>
<tr><th>구분</th><th>미성년자 본인 신청
(만 14세 이상)</th><th>법정대리인 신청
(만 14세 미만은 필수)</th></tr>
<tr><td rowspan="2">신청서류</td><td>• 미성년자 실명확인증표
• 법정대리인(부모) 각각의 동의서
• 법정대리인 각각의 인감증명서
• 미성년자의 가족관계증명서
• 출금계좌통장, 통장인감(서명)</td><td>• 미성년자의 기본증명서
• 법정대리인(부모) 각각의 동의서
• 내방 법정대리인 실명확인증표
• 미내방 법정대리인 인감증명서
• 미성년자의 가족관계증명서
• 출금계좌통장, 통장인감</td></tr>
<tr><td colspan="2">※ 유의사항
① 미성년자 실명확인증표 : 학생증(성명 · 주민등록번호 · 사진 포함), 청소년증, 주민등록증, 여권 등(단, 학생증에 주민등록번호가 포함되지 않은 경우 미성년자의 기본증명서 추가 필요)
② 전자금융서비스 이용신청을 위한 법정대리인 동의서 법정대리인 미방문 시 인감 날인(단, 한부모가정인 경우 친권자 동의서 필요 – 친권자 확인 서류 : 미성년자의 기본증명서)
③ 법정대리인이 자녀와 함께 방문한 경우 법정대리인의 실명확인증표로 인감증명서 대체 가능
※ 법정대리인 동의서 양식은 '홈페이지 → 고객센터 → 약관 · 설명서 · 서식 → 서식자료' 중 '전자금융게시' 내용 참고</td></tr>
</table>

① 만 13세인 희수가 전자금융서비스를 해지하려면 반드시 법정대리인이 신청해야 한다.

② 법정대리인이 자녀와 함께 방문하여 신청할 경우, 반드시 인감증명서가 필요하다.

③ 올해로 만 18세인 지성이가 전자금융서비스를 변경하려면 신청서류로 이름과 사진이 들어있는 학생증과 법정대리인 동의서가 필요하다.

④ 법정대리인 신청 시 동의서는 부모 중 한 명만 있으면 된다.

04 A, B 두 여행팀이 다음 정보에 따라 자신의 효용을 극대화하는 방향으로 관광지 이동을 결정한다고 할 때, 각 여행팀은 어떤 결정을 할 것이며, 두 여행팀의 총효용은 얼마인가?

〈여행팀의 효용 정보〉

- A여행팀과 B여행팀이 동시에 오면 각각 10, 15의 효용을 얻는다.
- A여행팀은 왔으나, B여행팀이 안 온다면 각각 15, 10의 효용을 얻는다.
- A여행팀은 안 오고, B여행팀만 왔을 땐 각각 25, 20의 효용을 얻는다.
- A, B여행팀이 모두 오지 않았을 때는 각각 35, 15의 효용을 얻는다.

〈결정 방법〉

A, B여행팀 모두 결정할 때 효용의 총합은 신경 쓰지 않는다. 상대방이 어떤 선택을 했는지는 알 수 없고 서로 상의하지 않는다. 각 팀은 자신의 선택에 따른 다른 팀의 효용이 얼마인지는 알 수 있다. 이때 다른 팀의 선택을 예상해서 자신의 효용을 극대화하는 선택을 한다.

	A여행팀	B여행팀	총효용
①	관광지에 간다	관광지에 간다	25
②	관광지에 가지 않는다	관광지에 간다	45
③	관광지에 간다	관광지에 가지 않는다	25
④	관광지에 가지 않는다	관광지에 가지 않는다	50

※ 다음은 T주임의 해외여행 이동수단에 대한 자료이다. 이어지는 질문에 답하시오. [5~6]

• T주임은 해외여행을 가고자 한다. 현지 유류비 및 렌트카의 차량별 정보와 관광지 간 거리는 다음과 같다.

• 현지 유류비

연료	가솔린	디젤	LPG
리터당 가격	1.4달러	1.2달러	2.2달러

• 차량별 연비 및 연료

차량	K	H	P
연비	14km/L	10km/L	15km/L
연료	디젤	가솔린	LPG

※ 연료는 최소 1리터 단위로 주유가 가능하다.

• 관광지 간 거리

구분	A광장	B계곡	C성당
A광장		25km	12km
B계곡	25km		18km
C성당	12km	18km	

05 T주임이 H차량을 렌트하여 A광장에서 출발하여 C성당으로 이동한 후, B계곡으로 이동하고자 한다. T주임이 유류비를 최소화하고자 할 때, A광장에서부터 B계곡으로 이동할 때 소요되는 유류비는?(단, 처음 자동차를 렌트했을 때 차에 연료는 없다)

① 4.2달러 ② 4.5달러
③ 5.2달러 ④ 5.6달러

06 T주임의 상황이 다음과 같을 때, T주임이 여행일정을 완료하기까지 소요되는 총 이동시간은?

〈상황〉

• T주임은 P차량을 렌트하였다.
• T주임은 C성당에서 출발하여 B계곡으로 이동한 후, A광장을 거쳐 C성당으로 다시 돌아오는 여행일정을 수립하였다.
• T주임은 C성당에서 A광장까지는 시속 60km로 이동하고, A광장에서 C성당으로 이동할 때에는 시속 40km로 이동하고자 한다.

① 48분 ② 52분
③ 58분 ④ 1시간 1분

CHAPTER 04

자원관리능력

합격 Cheat Key

자원관리능력은 현재 NCS 기반 채용을 진행하는 많은 공사·공단에서 핵심영역으로 자리 잡아, 일부를 제외한 대부분의 시험에서 출제되고 있다.

세부 유형은 비용 계산, 해외파견 지원금 계산, 주문 제작 단가 계산, 일정 조율, 일정 선정, 행사 대여 장소 선정, 최단거리 구하기, 시차 계산, 소요시간 구하기, 해외파견 근무 기준에 부합하는 또는 부합하지 않는 직원 고르기 등으로 나눌 수 있다.

1 시차를 먼저 계산하라!

시간 자원 관리의 대표유형 중 시차를 계산하여 일정에 맞는 항공권을 구입하거나 회의시간을 구하는 문제에서는 각각의 나라 시간을 한국 시간으로 전부 바꾸어 계산하는 것이 편리하다. 조건에 맞는 나라들의 시간을 전부 한국 시간으로 바꾸고 한국 시간과의 시차만 더하거나 빼면 시간을 단축하여 풀 수 있다.

2 선택지를 잘 활용하라!

계산을 해서 값을 요구하는 문제 유형에서는 선택지를 먼저 본 후 자리 수가 몇 단위로 끝나는지 확인해야 한다. 예를 들어 412,300원, 426,700원, 434,100원인 선택지가 있다고 할 때, 제시된 조건에서 100원 단위로 나올 수 있는 항목을 찾아 그 항목만 계산하는 방법이 있다. 또한, 일일이 계산하는 문제가 많다. 예를 들어 640,000원, 720,000원, 810,000원 등의 수를 이용해 푸는 문제가 있다고 할 때, 만 원 단위를 절사하고 계산하여 64, 72, 81처럼 요약하는 방법이 있다.

3 최적의 값을 구하는 문제인지 파악하라!

물적 자원 관리의 대표유형에서는 제한된 자원 내에서 최대의 만족 또는 이익을 얻을 수 있는 방법을 강구하는 문제가 출제된다. 이때, 구하고자 하는 값을 x, y로 정하고 연립방정식을 이용해 x, y 값을 구한다. 최소 비용으로 목표생산량을 달성하기 위한 업무 및 인력 할당, 정해진 시간 내에 최대 이윤을 낼 수 있는 업체 선정, 정해진 인력으로 효율적 업무 배치 등을 구하는 문제에서 사용되는 방법이다.

4 각 평가항목을 비교하라!

인적 자원 관리의 대표유형에서는 각 평가항목을 비교하여 기준에 적합한 인물을 고르거나, 저렴한 업체를 선정하거나, 총점이 높은 업체를 선정하는 문제가 출제된다. 이런 유형은 평가항목에서 가격이나 점수 차이에 영향을 많이 미치는 항목을 찾아 $1\sim2$개의 선택지를 삭제하고, 남은 $3\sim4$개의 선택지만 계산하여 시간을 단축할 수 있다.

출제유형분석

01 시간 계획

| 유형분석 |

- 시간 자원과 관련된 다양한 정보를 활용하여 풀어 가는 유형이다.
- 대체로 교통편 정보나 국가별 시차 정보가 제공되며, 이를 근거로 '현지 도착 시각 또는 약속된 시간 내에 도착하기 위한 방안'을 고르는 문제가 출제된다.

해외영업부 A대리는 B부장과 함께 샌프란시스코에 출장을 가게 되었다. 샌프란시스코의 시각은 한국보다 16시간 느리고, 비행시간은 10시간 25분일 때 샌프란시스코 현지 시각으로 11월 17일 오전 10시 35분에 도착하는 비행기를 타려면 한국 시각으로 인천공항에 몇 시까지 도착해야 하는가?

구분	날짜	출발 시각	비행 시간	날짜	도착 시각
인천 → 샌프란시스코	11월 17일		10시간 25분	11월 17일	10:35
샌프란시스코 → 인천	11월 21일	17:30	12시간 55분	11월 22일	22:25

※ 단, 비행기 출발 한 시간 전에 공항에 도착해 티켓팅을 해야 한다.

① 12:10 ② 13:10

③ 14:10 ④ 15:10

정답 ④

인천에서 샌프란시스코까지 비행 시간은 10시간 25분이므로, 샌프란시스코 도착 시각에서 거슬러 올라가면 샌프란시스코 시각으로 00시 10분에 출발한 것이 된다. 이때 한국은 샌프란시스코보다 16시간 빠르기 때문에 한국 시각으로는 16시 10분에 출발한 것이다. 하지만 비행기 티켓팅을 위해 출발 한 시간 전에 인천공항에 도착해야 하므로 15시 10분까지 공항에 가야 한다.

풀이 전략!

문제에서 묻는 것을 정확히 파악한다. 특히 제한사항에 대해서는 빠짐없이 확인해 두어야 한다. 이후 제시된 정보(시차 등)에서 필요한 것을 선별하여 문제를 풀어 간다.

출제유형분석 01 실전예제

01 경기도의 K지점에 다니는 U대리는 중요한 서류를 전달하기 위해 서울에 위치한 본사에 방문하려고 한다. U대리는 오전 9시에 출발해서 오전 11시에 있는 행사가 시작하기 전까지 본사에 도착해야 할 때, 다음 중 시간 안에 가장 빨리 도착할 수 있는 방법은 무엇인가?(단, 환승 시간은 무시한다)

〈이동 시 이용가능 교통편 현황〉

경기도 S지점 – 고속터미널			고속터미널 – 본사		
교통편	운행시간	소요시간	교통편	운행시간	소요시간
버스	매시 5분 출발 후 10분 간격	1시간	지하철	매시 10분, 50분	15분
지하철	매시 10분 출발 후 20분 간격	45분	택시	제한 없음	30분
자가용	제한 없음	1시간 20분	버스	매시 20분, 40분	25분

① 버스 – 택시
② 지하철 – 버스
③ 자가용 – 지하철
④ 지하철 – 택시

02 해외로 출장을 가는 김대리는 다음 〈조건〉과 같이 이동하려고 계획하고 있다. 연착 없이 계획대로 출장지에 도착했을 때의 현지 시각은?

조건

- 서울 시각으로 5일 오후 1시 35분에 출발하는 비행기를 타고, 경유지 한 곳을 거쳐 출장지에 도착한다.
- 경유지는 서울보다 1시간 빠르고, 출장지는 경유지보다 2시간 느리다.
- 첫 번째 비행은 3시간 45분이 소요된다.
- 경유지에서 3시간 50분을 대기하고 출발한다.
- 두 번째 비행은 9시간 25분이 소요된다.

① 오전 5시 35분
② 오전 6시
③ 오후 5시 35분
④ 오후 6시

출제유형분석

02 비용 계산

| 유형분석 |

- 예산 자원과 관련된 다양한 정보를 활용하여 문제를 풀어간다.
- 대체로 한정된 예산 내에서 수행할 수 있는 업무 및 예산 가격을 묻는 문제가 출제된다.

연봉 실수령액을 구하는 식이 〈보기〉와 같을 때, 연봉이 3,480만 원인 A씨의 연간 실수령액은?(단, 원 단위는 절사한다)

보기

- (연봉 실수령액)=(월 실수령액)×12
- (월 실수령액)=(월 급여)−[(국민연금)+(건강보험료)+(고용보험료)+(장기요양보험료)+(소득세)+(지방세)]
- (국민연금)=(월 급여)×4.5%
- (건강보험료)=(월 급여)×3.12%
- (고용보험료)=(월 급여)×0.65%
- (장기요양보험료)=(건강보험료)×7.38%
- (소득세)=68,000원
- (지방세)=(소득세)×10%

① 30,944,400원　　② 31,078,000원
③ 31,203,200원　　④ 32,150,800원

정답 ①

A씨의 월 급여는 3,480만÷12=290만 원이다.
국민연금, 건강보험료, 고용보험료를 제외한 금액을 계산하면
290만−[290만×(0.045+0.0312+0.0065)]
→ 290만−(290만×0.0827)
→ 290만−239,830=2,660,170원
• 장기요양보험료 : (290만×0.0312)×0.0738≒6,670원(∵ 원 단위 이하 절사)
• 지방세 : 68,000×0.1=6,800원
따라서 A씨의 월 실수령액은 2,660,170−(6,670+68,000+6,800)=2,578,700원이고,
연간 실수령액은 2,578,700×12=30,944,400원이다.

풀이 전략!

제한사항인 예산을 고려하여 문제에서 묻는 것을 정확히 파악한 후, 제시된 정보에서 필요한 것을 선별하여 문제를 풀어간다.

출제유형분석 02 실전예제

01 다음 자료를 보고 S사원이 2024년 1월 출장여비로 받을 수 있는 총액을 바르게 구한 것은?

〈출장여비 계산기준〉

- 출장여비는 출장수당과 교통비의 합으로 계산한다.
- 출장수당의 경우 업무추진비 사용 시 1만 원을 차감하며, 교통비의 경우 관용차량 사용 시 1만 원을 차감한다.

〈출장지별 출장여비〉

출장지	출장수당	교통비
I시	10,000원	20,000원
I시 이외	20,000원	30,000원

※ I시 이외 지역으로 출장을 갈 경우 13시 이후 출장 시작 또는 15시 이전 출장 종료 시 출장수당에서 1만 원 차감된다.

〈S사원의 2024년 1월 출장내역〉

출장일	출장지	출장 시작 및 종료 시각	비고
1월 8일	I시	14 ~ 16시	관용차량 사용
1월 16일	S시	14 ~ 18시	–
1월 19일	B시	09 ~ 16시	업무추진비 사용

① 7만 원　　② 8만 원
③ 9만 원　　④ 10만 원

PART 1

02 다음은 K공사의 여비규정이다. 대구로 출장을 다녀 온 B과장의 지출내역을 토대로 여비를 정산했을 때, B과장은 총 얼마를 받는가?

여비의 종류(제1조)

여비는 운임·숙박비·식비·일비 등으로 구분한다.

1. 운임 : 여행 목적지로 이동하기 위해 교통수단을 이용함에 있어 소요되는 비용을 충당하기 위한 여비
2. 숙박비 : 여행 중 숙박에 소요되는 비용을 충당하기 위한 여비
3. 식비 : 여행 중 식사에 소요되는 비용을 충당하기 위한 여비
4. 일비 : 여행 중 출장지에서 소요되는 교통비 등 각종 비용을 충당하기 위한 여비

운임의 지급(제2조)

1. 운임은 철도운임·선박운임·항공운임으로 구분한다.
2. 국내운임은 국내 여비 지급표에 따라 지급한다.

일비·숙박비·식비의 지급(제3조)

1. 국내 여행자의 일비·숙박비·식비는 국내 여비 지급표에 따라 지급한다.
2. 일비는 여행일수에 따라 지급한다.
3. 숙박비는 숙박하는 밤의 수에 따라 지급한다. 다만, 출장 기간이 2일 이상인 경우의 지급액은 출장기간 전체의 총액 한도 내 실비로 계산한다.
4. 식비는 여행일수에 따라 지급한다.

〈국내 여비 지급표〉

철도운임	선박운임	항공운임	일비(1인당)	숙박비(1박당)	식비(1일당)
실비 (일반실)	실비 (2등급)	실비	2만 원	실비 (상한액 4만 원)	2만 원

〈B과장의 지출내역〉

(단위 : 원)

항목	1일 차	2일 차	3일 차	4일 차
KTX운임(일반실)	43,000	–	–	43,000
대구 시내 버스요금	5,000	4,000	–	2,000
대구 시내 택시요금	–	–	10,000	6,000
식비	15,000	45,000	35,000	15,000
숙박비	45,000	30,000	35,000	–

① 286,000원　　② 304,000원

③ 328,000원　　④ 356,000원

03 K구에서는 주택을 소유하고 해당 주택에 거주하는 가구를 대상으로 주택 노후도 평가를 시행하여 그 결과에 따라 주택보수비용을 지원하고 있다. 주택보수비용 지원 내용과 지원율, 상황을 근거로 판단할 때, K구에 사는 C씨가 지원받을 수 있는 주택보수비용의 최대 액수는 얼마인가?

〈주택보수비용 지원 내용〉

구분	경보수	중보수	대보수
보수항목	도배 혹은 장판	수도시설 혹은 난방시설	지붕 혹은 기둥
주택당 보수비용 지원한도액	350만 원	650만 원	950만 원

〈소득인정액별 주택보수비용 지원율〉

구분	중위소득 25% 미만	중위소득 25% 이상 35% 미만	중위소득 35% 이상 43% 미만
지원율	100%	90%	80%

※ 소득인정액에 따라 위 보수비용 지원한도액의 80 ~ 100%를 차등 지원

〈상황〉

C씨는 현재 거주하고 있는 A주택의 소유자이며, 소득인정액이 중위소득 40%에 해당한다. A주택의 노후도 평가 결과, 지붕의 수선이 필요한 주택보수비용 지원 대상에 선정되었다.

① 520만 원 ② 650만 원
③ 760만 원 ④ 855만 원

PART 1

출제유형분석

03 품목 확정

| 유형분석 |

- 물적 자원과 관련된 다양한 정보를 활용하여 풀어 가는 문제이다.
- 주로 공정도·제품·시설 등에 대한 가격·특징·시간 정보가 제시되며, 이를 종합적으로 고려하는 문제가 출제된다.

K공사에 근무하는 김대리는 사내시험에서 2점짜리 문제를 8개, 3점짜리 문제를 10개, 5점짜리 문제를 6개를 맞혀 총 76점을 맞았다. 다음을 통해 최대리가 맞힌 문제의 총개수는 몇 개인가?

〈사내시험 규정〉

문제 수 : 43문제
만점 : 141점
- 2점짜리 문제 수는 3점짜리 문제 수보다 12문제 적다.
- 5점짜리 문제 수는 3점짜리 문제 수의 절반이다.

- 최대리가 맞힌 2점짜리 문제의 개수는 김대리와 동일하다.
- 최대리의 점수는 총 38점이다.

① 14개 ② 15개
③ 16개 ④ 17개

정답 ①

최대리는 2점짜리 문제를 김대리가 맞힌 개수만큼 맞혔으므로 8개, 즉 16점을 획득했다. 최대리가 맞힌 3점짜리와 5점짜리 문제를 합하면 38－16＝22점이 나와야 한다. 3점과 5점의 합으로 22가 나오기 위해서는 3점짜리는 4문제, 5점짜리는 2문제를 맞혀야 한다.

따라서 최대리가 맞힌 문제의 총개수는 8개(2점짜리)＋4개(3점짜리)＋2개(5점짜리)＝14개이다.

풀이 전략!

문제에서 묻고자 하는 바를 정확히 파악하는 것이 중요하다. 문제에서 제시한 물적 자원의 정보를 문제의 의도에 맞게 선별하면서 풀어 간다.

출제유형분석 03 실전예제

01 K씨는 밤도깨비 야시장에서 푸드 트럭을 운영하기로 계획하고 있다. 다음 자료를 참고하여 순이익이 가장 높은 메인 메뉴 한 가지를 선정하려고 할 때, K씨가 선정할 메뉴로 옳은 것은?

메뉴	예상 월간 판매량(개)	생산 단가(원)	판매 가격(원)
A	500	3,500	4,000
B	300	5,500	6,000
C	400	4,000	5,000
D	200	6,000	7,000

① A　　② B
③ C　　④ D

02 다음은 K기업의 재고 관리에 대한 자료이다. 금요일까지 부품 재고 수량이 남지 않게 완성품을 만들 수 있도록 월요일에 주문할 부품 A～C의 개수가 바르게 연결된 것은?(단, 주어진 조건 이외에는 고려하지 않는다)

〈부품 재고 수량과 완성품 1개당 소요량〉

부품명	부품 재고 수량	완성품 1개당 소요량
A	500	10
B	120	3
C	250	5

〈완성품 납품 수량〉

항목 \ 요일	월	화	수	목	금
완성품 납품 개수	없음	30	20	30	20

※ 부품 주문은 월요일에 한 번 신청하며, 화요일 작업 시작 전에 입고된다.
※ 완성품은 부품 A, B, C를 모두 조립해야 한다.

	A	B	C
①	100	100	100
②	100	180	200
③	500	100	100
④	500	180	250

PART 1

출제유형분석

04 인원 선발

| 유형분석 |

- 인적 자원과 관련된 다양한 정보를 활용하여 풀어 가는 문제이다.
- 주로 근무명단, 휴무일, 업무할당 등의 주제로 다양한 정보를 활용하여 종합적으로 풀어 가는 문제가 출제된다.

어느 버스회사에서 (가)시에서 (나)시를 연결하는 버스 노선을 개통하기 위해 새로운 버스를 구매하려고 한다. 다음 〈조건〉과 같이 노선을 운행하려고 할 때, 최소 몇 대의 버스를 구매해야 하며 이때 필요한 운전사는 최소 몇 명인가?

조건

- 새 노선의 왕복 시간 평균은 2시간이다(승하차 시간을 포함).
- 배차시간은 15분 간격이다.
- 운전사의 휴식시간은 매 왕복 후 30분씩이다.
- 첫차는 05시 정각에, 막차는 23시에 (가)시를 출발한다.
- 모든 차는 (가)시에 도착하자마자 (나)시로 곧바로 출발하는 것을 원칙으로 한다. 즉, (가)시에 도착하는 시간이 바로 (나)시로 출발하는 시간이다.
- 모든 차는 (가)시에서 출발해서 (가)시로 복귀한다.

	버스	운전사
①	6대	8명
②	8대	10명
③	10대	12명
④	12대	14명

정답 ②

왕복 시간이 2시간, 배차 간격이 15분이라면 첫차가 재투입되는 데 필요한 앞차의 수는 첫차를 포함해서 8대이다(∵ 15분×8대=2시간이므로 8대 버스가 운행된 이후 9번째에 첫차 재투입 가능).

운전사는 왕복 후 30분의 휴식을 취해야 하므로 첫차를 운전했던 운전사는 2시간 30분 뒤에 운전을 시작할 수 있다. 따라서 8대의 버스로 운행하더라도 운전자는 150분 동안 운행되는 버스 150÷15=10대를 운전하기 위해서는 10명의 운전사가 필요하다.

풀이 전략!

문제에서 신입사원 채용이나 인력배치 등의 주제가 출제될 경우에는 주어진 규정 혹은 규칙을 꼼꼼히 확인하여야 한다. 이를 근거로 각 선택지가 어긋나지 않는지 검토하며 문제를 풀어 간다.

출제유형분석 04 실전예제

01 K공사에서는 2개월 동안 근무할 인턴사원을 선발하고자 다음과 같은 공고를 게시하였다. A ~ D지원자 중 K공사의 인턴사원으로 가장 적절한 지원자는?

〈인턴사원 모집 공고〉

- 근무기간 : 2개월(2 ~ 4월)
- 자격 요건
  - 1개월 이상 경력자
  - 포토샵 가능자
  - 근무 시간(9 ~ 18시) 이후에도 근무가 가능한 자
- 기타사항
  - 경우에 따라서 인턴 기간이 연장될 수 있음

A지원자	• 경력 사항 : 출판사 3개월 근무 • 컴퓨터 활용 능력 中(포토샵, 워드 프로세서) • 대학 휴학 중(3월 복학 예정)
B지원자	• 경력 사항 : 없음 • 포토샵 능력 우수 • 전문대학 졸업
C지원자	• 경력 사항 : 마케팅 회사 1개월 근무 • 컴퓨터 활용 능력 上(포토샵, 워드 프로세서, 파워포인트) • 4년제 대학 졸업
D지원자	• 경력 사항 : 제약 회사 3개월 근무 • 포토샵 가능 • 저녁 근무 불가

① A지원자　　② B지원자
③ C지원자　　④ D지원자

PART 1

02 S공사에서는 직원 A ~ N 중 면접위원을 선발하고자 한다. 면접위원의 구성 조건이 다음과 같을 때, 옳지 않은 것은?

〈면접위원 구성 조건〉

- 면접관은 총 6명으로 구성한다.
- 이사 이상의 직급으로 50% 이상 구성해야 한다.
- 인사팀을 제외한 모든 부서는 두 명 이상 선출할 수 없고, 인사팀은 반드시 두 명 이상을 포함한다.
- 모든 면접위원의 입사 후 경력은 3년 이상으로 한다.

직원	직급	부서	입사 후 경력
A	대리	인사팀	2년
B	과장	경영지원팀	5년
C	이사	인사팀	8년
D	과장	인사팀	3년
E	사원	홍보팀	6개월
F	과장	홍보팀	2년
G	이사	고객지원팀	13년
H	사원	경영지원	5개월
I	이사	고객지원팀	2년
J	과장	영업팀	4년
K	대리	홍보팀	4년
L	사원	홍보팀	2년
M	과장	개발팀	3년
N	이사	개발팀	8년

① L사원은 면접위원으로 선출될 수 없다.

② N이사는 반드시 면접위원으로 선출된다.

③ B과장이 면접위원으로 선출됐다면 K대리도 선출된다.

④ 과장은 두 명 이상 선출된다.

03 K구청은 주민들의 정보화 교육을 위해 정보화 교실을 동별로 시행하고 있고, 주민들은 각자 일정에 맞춰 정보화 교육을 수강하려고 한다. 다음 중 개인 일정상 신청과목을 수강할 수 없는 사람은?(단, 하루라도 수강을 빠진다면 수강이 불가능하다)

〈정보화 교육 일정표〉

교육 날짜	교육 시간	장소	과정명	장소	과정명
화, 목	09:30 ~ 12:00	A동	인터넷 활용하기	C동	스마트한 클라우드 활용
	13:00 ~ 15:30		그래픽 초급 픽슬러 에디터		스마트폰 SNS 활용
	15:40 ~ 18:10		ITQ한글(실전반)		–
수, 금	09:30 ~ 12:00		한글 문서 활용하기		Windows11 활용하기
	13:00 ~ 15:30		스마트폰 / 탭 / 패드(기본앱)		스마트한 클라우드 활용
	15:40 ~ 18:10		컴퓨터 기초(윈도우 및 인터넷)		–
월	09:30 ~ 15:30		포토샵 기초		사진 편집하기
화 ~ 금	09:30 ~ 12:00	B동	그래픽 편집 달인되기	D동	한글 시작하기
	13:00 ~ 15:30		한글 활용 작품 만들기		사진 편집하기
	15:40 ~ 18:10		–		엑셀 시작하기
월	09:30 ~ 15:30		Windows11 활용하기		스마트폰 사진 편집& 앱 배우기

〈개인 일정 및 신청과목〉

구분	개인 일정	신청과목
D동의 홍길동 씨	• 매주 월 ~ 금 08:00 ~ 15:00 편의점 아르바이트 • 매주 월요일 16:00 ~ 18:00 음악학원 수강	엑셀 시작하기
A동의 이몽룡 씨	• 매주 화, 수, 목 09:00 ~ 18:00 학원 강의 • 매주 월 16:00 ~ 20:00 배드민턴 동호회 활동	포토샵 기초
C동의 성춘향 씨	• 매주 수, 금 17:00 ~ 22:00 호프집 아르바이트 • 매주 월 10:00 ~ 12:00 과외	스마트한 클라우드 활용
B동의 변학도 씨	• 매주 월, 화 08:00 ~ 15:00 카페 아르바이트 • 매주 수, 목 18:00 ~ 20:00 요리학원 수강	그래픽 편집 달인되기

① 홍길동 씨　　② 이몽룡 씨
③ 성춘향 씨　　④ 변학도 씨

CHAPTER 05

조직이해능력

합격 Cheat Key

조직이해능력은 업무를 원활하게 수행하기 위해 조직의 체제와 경영을 이해하고 국제적인 추세를 이해하는 능력이다. 현재 많은 공사·공단에서 출제 비중을 높이고 있는 영역이기 때문에 미리 대비하는 것이 중요하다. 실제 업무 능력에서 조직이해능력을 요구하기 때문에 중요도는 점점 높아질 것이다.

세부 유형은 조직 체제 이해, 경영 이해, 업무 이해, 국제 감각으로 나눌 수 있다. 조직도를 제시하는 문제가 출제되거나 조직의 체계를 파악해 경영의 방향성을 예측하고, 업무의 우선순위를 파악하는 문제가 출제된다.

1 문제 속에 정답이 있다!

경력이 없는 경우 조직에 대한 이해가 낮을 수밖에 없다. 그러나 문제 자체가 실무적인 내용을 담고 있어도 문제 안에는 해결의 단서가 주어진다. 부담을 갖지 않고 접근하는 것이 중요하다.

2 경영·경제학원론 정도의 수준은 갖추도록 하라!

지원한 직군마다 차이는 있을 수 있으나, 경영·경제이론을 접목시킨 문제가 꾸준히 출제되고 있다. 따라서 기본적인 경영·경제이론은 익혀 둘 필요가 있다.

3 지원하는 공사 · 공단의 조직도를 파악하라!

출제되는 문제는 각 공사 · 공단의 세부내용일 경우가 많기 때문에 지원하는 공사 · 공단의 조직도를 파악해 두어야 한다. 조직이 운영되는 방법과 전략을 이해하고, 조직을 구성하는 체제를 파악하고 간다면 조직이해능력에서 조직도가 나올 때 단기간에 문제를 풀 수 있을 것이다.

4 실제 업무에서도 요구되므로 이론을 익혀라!

각 공사 · 공단의 직무 특성상 일부 영역에 중요도가 가중되는 경우가 있어서 많은 취업준비생들이 일부 영역에만 집중하지만, 실제 업무 능력에서 직업기초능력 10개 영역이 골고루 요구되는 경우가 많고, 현재는 필기시험에서도 조직이해능력을 출제하는 기관의 비중이 늘어나고 있기 때문에 미리 이론을 익혀 둔다면 모듈형 문제에서 고득점을 노릴 수 있다.

출제유형분석

01 경영전략

| 유형분석 |

- 경영 전략에서 대표적으로 출제되는 민츠버그의 경영자의 역할 문제이다.
- 경쟁전략의 기본적인 이해와 구조를 물어보는 문제가 자주 출제되므로 전략별 특징 및 개념에 대한 이론 학습이 요구된다.

다음 중 민츠버그가 구분한 경영자에 대한 설명으로 적절하지 않은 것은?

① 민츠버그는 대인적·정보적·의사결정적 활동의 3가지로 경영자의 역할을 나누었다.

② 대인적 역할은 상징자 혹은 지도자로서 대외적으로 조직을 대표하고, 자원배분자 등의 역할을 의미한다.

③ 정보적 역할은 조직을 둘러싼 외부 환경의 변화를 모니터링하고, 이를 조직에 전달하는 정보전달자의 역할을 의미한다.

④ 의사결정적 역할은 조직 내 문제를 해결하고 대외적 협상을 주도하는 협상가 등의 역할을 의미한다.

정답 ②

민츠버그의 경영자 역할

- 대인적 역할 : 상징자 혹은 지도자로서 대외적으로 조직을 대표하고, 대내적으로 조직을 이끄는 리더로서 역할을 의미한다.
- 정보적 역할 : 조직을 둘러싼 외부 환경의 변화를 모니터링하고, 이를 조직에 전달하는 정보전달자의 역할을 의미한다.
- 의사결정적 역할 : 조직 내 문제를 해결하고 대외적 협상을 주도하는 협상가, 분쟁조정자, 자원배분자로서의 역할을 의미한다.

풀이 전략!

민츠버그는 경영자가 주로 수행하는 10가지의 역할을 3가지로 분류하였다. 분류별로 요구되는 역할을 상기하며 문제를 풀어보도록 한다.

출제유형분석 01 실전예제

01 경영이 어떻게 이루어지냐에 따라 조직의 생사가 결정된다고 할 만큼 경영은 조직에 있어서 핵심이다. 다음 중 경영전략을 추진하는 과정에 대한 설명으로 적절하지 않은 것은?

① 전략목표는 비전과 미션으로 구분된다.

② 환경분석을 할 때는 조직의 내부환경뿐만 아니라 외부환경에 대한 분석도 필수이다.

③ '환경분석 → 전략목표 설정 → 경영전략 도출 → 경영전략 실행 → 평가 및 피드백'의 과정을 거쳐 이루어진다.

④ 경영전략이 실행됨으로써 세웠던 목표에 대한 결과가 나오는데, 그것에 대한 평가 및 피드백 과정도 생략되어서는 안 된다.

02 S씨는 취업스터디에서 마이클 포터의 본원적 경쟁전략을 토대로 기업의 경영전략을 정리하고자 한다. 다음 중 〈보기〉의 내용이 바르게 분류된 것은?

- 차별화 전략 : 가격 이상의 가치로 브랜드 충성심을 이끌어 내는 전략이다.
- 원가우위 전략 : 업계에서 가장 낮은 원가로 우위를 확보하는 전략이다.
- 집중화 전략 : 특정 세분시장만 집중공략하는 전략이다.

보기

㉠ I기업은 S/W에 집중하기 위해 H/W의 한글전용 PC분야를 한국계기업과 전략적으로 제휴하고 회사를 설립해 조직체에 위양하였으며 이후 고유분야였던 S/W에 자원을 집중하였다.

㉡ B마트는 재고 네트워크를 전산화하여 원가를 절감하고 양질의 제품을 최저가격에 판매하고 있다.

㉢ A호텔은 5성급 호텔로 하루 숙박비용이 상당히 비싸지만, 환상적인 풍경과 더불어 친절한 서비스를 제공하고 객실 내 제품이 모두 최고급으로 비치되어 있어 이용객들에게 높은 만족도를 준다.

	차별화 전략	원가우위 전략	집중화 전략
①	㉠	㉡	㉢
②	㉠	㉢	㉡
③	㉡	㉠	㉢
④	㉢	㉡	㉠

출제유형분석

02 조직 구조

| 유형분석 |

- 조직 구조 유형에 대한 특징을 물어보는 문제가 자주 출제된다.
- 기계적 조직과 유기적 조직의 차이점과 사례 등을 숙지하고 있어야 한다.
- 조직 구조 형태에 따라 기능적 조직, 사업별 조직으로 구분하여 출제되기도 한다.

다음 〈보기〉 중 기계적 조직의 특징으로 옳은 것을 모두 고르면?

보기

㉠ 변화에 맞춰 쉽게 변할 수 있다.
㉡ 상하 간 의사소통이 공식적인 경로를 통해 이루어진다.
㉢ 대표적으로 사내 벤처팀, 프로젝트팀이 있다.
㉣ 구성원의 업무가 분명하게 규정되어 있다.
㉤ 다양한 규칙과 규제가 있다.

① ㉠, ㉡, ㉢
② ㉠, ㉣, ㉤
③ ㉡, ㉢, ㉣
④ ㉡, ㉣, ㉤

정답 ④

오답분석

㉠·㉢ 유기적 조직에 대한 설명이다.

- 기계적 조직
  - 구성원의 업무가 분명하게 규정되어 있고, 많은 규칙과 규제가 있다.
  - 상하 간 의사소통이 공식적인 경로를 통해 이루어진다.
  - 대표적으로 군대, 정부, 공공기관 등이 있다.
- 유기적 조직
  - 업무가 고전되지 않아 업무 공유가 가능하다.
  - 규제나 통제의 정도가 낮아 변화에 맞춰 쉽게 변할 수 있다.
  - 대표적으로 권한위임을 받아 독자적으로 활동하는 사내 벤처팀, 특정한 과제 수행을 위해 조직된 프로젝트팀이 있다.

풀이 전략!

조직 구조는 유형에 따라 기계적 조직과 유기적 조직으로 나눌 수 있다. 기계적 조직과 유기적 조직은 서로 상반된 특징을 가지고 있으며, 기계적 조직이 관료제의 특징과 비슷함을 파악하고 있다면, 이와 상반된 유기적 조직의 특징도 수월하게 파악할 수 있다.

출제유형분석 02 실전예제

01 **다음 중 조직에 대한 설명으로 적절하지 않은 것은?**

① 조직은 두 사람 이상이 있어야 한다.
② 의식하지 않아도 자연스럽게 구성된다.
③ 공동의 목표가 있어야 한다.
④ 직업인으로서 조직이란 직장을 의미한다.

02 **다음 중 조직문화의 특징으로 적절하지 않은 것은?**

① 구성 요소에는 리더십 스타일, 제도 및 절차, 구성원, 구조 등이 있다.
② 조직구성원들에게 일체감과 정체성을 준다.
③ 구성원들 개개인의 다양성을 강화해준다.
④ 조직 몰입도를 향상시킨다.

03 **다음 중 조직목표에 대한 설명으로 적절하지 않은 것은?**

① 조직이 달성하려는 장래의 상태로, 미래지향적이지만 현재의 조직행동의 방향을 결정해주는 역할을 한다.
② 조직의 단합을 위해 공식적 목표와 실제적 목표는 항상 일치해야 하며, 하나의 조직목표만을 추구해야 한다.
③ 조직목표들은 한번 수립되면 달성될 때까지 지속되는 것이 아니라 환경이나 조직 내의 다양한 원인들에 의하여 변동되거나 없어지고 새로운 목표로 대체되기도 한다.
④ 조직구성원들이 공통된 조직목표 아래서 소속감과 일체감을 느끼고 행동수행의 동기를 가지게 하며, 조직구성원들의 수행을 평가할 수 있는 기준이 된다.

04 다음 중 조직변화의 과정을 순서대로 바르게 나열한 것은?

ㄱ. 환경변화 인지	ㄴ. 변화결과 평가
ㄷ. 조직변화 방향 수립	ㄹ. 조직변화 실행

① ㄱ－ㄷ－ㄹ－ㄴ
② ㄱ－ㄹ－ㄷ－ㄴ
③ ㄴ－ㄷ－ㄹ－ㄱ
④ ㄹ－ㄱ－ㄷ－ㄴ

05 다음 중 조직구조의 형태에 대한 설명으로 적절하지 않은 것은?

① 조직도를 통해 조직 내적인 구조를 확인할 수 있지만, 구성원들의 임무, 수행하는 과업, 일하는 장소 등과 같은 일하는 방식과 관련된 체계는 알 수 없다.

② 대부분의 조직은 조직의 CEO가 조직의 최상층에 있고, 조직구성원들이 단계적으로 배열되는 구조를 가지고 있다.

③ 환경이 안정적이거나 일상적인 기술, 조직의 내부 효율성을 중요시하며 기업의 규모가 작을 때에는 업무의 내용이 유사하고 관련성이 있는 것들을 결합해서 기능적 조직구조 형태를 이루었다.

④ 급변하는 환경변화에 효과적으로 대응하고 제품, 지역, 고객별 차이에 신속하게 적응하기 위하여 분권화된 의사결정이 가능한 사업별 조직구조가 나타나게 되었다.

06 다음 〈보기〉 중 제시된 조직도에 대해 바르게 설명한 사람을 모두 고르면?

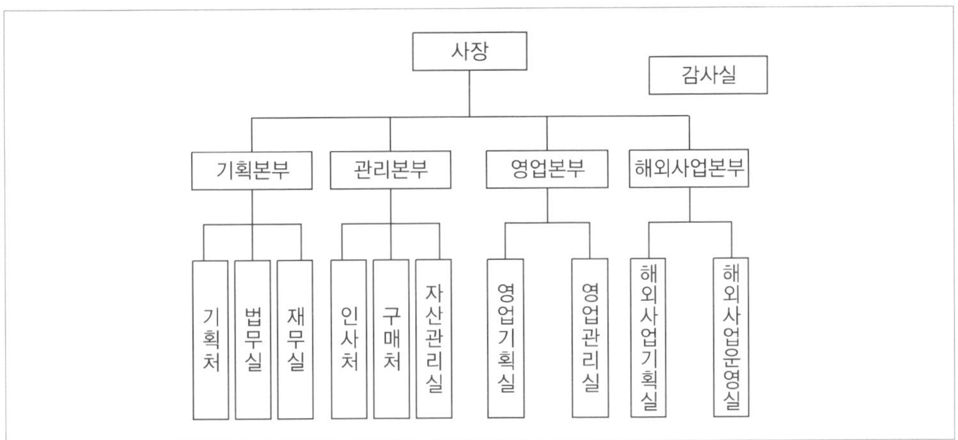

보기

A : 조직도를 보면 4개 본부, 3개의 처, 8개의 실로 구성되어 있어.
B : 사장 직속으로 4개의 본부가 있고, 그중 한 본부에서는 인사업무만을 전담하고 있네.
C : 감사실은 사장 직속이지만 별도로 분리되어 있구나.
D : 해외사업기획실과 해외사업운영실은 둘 다 해외사업과 관련이 있으니까 해외사업본부에 소속되어 있는 것이 맞아.

① A, B
② A, D
③ B, C
④ B, D

출제유형분석

03 업무 종류

| 유형분석 |

- 부서별 주요 업무에 대해 묻는 문제이다.
- 부서별 특징과 담당 업무에 대한 이해가 필요하다.

다음 상황에서 팀장의 지시를 적절히 수행하기 위하여 오대리가 거쳐야 할 부서명을 순서대로 바르게 나열한 것은?

> 오대리, 내가 내일 출장 준비 때문에 무척 바빠서 그러는데 자네가 좀 도와줘야 할 것 같군. 우선 박비서한테 가서 오후 사장님 회의 자료를 좀 가져다 주게나. 오는 길에 지난주 기자단 간담회 자료 정리가 되었는지 확인해 보고 완료됐으면 한 부 챙겨 오고. 다음 주에 승진자 발표가 있을 것 같은데 우리 팀 승진 대상자 서류가 잘 전달되었는지 그것도 확인 좀 해 줘야겠어. 참, 오후에 바이어가 내방하기로 되어 있는데 공항 픽업 준비는 잘 해 두었지? 배차 예약 상황도 다시 한 번 점검해 봐야 할 거야. 그럼 수고 좀 해 주게.

① 기획팀 – 홍보팀 – 총무팀 – 경영관리팀
② 비서실 – 홍보팀 – 인사팀 – 총무팀
③ 인사팀 – 법무팀 – 총무팀 – 기획팀
④ 경영관리팀 – 법무팀 – 총무팀 – 인사팀

정답 ②

우선 박비서에게 회의 자료를 받아 와야 하므로 비서실을 들러야 한다. 다음으로 기자단 간담회는 대회 홍보 및 기자단 상대 업무를 맡은 홍보팀에서 자료를 정리할 것이므로 홍보팀을 거쳐야 한다. 또한, 승진자 인사 발표 소관 업무는 인사팀이 담당한다고 볼 수 있으며, 회사의 차량 배차에 대한 업무는 총무팀과 같은 지원부서의 업무로 보는 것이 적절하다.

풀이 전략!

조직은 목적의 달성을 위해 업무를 효과적으로 분배하고 처리할 수 있는 구조를 확립해야 한다. 조직의 목적이나 규모에 따라 업무의 종류는 다양하지만, 대부분의 조직에서는 총무, 인사, 기획, 회계, 영업으로 부서를 나누어 업무를 담당하고 있다. 따라서 5가지 업무 종류에 대해서는 미리 숙지해야 한다.

01 김부장과 박대리는 K공사의 고객지원실에서 근무하고 있다. 다음 상황에서 김부장이 박대리에게 지시할 사항으로 가장 적절한 것은?

> • 부서별 업무분장
> – 인사혁신실 : 신규 채용, 부서/직무별 교육계획 수립/시행, 인사고과 등
> – 기획조정실 : 조직문화 개선, 예산사용계획 수립/시행, 대외협력, 법률지원 등
> – 총무지원실 : 사무실, 사무기기, 차량 등 업무지원 등
>
> 〈상황〉
>
> 박대리 : 고객지원실에서 사용하는 A4 용지와 볼펜이 부족해서 비품을 신청해야 할 것 같습니다. 그리고 지난번에 말씀하셨던 고객 상담 관련 사내 교육 일정이 이번에 확정되었다고 합니다. 고객지원실 직원들에게 관련 사항을 전달하려면 교육 일정 확인이 필요할 것 같습니다.

① 박대리, 인사혁신실에 전화해서 비품 신청하고, 전화한 김에 교육 일정도 확인해서 나한테 알려줘요.
② 박대리, 총무지원실에 가서 교육 일정 확인하고, 간 김에 비품 신청도 하고 오세요.
③ 박대리, 기획조정실에 가서 교육 일정 확인하고, 인사혁신실에 가서 비품 신청하고 오도록 해요.
④ 박대리, 총무지원실에 전화해서 비품 신청하고, 인사혁신실에 가서 교육 일정 확인하고 나한테 알려줘요.

02 다음 지시사항에 대한 설명으로 적절하지 않은 것은?

> 은경씨, 금요일 오후 2시부터 인·적성검사 합격자 10명의 1차 면접이 진행될 예정입니다. 5층 회의실 사용 예약을 지금 미팅이 끝난 직후 해 주시고, 2명씩 다섯 조로 구성하여 10분씩 면접을 진행하니 지금 드리는 지원 서류를 참고하여 수요일 오전까지 다섯 조를 구성한 보고서를 저에게 주십시오. 그리고 2명의 면접위원님께 목요일 오전에 면접진행에 대해 말씀드려 미리 일정 조정을 완료해 주시기 바랍니다.

① 면접은 10분씩 진행된다.
② 은경씨는 수요일 오전까지 보고서를 제출해야 한다.
③ 면접은 금요일 오후에 10명을 대상으로 실시된다.
④ 인·적성검사 합격자는 본인이 몇 조인지 알 수 있다.

※ 다음은 K공사 조직도의 일부이다. 이어지는 질문에 답하시오. [3~4]

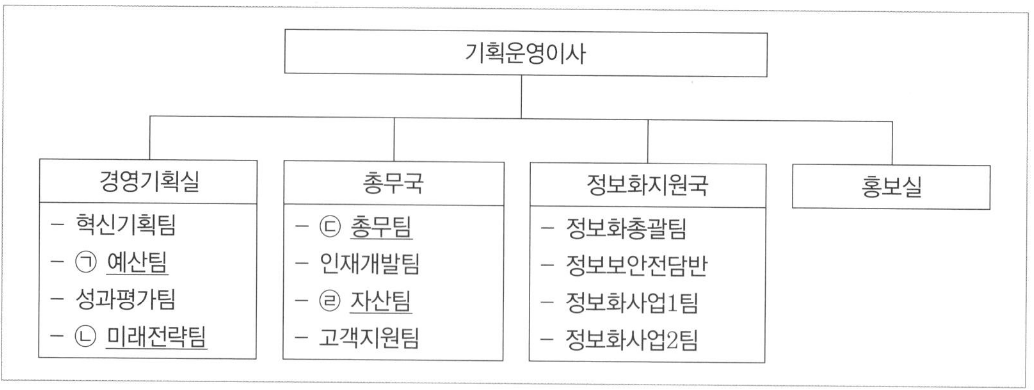

03 다음 중 K공사의 각 부서와 업무가 바르게 연결되지 않은 것은?

① ㉠ : 수입·지출 예산 편성 및 배정 관리
② ㉡ : 공단사업 관련 연구과제 개발 및 추진
③ ㉢ : 복무관리 및 보건·복리 후생
④ ㉣ : 예산집행 조정, 통제 및 결산 총괄

04 다음 중 정보보안전담반의 업무로 적절하지 않은 것은?

① 전문자격 시험 출제정보시스템 구축·운영
② 직원 개인정보보호 의식 향상 교육
③ 개인정보종합관리시스템 구축·운영
④ 정보보안 및 개인정보보호 계획 수립

※ 다음은 K공사 연구소의 주요 사업별 연락처이다. 이어지는 질문에 답하시오. [5~6]

〈주요 사업별 연락처〉

주요 사업	담당부서	연락처
고객지원	고객지원팀	044-410-7001
감사, 부패방지 및 지도점검	감사실	044-410-7011
국제협력, 경영평가, 예산기획, 규정, 이사회	전략기획팀	044-410-7023
인재개발, 성과평가, 교육, 인사, ODA사업	인재개발팀	044-410-7031
복무노무, 회계관리, 계약 및 시설	경영지원팀	044-410-7048
품질평가관리, 품질평가 관련 민원	평가관리팀	044-410-7062
가공품 유통 전반(실태조사, 유통정보), 컨설팅	유통정보팀	044-410-7072
대국민 교육, 기관 마케팅, 홍보관리, CS, 브랜드인증	고객홍보팀	044-410-7082
이력관리, 역학조사지원	이력관리팀	044-410-7102
유전자분석, 동일성검사	유전자분석팀	044-410-7111
연구사업 관리, 기준개발 및 보완, 시장조사	연구개발팀	044-410-7133
정부3.0, 홈페이지 운영, 대외자료제공, 정보보호	정보사업팀	044-410-7000

PART 1

05 다음 중 K공사 연구소의 주요 사업별 연락처를 본 채용 지원자의 반응으로 적절하지 않은 것은?

① K공사 연구소는 1개 실과 11개 팀으로 이루어져 있구나.
② 예산기획과 경영평가는 같은 팀에서 종합적으로 관리하겠구나.
③ 평가업무라 하더라도 평가 특성에 따라 담당하는 팀이 달라지겠구나.
④ 홈페이지 운영은 고객홍보팀에서 마케팅과 함께 하겠구나.

06 다음 민원인의 요청을 듣고 난 후 민원을 해결하기 위해 연결할 부서로 가장 적절한 것은?

민원인 : 얼마 전 신제품 관련 등급 신청을 했습니다. 신제품 품질에 대한 등급에 대해 이의가 있습니다. 관련 건으로 담당자분과 통화하고 싶습니다.
상담원 : 불편을 드려서 죄송합니다. ________________ 연결해 드리겠습니다. 잠시만 기다려 주십시오.

① 품질평가를 관리하는 평가관리팀으로
② 연구사업을 관리하고 있는 연구개발팀으로
③ 이력관리 업무를 담당하고 있는 이력관리팀으로
④ 기관의 홈페이지 운영을 전담하고 있는 정보사업팀으로

아이들이 답이 있는 질문을 하기 시작하면 그들이 성장하고 있음을 알 수 있다.

– 존 J. 플롬프 –

PART 2

최종점검 모의고사

제1회
최종점검 모의고사

※ 경기도 공공기관 통합채용 최종점검 모의고사는 채용공고를 기준으로 구성한 것으로 실제 시험과 다를 수 있습니다.

■ 취약영역 분석

번호	O/×	영역	번호	O/×	영역	번호	O/×	영역
01			21			41		
02			22			42		
03			23			43		
04			24			44		
05			25			45		
06		의사소통능력	26		문제해결능력	46		조직이해능력
07			27			47		
08			28			48		
09			29			49		
10			30			50		
11			31					
12			32					
13			33					
14			34					
15			35					
16		수리능력	36		자원관리능력			
17			37					
18			38					
19			39					
20			40					

평가문항	50문항	평가시간	50분
시작시간	:	종료시간	:
취약영역			

제1회
최종점검 모의고사

모바일 OMR

응시시간 : 50분 문항 수 : 50문항

정답 및 해설 p.040

01 **다음 중 의사소통을 저해하는 요인이 아닌 것은?**

① 정보의 양이 너무 많다.
② 분위기가 매우 진지하다.
③ 의미가 단순한 언어를 사용한다.
④ 대화 구성원의 사이가 친밀하지 않다.

02 **A사원은 직장 내에서의 의사소통능력 향상 방법에 대한 강연을 들으면서 다음과 같이 메모하였다. 메모의 내용 중 A사원이 잘못 작성한 내용은 모두 몇 개인가?**

〈의사소통능력 향상 방법 강연을 듣고…〉

• 의사소통의 저해 요인

… (중략) …

• 의사소통에 있어 자신이나 타인의 느낌을 건설적으로 처리하는 방법
㉠ 얼굴을 붉히는 것과 같은 간접적 표현을 피한다.
㉡ 자신의 감정을 주체하지 못하고 과격한 행동을 하지 않는다.
㉢ 자신의 감정 상태에 대한 책임을 타인에게 전가하지 않는다.
㉣ 자신의 감정을 조절하기 위하여 상대방으로 하여금 그의 행동을 변하도록 강요하지 않는다.
㉤ 자신의 감정을 명확하게 하지 못할 경우라도 즉각적인 의사소통이 될 수 있도록 노력한다.

① 1개 ② 2개
③ 3개 ④ 4개

03 의사표현에서는 말하는 사람이 말하는 순간 듣는 사람이 바로 알아들을 수 있어야 하므로 어떠한 언어를 사용하는지가 매우 중요하다. 다음 〈보기〉에서 의사표현에 사용되는 언어로 적절하지 않은 것을 모두 고르면?

보기

㉠ 이해하기 쉬운 언어	㉡ 상세하고 구체적인 언어
㉢ 간결하면서 정확한 언어	㉣ 전문적 언어
㉤ 단조로운 언어	㉥ 문법적 언어

① ㉠, ㉡　　② ㉡, ㉢
③ ㉢, ㉥　　④ ㉣, ㉤

PART 2

04 다음 중 목적에 맞는 문서작성 요령에 대한 설명으로 옳지 않은 것을 〈보기〉에서 모두 고르면?

보기

ㄱ. 업무지시서의 경우, 우선 협조가 가능한지 개괄적인 내용만을 담아 상대방의 의사를 확인하여야 한다.
ㄴ. 설명서의 경우, 소비자들의 오해 없는 정확한 이해를 위하여 전문용어를 이용하여 작성하여야 한다.
ㄷ. 공문서의 경우, 정해진 양식과 격식을 엄격하게 준수하여 작성하여야 한다.

① ㄱ　　② ㄴ
③ ㄱ, ㄴ　　④ ㄴ, ㄷ

05 다음 중 문서적인 의사소통에 대한 설명으로 옳지 않은 것은?

① 업무지시 메모, 업무보고서 작성 등이 있다.
② 문서적인 의사소통은 정확하지 않을 수 있다.
③ 언어적인 의사소통보다 권위감이 있다.
④ 언어적인 의사소통에 비해 유동성이 크다.

06 다음 글에 대한 내용으로 가장 적절한 것은?

> 사회 진화론은 다윈의 생물 진화론을 개인과 집단에 적용시킨 사회 이론이다. 사회 진화론의 중심 개념은 19세기에 등장한 '생존경쟁'과 '적자생존'인데, 이 두 개념의 적용 범위가 개인인가 집단인가에 따라 자유방임주의와 결합하기도 하고 민족주의나 제국주의와 결합하기도 하였다. 1860년대 대표적인 사회 진화론자인 스펜서는 인간 사회의 생활은 개인 간의 '생존경쟁'이며, 그 경쟁은 '적자생존'에 의해 지배된다고 주장하였다. 19세기 말 키드, 피어슨 등은 인종이나 민족, 국가 등의 집단 단위로 '생존경쟁'과 '적자생존'을 적용하여 우월한 집단이 열등한 집단을 지배하는 것은 자연법칙이라고 주장함으로써 인종 차별이나 제국주의를 정당화하였다. 일본에서는 19세기 말 문명개화론자들이 사회 진화론을 수용하였다.
> 이들은 '생존경쟁'과 '적자생존'을 국가와 민족 단위에 적용하여 '약육강식', '우승열패'의 논리를 바탕으로 서구식 근대 문명국가 건설과 군국주의를 역설하였다.

① 사회 진화론은 생물 진화론을 바탕으로 개인에게만 적용시킨 사회 이론이다.
② 사회 진화론은 19세기 이전에는 존재하지 않았다.
③ '생존경쟁'과 '적자생존'의 개념이 개인의 범위에 적용되면 민족주의와 결합한다.
④ 키드, 피어슨 등의 주장은 사회 진화론의 개념을 집단 단위에 적용한 결과이다.

07 다음 글의 내용으로 적절하지 않은 것은?

위기지학(爲己之學)이란 15세기의 사림파 선비들이 「소학(小學)」을 강조하면서 내세운 공부 태도를 가리킨다. 원래 이 말은 위인지학(爲人之學)과 함께 「논어(論語)」에 나오는 말이다. '옛날에 공부하던 사람들은 자기를 위해 공부했는데, 요즘 사람들은 남을 위해 공부한다.' 즉, 공자는 공부하는 사람의 관심이 어디에 있느냐를 가지고 학자를 두 부류로 구분했다. 어떤 학자는 '위기(爲己)란 자아가 성숙하는 것을 추구하며, 위인(爲人)이란 남들에게서 인정받기를 바라는 태도'라고 했다.

조선 시대를 대표하는 지식인 퇴계 이황(李滉)은 이렇게 말했다. '위기지학이란, 우리가 마땅히 알아야 할 바가 도리이며, 우리가 마땅히 행해야 할 바가 덕행이라는 것을 믿고, 가까운 데서부터 착수해 나가되 자신의 이해를 통해서 몸소 실천하는 것을 목표로 삼는 공부이다. 반면 위인지학이란, 내면의 공허함을 감추고 관심을 바깥으로 돌려 지위와 명성을 취하는 공부이다.' 위기지학과 위인지학의 차이는 공부의 대상이 무엇이냐에 있다기보다 공부를 하는 사람의 일차적 관심과 태도가 자신을 내면적으로 성숙시키는 데 있느냐 아니면 다른 사람으로부터 인정을 받는 데 있느냐에 있다는 것이다.

이것은 학문의 목적이 외재적 가치에 의해서가 아니라 내재적 가치에 의해서 정당화된다는 사고방식이 나타났음을 뜻한다. 이로써 당시 사대부들은 출사(出仕)를 통해 정치에 참여하는 것 외에 학문과 교육에 종사하면서도 자신의 사회적 존재 의의를 주장할 수 있다고 믿었다. 더 나아가 학자 또는 교육자로서 사는 것이 관료 또는 정치가로서 사는 것보다 훌륭한 것이라고 주장할 수 있게 되었다. 또한 위기지학의 출현은 종래 과거제에 종속되어 있던 교육에 독자적 가치를 부여했다는 점에서 역사적 사건으로 평가받아 마땅하다.

① 국가가 위기지학을 권장함으로써 그 위상이 높아졌다.
② 위인지학을 추구하는 사람들은 체면과 인정을 중시했다.
③ 위기적 태도를 견지한 사람들은 자아의 성숙을 추구했다.
④ 공자는 학문을 대하는 태도를 기준으로 삼아 학자들을 나누었다.

08 다음 글의 주제로 가장 적절한 것은?

최근에 사이버공동체를 중심으로 한 시민의 자발적 정치 참여 현상이 많은 관심을 끌고 있다. 이러한 현상과 관련하여 A의 연구가 새삼 주목 받고 있다. A의 연구에 따르면 공동체의 구성원이 됨으로써 얻게 되는 '사회적 자본'이 시민사회의 성숙과 민주주의 발전을 가져오는 원동력이다. A의 이론에서는 공동체에 대한 자발적 참여를 통해 사회 구성원 간의 상호 의무감과 신뢰, 구성원들이 공유하는 규칙과 관행, 사회적 유대 관계와 같은 사회적 자본이 늘어나면, 사회 구성원 간의 협조적인 행위가 가능하게 된다고 보았다. 더 나아가 A는 자원봉사자와 같이 공동체 참여도가 높은 사람이 투표할 가능성이 높고 정부 정책에 대한 의견 개진도 활발해지는 등 정치 참여도가 높아진다고 주장하였다.
몇몇 학자들은 A의 이론을 적용하여 면대면 접촉에 따른 인간관계의 산물인 사회적 자본이 사이버공동체에서도 충분히 형성될 수 있다고 보았다. 그리고 사이버공동체에서 사회적 자본의 증가는 곧 정치 참여도 활성화시킬 것으로 기대했다. 하지만 이러한 기대와는 달리 정치 참여가 활성화되지 않았다. 요즘 젊은이들을 보면 각종 사이버공동체에 자발적으로 참여하는 수준은 높지만 투표나 다른 정치 활동에는 무관심하거나 심지어 정치를 혐오하기도 한다. 이런 측면에서 A의 주장은 사이버공동체가 활성화된 오늘날에는 잘 맞지 않는다.
이러한 이유 때문에 오늘날 사이버공동체를 중심으로 한 정치 참여를 더 잘 이해하기 위해서 '정치적 자본' 개념의 도입이 필요하다. 정치적 자본은 사회적 자본의 구성 요소와는 달리 정치 정보의 습득과 이용, 정치적 토론과 대화, 정치적 효능감 등으로 구성된다. 정치적 자본은 사회적 자본과 마찬가지로 공동체 참여를 통해서 획득되지만, 정치 과정에의 관여를 촉진한다는 점에서 사회적 자본과는 구분될 필요가 있다. 사회적 자본만으로 정치 참여를 기대하기 어렵고, 사회적 자본과 정치 참여 사이를 정치적 자본이 매개할 때 비로소 정치 참여가 활성화된다.

① 사이버공동체를 통해 축적된 사회적 자본에 정치적 자본이 더해질 때 정치 참여가 활성화된다.
② 사회적 자본은 정치적 자본을 포함하기 때문에 그 자체로 정치 참여의 활성화를 가져온다.
③ 사회적 자본이 많은 사회는 정치 참여가 활발하기 때문에 적극적인 민주주의가 실현된다.
④ 사이버공동체의 특수성으로 인해 시민들의 정치 참여가 어렵게 되었다.

09 다음 글의 제목으로 가장 적절한 것은?

대부분의 사람이 주식 투자를 하는 목적은 자산을 증식하는 것이지만, 항상 이익을 낼 수는 없으며 이익에 대한 기대에는 언제나 손해에 따른 위험이 동반된다. 이러한 위험을 줄이기 위해서 일반적으로 투자자는 포트폴리오를 구성하는데, 이때 전반적인 시장상황에 상관없이 나타나는 위험인 '비체계적 위험'과 시장 상황에 연관되어 나타나는 위험인 '체계적 위험' 두 가지를 동시에 고려해야 한다. 비체계적 위험이란 종업원의 파업, 경영 실패, 판매의 부진 등 개별 기업의 특수한 상황과 관련이 있는 것으로 '기업 고유 위험'이라고도 한다. 기업의 특수 사정으로 인한 위험은 예측하기 어려운 상황에서 돌발적으로 일어날 수 있는 것들로, 여러 주식에 분산 투자함으로써 제거할 수 있다. 반면에 체계적 위험은 시장의 전반적인 상황과 관련한 것으로, 예를 들면 경기 변동, 인플레이션, 이자율의 변화, 정치 사회적 환경 등 여러 기업들에 공통으로 영향을 주는 요인들에 기인한다. 체계적 위험은 주식 시장 전반에 관한 위험이기 때문에 비체계적 위험에 대응하는 분산투자의 방법으로도 감소시킬 수 없으므로 '분산 불능 위험'이라고도 한다.
그렇다면 체계적 위험에 대응할 방법은 없을까? '베타 계수'를 활용한 포트폴리오 구성으로 투자자는 체계적 위험에 대응할 수 있다. 베타 계수란 주식 시장 전체의 수익률 변동이 발생했을 때 이에 대해 개별 기업의 주가 수익률이 얼마나 민감하게 반응하는가를 측정하는 계수로, 종합주가지수의 수익률이 1% 변할 때 개별 주식의 수익률이 얼마나 변하는가를 나타내며, 수익률의 민감도로 설명할 수 있다. 따라서 투자자는 주식시장이 호황에 진입할 경우 베타 계수가 큰 종목의 투자 비율을 높이지만 불황이 예상되는 경우에는 베타 계수가 작은 종목의 투자 비율을 높여 위험을 최소화할 수 있다.

① 비체계적 위험과 체계적 위험의 사례 분석
② 비체계적 위험을 활용한 경기 변동의 예측 방법
③ 비체계적 위험과 체계적 위험을 고려한 투자 전략
④ 종합주가지수 변동에 민감한 비체계적 위험의 중요성

10 다음 문단을 논리적 순서대로 바르게 나열한 것은?

(가) 개념사를 역사학의 한 분과로 발전시킨 독일의 역사학자 코젤렉은 '개념은 실재의 지표이자 요소'라고 하였다. 이 말은 실타래처럼 얽혀 있는 개념과 정치 · 사회적 실재, 개념과 역사적 실재의 관계를 정리하기 위한 중요한 지침으로 작용한다. 그에 의하면 개념은 정치적 사건이나 사회적 변화 등의 실재를 반영하는 거울인 동시에 정치 · 사회적 사건과 변화의 실제적 요소이다.

(나) 개념은 정치적 사건과 사회적 변화 등에 직접 관련되어 있거나 그것을 기록, 해석하는 다양한 주체들에 의해 사용된다. 이러한 주체들, 즉 '역사 행위자'들이 사용하는 개념은 여러 의미가 포개어진 층을 이룬다. 개념사에서는 사회 · 역사적 현실과 관련하여 이러한 층들을 파헤치면서 개념이 어떻게 사용되어 왔는가, 이 과정에서 그 의미가 어떻게 변화했는가, 어떤 함의들이 거기에 투영되었는가, 그 개념이 어떠한 방식으로 작동했는가 등에 대해 탐구한다.

(다) 이상에서 보듯이 개념사에서는 개념과 실재를 대조하고 과거와 현재의 개념을 대조함으로써, 그 개념이 대응하는 실재를 정확히 드러내고 있는가, 아니면 실재의 이해를 방해하고 더 나아가 왜곡하는가를 탐구한다. 이를 통해 코젤렉은 과거에 대한 '단 하나의 올바른 묘사'를 주장하는 근대 역사학의 방법을 비판하고, 과거의 역사 행위자가 구성한 역사적 실재와 현재 역사가가 만든 역사적 실재를 의미있게 소통시키고자 했다.

(라) 사람들이 '자유', '민주', '평화' 등과 같은 개념들을 사용할 때, 그 개념이 서로 같은 의미를 갖는 것은 아니다. '자유'의 경우, '구속받지 않는 상태'를 강조하는 개념으로 쓰이는가 하면, '자발성'이나 '적극적인 참여'를 강조하는 개념으로 쓰이기도 한다. 이러한 정의와 해석의 차이로 인해 개념에 대한 논란과 논쟁이 늘 있어 왔다. 바로 이러한 현상에 주목하여 출현한 것이 코젤렉의 '개념사'이다.

(마) 또한 개념사에서는 '무엇을 이야기 하는가.'보다는 '어떤 개념을 사용하면서 그것을 이야기하는가.'에 관심을 갖는다. 개념사에서는 과거의 역사 행위자가 자신이 경험한 '현재'를 서술할 때 사용한 개념과 오늘날의 입장에서 '과거'의 역사 서술을 이해하기 위해 사용한 개념의 차이를 밝힌다. 그리고 과거의 역사를 현재의 역사로 번역하면서 양자가 어떻게 수렴될 수 있는가를 밝히는 절차를 밟는다.

① (라) – (가) – (나) – (마) – (다)
② (라) – (나) – (가) – (다) – (마)
③ (가) – (나) – (마) – (다) – (라)
④ (나) – (라) – (마) – (다) – (가)

11 다음은 4개 업체에서 판매 중인 사이다를 비교한 자료이다. 어느 업체에서 사이다를 사는 것이 가장 저렴한가?

〈업체별 사이다 용량 및 가격〉

구분	A업체	B업체	C업체	D업체
가격(원)	25,000	25,200	25,400	25,600
한 개당 용량(mL)	340	345	350	355
한 묶음 개수(개)	25	24	25	24

※ 단, 사이다는 한 묶음으로만 판매한다.

① A업체
② B업체
③ C업체
④ D업체

PART 2

12 다음은 주요 대상국별 김치 수출액에 관한 자료이다. 기타를 제외하고 2022년 수출액이 3번째로 많은 국가의 2021년 대비 2022년 김치 수출액의 증감률은?(단, 소수점 셋째 자리에서 반올림한다)

〈주요 대상국별 김치 수출액〉

(단위 : 천 달러, %)

구분	2021년		2022년	
	수출액	점유율	수출액	점유율
일본	44,548	60.6	47,076	59.7
미국	5,340	7.3	6,248	7.9
호주	2,273	3.1	2,059	2.6
대만	3,540	4.8	3,832	4.9
캐나다	1,346	1.8	1,152	1.5
영국	1,919	2.6	2,117	2.7
뉴질랜드	773	1.0	1,208	1.5
싱가포르	1,371	1.9	1,510	1.9
네덜란드	1,801	2.4	2,173	2.7
홍콩	4,543	6.2	4,285	5.4
기타	6,093	8.3	7,240	9.2
합계	73,547	100	78,900	100

① −5.06%
② −5.68%
③ −6.24%
④ −6.82%

※ 다음은 2015 ~ 2019년의 교통수단별 사고건수를 나타낸 자료이다. 이어지는 질문에 답하시오. **[13~14]**

〈2015 ~ 2019년 교통수단별 사고건수〉

(단위 : 건)

구분	2015년	2016년	2017년	2018년	2019년
전동킥보드	8	12	54	81	162
원동기장치 자전거	5,450	6,580	7,480	7,110	8,250
이륜자동차	12,400	12,900	12,000	11,500	11,200
택시	158,800	175,200	168,100	173,000	177,856
버스	222,800	210,200	235,580	229,800	227,256
전체	399,458	404,892	423,214	421,491	424,724

※ 2016년에 이륜자동차 면허에 대한 법률이 개정되었고, 2017년부터 시행되었다.

13 다음 중 자료에 대한 설명으로 옳은 것은?

① 2016년부터 2019년까지 원동기장치 자전거의 사고건수는 매년 증가하고 있다.

② 이륜자동차를 제외하고 2015년부터 2019년까지 교통수단별 사고건수가 가장 많은 해는 2019년이다.

③ 2015년 대비 2019년 택시의 사고건수 증가율은 2015년 대비 2019년 버스의 사고건수 증가율보다 낮다.

④ 이륜자동차의 2016년과 2017년의 사고건수의 합은 2015 ~ 2019년 이륜자동차 총 사고건수의 40% 이상이다.

14 다음 중 자료에 대한 판단으로 옳은 것을 〈보기〉에서 모두 고르면?

보기

㉠ 전동킥보드만 매년 사고건수가 증가하는 것으로 보아 이에 대한 대책이 필요하다.

㉡ 원동기장치 자전거의 사고건수가 가장 적은 해에 이륜자동차의 사고건수는 가장 많았다.

㉢ 2017 ~ 2019년 이륜자동차의 사고건수가 전년 대비 감소한 것에는 법률개정도 영향이 있었을 것이다.

㉣ 택시와 버스의 사고건수 증감추이는 해마다 서로 반대이다.

① ㉠, ㉢ ② ㉡, ㉣

③ ㉠, ㉡, ㉢ ④ ㉠, ㉢, ㉣

15 다음은 국가별 연도별 이산화탄소 배출량에 대한 자료이다. 〈조건〉에 따라 빈칸 ㉠~㉣에 해당하는 국가명을 순서대로 나열한 것은?

〈국가별 연도별 이산화탄소 배출량〉

(단위 : 백만 CO_2톤)

구분	1995년	2005년	2015년	2020년	2021년
일본	1,041	1,141	1,112	1,230	1,189
미국	4,803	5,642	5,347	5,103	5,176
㉠	232	432	551	572	568
㉡	171	312	498	535	556
㉢	151	235	419	471	507
독일	940	812	759	764	723
인도	530	890	1,594	1,853	2,020
㉣	420	516	526	550	555
중국	2,076	3,086	7,707	8,980	9,087
러시아	2,163	1,474	1,529	1,535	1,468

조건

- 한국과 캐나다는 제시된 5개 연도의 이산화탄소 배출량 순위에서 8위를 두 번 했다.
- 사우디의 2020년 대비 2021년의 이산화탄소 배출량 증가율은 5% 이상이다.
- 이란과 한국의 이산화탄소 배출량의 합은 2015년부터 이란과 캐나다의 배출량의 합보다 많아진다.

① 한국, 이란, 사우디, 캐나다
② 한국, 사우디, 이란, 캐나다
③ 한국, 이란, 캐나다, 사우디
④ 이란, 한국, 사우디, 캐나다

PART 2

※ 다음은 2023년도 온라인쇼핑몰 상품종류에 따른 거래액을 나타낸 자료이다. 이어지는 질문에 답하시오. [16~18]

〈2023년 온라인쇼핑몰 상품별 거래액〉

(단위 : 백만 원)

구분		5월	6월	7월	8월
전자통신기기	인터넷 쇼핑	591,722	500,919	547,533	534,823
	모바일 쇼핑	726,711	705,056	720,752	710,497
생활용품	인터넷 쇼핑	288,386	260,158	274,893	278,781
	모바일 쇼핑	546,062	524,686	542,328	561,756
애완용품	인터넷 쇼핑	25,089	23,061	23,360	23,399
	모바일 쇼핑	54,457	56,766	55,663	55,267
여행 및 교통서비스	인터넷 쇼핑	560,585	558,231	610,736	566,972
	모바일 쇼핑	855,011	848,815	967,871	1,017,259
음식서비스	인터넷 쇼핑	47,926	49,389	52,054	56,282
	모바일 쇼핑	697,133	726,974	777,791	858,946

16 2023년 5 ~ 8월까지 생활용품의 인터넷 쇼핑 거래액의 총합은 얼마인가?(단, 억 원 단위 미만은 버림한다)

① 10,822억 원
② 10,922억 원
③ 11,002억 원
④ 11,022억 원

17 7월 중 모바일 쇼핑 거래액이 가장 높은 상품의 8월 인터넷 쇼핑과 모바일 쇼핑의 거래 차액은 얼마인가?

① 430,593백만 원
② 450,287백만 원
③ 470,782백만 원
④ 490,614백만 원

18 다음 중 자료에 대한 해석으로 옳은 것은?

① 5 ~ 8월 동안 모든 상품은 인터넷 쇼핑 거래액이 모바일 쇼핑 거래액보다 크다.
② 5 ~ 8월 동안 모바일 쇼핑 거래액이 가장 낮은 상품은 애완용품이다.
③ 6월부터 모든 상품의 전월 대비 인터넷 쇼핑 거래액은 증가하는 추세이다.
④ 5월 대비 7월 모바일 쇼핑 거래액이 증가한 상품은 두 가지이다.

※ 다음은 초등학교 고학년(4 ~ 6학년)의 도서 선호 분야를 설문조사한 자료이다. 이어지는 질문에 답하시오. [19~20]

〈초등학교 고학년 도서 선호 분야〉

(단위 : %)

구분		사례 수	소설	역사	동화	과학	예술	철학	기타
전체		926명	19.7	10.4	9.1	6.9	2.7	2.6	48.6
학년별	4학년	305명	13.2	8.6	12.0	9.3	2.4	2.1	52.4
	5학년	302명	20.6	12.7	8.0	6.6	3.1	2.8	46.2
	6학년	319명	25.1	10.0	7.4	5.0	2.7	3.1	46.7

※ 비율은 소수 둘째 자리에서 반올림한 값이다.

PART 2

19 고학년 전체 학생 중에서 동화를 선호하는 4 ~ 5학년 학생의 비율은?(단, 비율은 소수점 둘째 자리에서 반올림한다)

① 4.4% ② 5.5%
③ 6.6% ④ 7.7%

20 다음 중 학년이 올라갈수록 도서 선호 분야 비율이 커지는 분야는?(단, 기타 분야는 제외한다)

① 소설, 철학 ② 소설, 과학
③ 예술, 철학 ④ 역사, 철학

21 다음은 업무 수행 과정에서 발생하는 문제의 유형 3가지를 소개한 자료이다. 자료에서 설명하는 문제의 유형에 대하여 〈보기〉의 사례가 적절하게 연결된 것은?

〈문제의 유형〉

발생형 문제	현재 직면한 문제로, 어떤 기준에 대하여 일탈 또는 미달함으로써 발생하는 문제
탐색형 문제	현재 상황을 개선하거나 효율을 높이기 위해 발생하는 문제
설정형 문제	미래지향적인 새로운 과제 또는 목표를 설정하면서 발생하는 문제

보기

ㄱ. A회사는 초콜릿 과자에서 애벌레로 보이는 곤충 사체가 발견되어 과자 제조과정에 대해 고민하고 있다.
ㄴ. B회사는 점차 다가오는 초고령사회에 대비하여 노인들을 위한 애플리케이션을 개발하기로 했다.
ㄷ. C회사는 현재의 충전지보다 더 많은 전압을 회복시킬 수 있는 충전지를 연구하고 있다.
ㄹ. D회사는 발전하고 있는 드론시대를 위해 드론센터를 건립하기로 결정했다.
ㅁ. E회사는 업무 효율을 높이기 위해 근로시간을 단축하기로 결정했다.
ㅂ. F회사는 올해 개발한 침대에 방사능이 검출되어 안전기준에 부적합 판정을 받았다.

	발생형 문제	탐색형 문제	설정형 문제
①	ㄱ, ㅂ	ㄷ, ㅁ	ㄴ, ㄹ
②	ㄱ, ㅁ	ㄴ, ㄹ	ㄷ, ㅂ
③	ㄱ, ㄴ	ㄷ, ㅂ	ㄹ, ㅁ
④	ㄱ, ㄴ	ㅁ, ㅂ	ㄷ, ㄹ

22 다음은 문제와 문제점에 대한 설명이다. 〈보기〉의 사례 중 성격이 다른 하나는?

문제란 원활한 업무수행을 위해 해결해야 하는 질문이나 의논 대상을 의미한다. 즉 해결하기를 원하지만 실제로 해결해야 하는 방법을 모르고 있는 상태나 얻고자 하는 해답이 있지만 그 해답을 얻는데 필요한 일련의 행동을 알지 못한 상태이다. 이러한 문제는 흔히 문제점과 구분하지 않고 사용하는데, 문제점이란 문제의 근본 원인이 되는 사항으로 문제해결에 필요한 열쇠인 핵심 사항을 말한다.

보기

전기밥솥에 밥을 지어놓고 부모는 잠시 다른 일을 하러갔다. 그 사이 아이는 전기밥솥을 가지고 놀다가 전기밥솥에서 올라오는 연기에 화상을 입었다.

① 부모의 부주의
② 아이의 호기심
③ 아이의 화상
④ 전기밥솥의 열기

23 다음 발산적 사고 중 강제연상법에 해당되는 것을 〈보기〉에서 모두 고르면?

보기

ㄱ. 생각나는 대로 자유롭게 발상함으로써 다양한 아이디어를 창출한다.
ㄴ. 각종 힌트를 통해 사고 방향을 미리 정하고, 그와 연결 지어 아이디어를 발상한다.
ㄷ. 주제의 본질과 닮은 것을 힌트로 하여 아이디어를 발상한다
ㄹ. 대상과 비슷한 것을 찾아내어 그것을 힌트로 새로운 아이디어를 창출한다.
ㅁ. 실제로는 관련이 없어 보이는 것들을 조합하여 새로운 아이디어를 도출한다.
ㅂ. 집단의 효과를 통해 아이디어의 연쇄반응을 일으켜 다양한 아이디어를 창출한다.
ㅅ. 찾고자 하는 내용을 표로 정리해 차례대로 그와 관련된 아이디어를 도출한다.

① ㄱ, ㅂ
② ㄴ, ㅅ
③ ㄴ, ㅁ, ㅅ
④ ㄱ, ㅂ, ㅅ

24 다음 중 창의적 사고에 대한 설명으로 옳지 않은 것은?

① 창의적 사고능력은 누구나 할 수 있는 일반적 사고와 달리 일부 사람만이 할 수 있는 능력이다.
② 창의적 사고란 정보와 정보의 조합으로 사회나 개인에게 새로운 가치를 창출하도록 하게 한다.
③ 창의적 사고란 무에서 유를 만들어 내는 것이 아니라 끊임없이 참신한 아이디어를 도출하는 것이다.
④ 창의적인 사고란 이미 알고 있는 경험과 지식을 다시 결합함으로써 참신한 아이디어를 도출하는 것이다.

25 다음 중 비판적 사고에 대한 설명으로 적절하지 않은 것은?

① 비판적 사고의 주목적은 어떤 주장의 단점을 파악하고 분쟁하려는 데 있다.
② 비판적 사고는 학습을 통해 향상시킬 수 있다.
③ 비판적 사고를 하기 위해서는 감정을 조절할 수 있어야 한다.
④ 비판적 사고에는 지식과 정보에 바탕을 둔 합리적인 생각이 필요하다.

※ 다음은 K공사의 청렴감사팀에서 제작한 부패신고자 보호·보상 안내 팸플릿이다. 이어지는 질문에 답하시오. **[26~27]**

〈부패신고자 보호·보상 안내〉

가. 부패신고 보상금

- 신고보상금을 최대 30억 원까지 받을 수 있습니다.
- 부패신고로 인하여 직접적인 공공기관 수입의 회복이나 증대 또는 비용의 절감 등이 있는 경우 지급합니다.

보상대상가액		지급기준
1억 원 이하	→	보상대상가액의 30%
1억 원 초과 5억 원 이하		3천만 원+1억 원 초과금액의 20%
5억 원 초과 20억 원 이하		1억 1천만 원+5억 원 초과금액의 14%
20억 원 초과 40억 원 이하		3억 2천만 원+20억 원 초과금액의 8%
40억 원 초과		4억 8천만 원+40억 원 초과금액의 4%

※ 보상대상가액 : 직접적인 공공기관 수입의 회복이나 증대 또는 비용의 절감을 가져오거나 그에 관한 법률관계가 확정된 금액

나. 부패신고 포상금

- 신고포상금을 최대 2억 원까지 지급 받을 수 있습니다.
- 부패신고로 인하여 직접적인 수입회복 등이 없더라도 공익의 증진 등을 가져온 경우 지급합니다.

다. 신분보장

- 신고를 이유로 어떠한 불이익이나 차별을 받지 않습니다.
- 부패신고자에게 불이익을 주면 과태료나 징계처분 등을 받게 됩니다.
- 부패신고를 한 이유로 신분상 불이익, 근무조건상 차별, 경제적·행정적 불이익을 당하였거나 당할 우려가 있는 경우에는 원상회복·전직·징계보류·효력 유지 등 적절한 조치가 이루어집니다.

라. 비밀보장

- 신고자의 비밀이 보장됩니다.
- 누구든지 부패신고자의 동의 없이 그 신분을 밝히거나 암시할 수 없습니다.
- 신고자의 동의 없이 신분을 공개하면 징계 또는 형사 처벌을 받게 됩니다.

마. 신변보호

- 부패신고를 한 이유로 신고자 자신과 친족 등 신변에 불안이 있는 경우 보호를 받을 수 있습니다.
- 신변보호의 종류
  - 일정기간 특정시설에서 보호
  - 일정기간 신변경호
  - 출석·귀가 시 동행
  - 주거에 대한 주기적 순찰
  - 기타 신변안전에 필요한 조치

바. 책임감면

- 부패신고를 함으로써 그와 관련된 자신의 범죄가 발견된 경우 징계 또는 형을 감형·면제 받을 수 있습니다.
- 부패신고를 한 경우에는 직무상 비밀준수의 의무를 위반하지 않은 것으로 봅니다.

사. 위반자 처벌

- 부패신고자의 인적사항 등을 공개한 자에게는 3년 이하의 징역 또는 3천만 원 이하의 벌금이 부과됩니다.
- 부패신고를 이유로 신분상 불이익이나 근무조건상의 차별 등을 한 자에게는 1천만 원 이하의 과태료가 부과됩니다.
- 불이익 처분을 한 자가 위원회의 조치요구를 이행하지 않았을 때에는 1년 이하의 징역 또는 1천만 원 이하의 벌금이 부과됩니다.

26 다음 팸플릿의 내용을 읽고 이해한 내용으로 적절한 것은?

① 부패신고는 비밀준수의 의무에 위배되지 않는 선에서 해야 한다.
② 부패신고자의 신분은 감사팀을 제외하고 누구도 밝힐 수 없다.
③ 신고포상금은 최대 30억 원까지 지급받을 수 있다.
④ 포상금은 공익의 증진을 가져온 경우에 지급될 수 있다.

PART 2

27 다음 팸플릿의 내용을 통해 부패신고 보상금을 계산할 때 보상대상가액별로 부패신고 보상금의 금액 값이 적절한 것은?(단, 백만 원 이하는 반올림한다)

	보상대상가액		부패신고 보상금
①	17억 2천만 원	→	3억 3천만 원
②	5억 3천만 원	→	1억 6천만 원
③	3억 7천만 원	→	8천만 원
④	752억 원	→	28억 원

28 K공사는 공사 내 미세먼지 정화설비 A ~ F 6개 중 일부를 도입하고자 한다. 설비들의 호환성에 따른 도입규칙이 다음과 같을 때, 공사에서 도입할 설비를 모두 고르면?

〈호환성에 따른 도입규칙〉

규칙1. A는 반드시 도입한다.
규칙2. B를 도입하지 않으면 D를 도입한다.
규칙3. E를 도입하면 A를 도입하지 않는다.
규칙4. B, E, F 중 적어도 두 개는 반드시 도입한다.
규칙5. E를 도입하지 않고, F를 도입하면 C는 도입하지 않는다.
규칙6. 최대한 많은 설비를 도입한다.

① A, B, C, D
② A, B, C, E
③ A, B, C, F
④ A, B, D, F

29 G대리는 다음 분기에 참여할 연수프로그램을 결정하고자 한다. 〈조건〉에 따라 프로그램을 결정할 때, 다음 중 반드시 참인 것은?

조건

- 다음 분기 연수프로그램으로는 혁신역량강화, 조직문화, 전략적 결정, 일과 가정, 공사융합전략, 미래가치교육 6개가 있다.
- G대리는 혁신역량강화에 참여하면, 조직문화에 참여하지 않는다.
- G대리는 일과 가정에 참여하지 않으면, 미래가치교육에 참여한다.
- G대리는 혁신역량강화와 미래가치교육 중 한 가지만 참여한다.
- G대리는 조직문화, 전략적 결정, 공사융합전략 중 두 가지에 참여한다.
- G대리는 조직문화에 참여한다.
- 별다른 조건이 없을 경우, G대리는 연수프로그램에 최대한 많이 참여한다.

① G대리가 참여할 프로그램 수는 최대 4개이다.
② G대리가 전략적 결정에 참여할 경우, 일과 가정에는 참여하지 않는다.
③ G대리는 혁신역량강화에 참여하고, 일과 가정에 참여하지 않는다.
④ G대리는 전략적 결정과 공사융합전략에 모두 참여한다.

30 G공연기획사는 2024년부터 시작할 지젤 발레 공연 티켓을 Q소셜커머스에서 판매할 예정이다. Q소셜커머스에서 보낸 다음 판매 자료를 토대로 아침 회의 시간에 나눈 대화 내용으로 적절하지 않은 것은?

〈2023년 판매결과 보고〉

공연명	정가	할인율	판매기간	판매량
백조의 호수	80,000원	67%	2023. 02. 12 ~ 2023. 02. 17	1,787장
세레나데 & 봄의 제전	60,000원	55%	2023. 03. 10 ~ 2023. 04. 10	1,200장
라 바야데르	55,000원	60%	2023. 06. 27 ~ 2023. 08. 28	1,356장
한여름 밤의 꿈	65,000원	65%	2023. 09. 10 ~ 2023. 09. 20	1,300장
호두까기 인형	87,000원	50%	2023. 12. 02 ~ 2023. 12. 08	1,405장

※ 할인된 티켓 가격의 10%가 티켓 수수료로 추가된다.
※ 2023년 2월 중순에는 설 연휴가 있었다.

① A사원 : 기본 50% 이상 할인을 하는 건 할인율이 너무 큰 것 같아요.
② B팀장 : 표가 잘 안 팔려서 싸게 판다는 이미지를 줘 공연의 전체적인 질이 낮다는 부정적 인식을 줄 수도 있지 않을까요?
③ C주임 : 연휴 시기와 티켓 판매 일정을 어떻게 고려하느냐에 따라 판매량을 많이 올릴 수 있겠네요.
④ D사원 : 세레나데 & 봄의 제전의 경우 총 수익금이 3,700만 원 이상이겠어요.

※ K공사의 투자지원본부는 7월 중에 신규투자할 중소기업을 선정하고자 한다. 다음 자료를 보고 이어지는 질문에 답하시오. **[31~32]**

〈상황〉

A대리는 신규투자처 선정 일정에 지장이 가지 않는 범위 내에서 연차 2일을 사용해 아내와 베트남으로 여행을 가기로 했다. 신규투자처 선정은 다음의 〈조건〉에 따라 진행된다.

조건

- 신규투자처 선정은 '작년투자현황 조사 → 잠재력 심층조사 → 선정위원회 1차 심사 → 선정위원회 2차 심사 → 선정위원회 최종결정 → 선정결과 발표' 단계로 진행된다.
- 신규투자처 선정은 3월 1일부터 시작한다.
- 작년투자현황 조사와 잠재력 심층조사는 근무일 2일씩, 선정위원회의 각 심사는 근무일 3일씩, 선정위원회 최종결정과 발표는 근무일 1일씩 소요된다.
- 신규투자처 선정의 각 단계는 최소 1일 이상의 간격을 두고 진행해야 한다.
- 투자지원본부장은 신규투자처 선정결과 발표를 7월 26일까지 완료하고자 한다.

7월 달력						
일요일	월요일	화요일	수요일	목요일	금요일	토요일
					1	2
3	4	5	6	7	8	9
10	11	12	13	14	15	16
17	18	19	20	21	22	23
24	25	26	27	28	29	30
31						

※ 투자지원본부는 주중에만 근무한다.

※ 주말은 휴일이므로 연차는 주중에 사용한다.

31 다음 중 A대리가 연차를 사용할 수 없는 날짜는?

① 7월 5 ~ 6일
② 7월 7 ~ 8일
③ 7월 11 ~ 12일
④ 7월 19 ~ 20일

PART 2

32 K공사의 상황에 따라 선정위원회 2차 심사가 7월 19일까지 완료되어야 한다고 한다. 이를 고려하였을 때, 다음 중 A대리가 연차를 사용가능한 날짜로 적절한 것은?

① 7월 7 ~ 8일
② 7월 11 ~ 12일
③ 7월 13 ~ 14일
④ 7월 20 ~ 21일

33 다음 대화에서 시간관리에 대해 바르게 이해하고 있는 사람은?

A사원 : 나는 얼마 전에 맡은 중요한 프로젝트도 무사히 마쳤어. 나는 회사에서 주어진 일을 잘하고 있기 때문에 시간관리도 잘하고 있다고 생각해.
B사원 : 나는 평소에는 일의 진도가 잘 안 나가는 편인데, 마감일을 앞두면 이상하게 일이 더 잘돼. 나는 오히려 시간에 쫓겨야 일이 잘되니까 괜히 시간을 관리할 필요가 없어.
C사원 : 마감 기한을 넘기더라도 일을 완벽하게 끝내야 한다는 생각은 잘못되었다고 생각해. 물론 완벽하게 일을 끝내는 것도 중요하지만, 모든 일은 정해진 기한을 넘겨서는 안 돼.
D사원 : 내가 하는 일은 시간관리와는 조금 거리가 있어. 나는 영감이 떠올라야 작품을 만들 수 있는데 어떻게 일정에 맞춰서 할 수 있겠어. 시간관리는 나와 맞지 않는 일이야.

① A사원
② B사원
③ C사원
④ D사원

34 **철수, 영희, 상수는 재충전 횟수에 따른 업체들의 견적을 비교하여 리튬이온배터리를 구매하려고 한다. 다음 〈조건〉을 참고할 때 옳지 않은 것은?**

재충전 \ 누적방수액	유	무
0회 이상 100회 미만	5,000원	5,000원
100회 이상 300회 미만	10,000원	5,000원
300회 이상 500회 미만	20,000원	10,000원
500회 이상 1000회 미만	30,000원	15,000원
12,000회 이상	50,000원	20,000원

조건

철수 : 재충전이 12,000회 이상은 되어야 해.
영희 : 나는 재충전이 그렇게 많이 필요하지는 않고, 200회면 충분해.
상수 : 나는 무조건 누적방수액을 발라야 해.

① 철수, 영희, 상수가 리튬이온배터리를 가장 저렴하게 구매하는 가격은 30,000원이다.
② 철수, 영희, 상수가 리튬이온배터리를 가장 비싸게 구매하는 가격은 110,000원이다.
③ 영희가 리튬이온배터리를 가장 저렴하게 구매하는 가격은 10,000원이다.
④ 영희가 리튬이온배터리를 가장 비싸게 구매하는 가격과 상수가 가장 비싸게 구매하는 가격의 차이는 30,000원 이상이다.

35 **다음 중 자원의 낭비 사례로 적절하지 않은 것은?**

① A사는 재무회계팀이 예산별 용도를 광범위하게 설정하는 바람에 예산 운용에 혼란을 겪었다.
② B사는 창립기념일로 인한 휴일이라는 이유로 협력업체와의 약속기한을 지키지 않았고, 결국 해당 업체와의 계약이 취소되었다.
③ 직원의 근태 및 인사 관련 시스템을 IT업체에 위탁하여 관리하고 있는 C사에서는 위탁업체의 기술적 오류로 인해 직원들의 연차 관리가 1주일째 지연되고 있다.
④ D사는 재고량을 제대로 파악하지 못하여 여섯 분기 동안 재고를 처리하지 못하고 있다.

※ K베이커리 사장은 새로운 직원을 채용하기 위해 아르바이트 공고문을 게재하였다. 다음 자료를 보고 이어지는 질문에 답하시오. [36~37]

■ 아르바이트 공고문

- 업체명 : K베이커리
- 업무내용 : 고객응대 및 매장관리
- 지원자격 : 경력, 성별, 학력 무관 / 나이 : 20 ~ 40세
- 근무조건 : 6개월 / 월 ~ 금 / 08:00 ~ 20:00(협의 가능)
- 급여 : 희망 임금
- 연락처 : 010-1234-1234

■ 아르바이트 지원자 명단

성명	성별	나이	근무가능시간	희망 임금	기타
김갑주	여	28	08:00 ~ 16:00	시급 8,000원	• 1일 1회 출근만 가능함 • 최소 2시간 이상 연속 근무하여야 함
강을미	여	29	15:00 ~ 20:00	시급 7,000원	
조병수	남	25	12:00 ~ 20:00	시급 7,500원	
박정현	여	36	08:00 ~ 14:00	시급 8,500원	
최강현	남	28	14:00 ~ 20:00	시급 8,500원	
채미나	여	24	16:00 ~ 20:00	시급 7,500원	
한수미	여	25	10:00 ~ 16:00	시급 8,000원	

※ 근무시간은 지원자가 희망하는 근무시간대 내에서 조절 가능함

36 K베이커리 사장은 최소비용으로 가능한 최대인원을 채용하고자 한다. 매장에는 항상 2명의 직원이 상주하고 있어야 하며, 기존 직원 1명은 오전 8시부터 오후 3시까지 근무를 하고 있다. 다음 지원자 명단을 참고할 때, 누구를 채용하겠는가?(단, 최소비용으로 최대인원을 채용하는 것을 목적으로 하며, 최소 2시간 이상 근무가 가능하면 채용한다)

① 김갑주, 강을미, 조병수
② 김갑주, 강을미, 박정현, 채미나
③ 김갑주, 강을미, 조병수, 채미나, 한수미
④ 강을미, 조병수, 박정현, 최강현, 채미나

37 36번 문제에서 결정한 인원을 채용했을 때, 급여를 한 주 단위로 지급한다면 사장이 지급해야 하는 임금은?(단, 기존 직원의 시급은 8,000원으로 계산한다)

① 805,000원
② 855,000원
③ 890,000원
④ 915,000원

PART 2

※ 다음은 수발실에서 근무하는 직원들에 대한 근무평정 자료이다. 이어지는 질문에 답하시오. [38~39]

〈정보〉

- 수발실은 공사로 수신되거나 공사에서 발송하는 문서를 분류, 배부하는 업무를 한다. 문서 수발이 중요한 업무인 만큼, 공사는 매분기 수발실 직원별로 사고 건수를 조사하여 다음의 벌점 산정 방식에 따라 벌점을 부과한다.
- 공사는 이번 2분기 수발실 직원들에 대해 벌점을 부과한 후, 이를 반영하여 성과급을 지급하고자 한다.

〈벌점 산정방식〉

- 분기 벌점은 사고 유형별 건수와 유형별 벌점의 곱의 총합으로 계산한다.
- 전분기 무사고였던 직원의 경우, 해당분기 벌점에서 5점을 차감하는 혜택을 부여받는다.
- 전분기에 무사고였더라도, 해당분기 발신사고 건수가 4건 이상인 경우 벌점차감 혜택을 적용받지 못한다.

〈사고 건수당 벌점〉

(단위 : 점)

사고 종류	수신사고		발신사고	
	수신물 오분류	수신물 분실	미발송	발신물 분실
벌점	2	4	4	6

〈2분기 직원별 오류발생 현황〉

(단위 : 건)

직원	수신물 오분류	수신물 분실	미발송	발신물 분실	전분기 총사고 건수
A	–	2	–	4	2
B	2	3	3	–	–
C	2	–	3	1	4
D	–	2	2	2	8
E	1	–	3	2	–

38 벌점 산정방식에 따를 때, 수발실 직원 중 두 번째로 높은 벌점을 부여받는 직원은?

① B직원 ② C직원

③ D직원 ④ E직원

39 K공사는 수발실 직원들의 등수에 따라 2분기 성과급을 지급하고자 한다. 수발실 직원들의 경우 해당 분기 벌점이 적을수록 부서 내 등수가 높다고 할 때, 다음 중 B직원과 E직원이 지급받을 성과급 총액은 얼마인가?

〈성과급 지급 기준〉

- (성과급)=(부서별 성과급 기준액)×(등수별 지급비율)
- 수발실 성과급 기준액 : 100만 원
- 등수별 성과급 지급비율

등수	1등	2～3등	4～5등
지급비율	100%	90%	80%

※ 분기당 벌점이 30점을 초과하는 경우 등수와 무관하게 성과급 기준액의 50%만 지급한다.

① 100만 원 ② 160만 원

③ 180만 원 ④ 190만 원

40 K은행 A지점은 Q구의 신규 입주아파트 분양업자와 협약체결을 통하여 분양 중도금 관련 집단대출을 전담하게 되었다. A지점에 근무하는 귀하는 한 입주예정자로부터 평일에는 개인사정으로 인해 영업시간 내에 방문하지 못한다는 문의에 근처 다른 지점에 방문하여 대출신청을 진행할 수 있도록 안내하였다. 다음의 〈조건〉을 토대로 입주예정자의 대출신청을 완료하는 데까지 걸리는 최소시간은 얼마인가?[단, 각 지점 간 숫자는 두 영업점 간의 거리(km)를 의미한다]

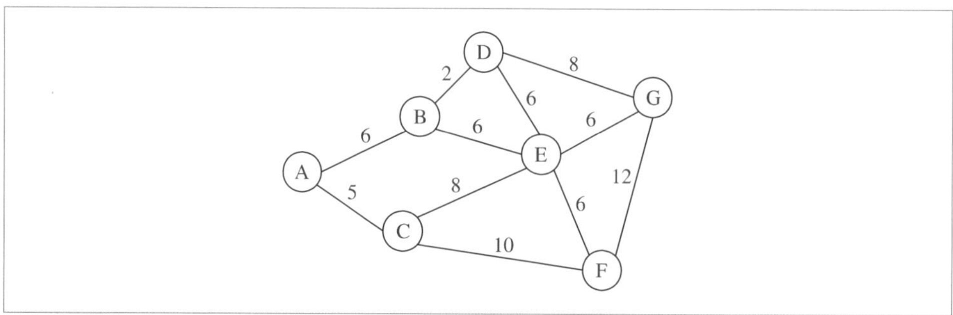

조건

- 입주예정자는 G지점 근처에서 거주하고 있어, 영업시간 내에 언제든지 방문 가능함
- 대출과 관련한 서류는 A지점에서 G지점까지 행낭을 통해 전달함
- 은행 영업점 간 행낭 배송은 시속 60km로 운행하며 요청에 따라 배송지 순서는 변경(생략)할 수 있음(단, 연결된 구간으로만 운행 가능함)
- 대출신청서 등 대출 관련 서류는 입주예정자 본인 또는 대리인(대리인증명서 필요)이 작성하여야 함(단, 작성하는 시간은 총 30분이 소요됨)
- 대출신청 완료는 A지점에 입주예정자가 작성한 신청서류가 도착했을 때를 기준으로 함

① 46분 ② 49분

③ 57분 ④ 1시간 2분

41 다음은 K편집팀의 새로운 도서분야 시장진입을 위한 신간회의 내용이다. 의사결정방법 중 하나인 '브레인스토밍'을 활용할 때, 이에 적합하지 않은 사람을 모두 고르면?

> A사원 : 신문 기사를 보니, 세분화된 취향을 만족시키는 잡지들이 주목받고 있다고 하던데, 저희 팀에서도 소수의 취향을 주제로 한 잡지를 만들어 보는 건 어떨까요?
> B대리 : 그건 수익성은 생각하지 않은 발언인 것 같네요.
> C과장 : 아이디어는 많으면 많을수록 좋죠, 더 이야기해 봐요.
> D주임 : 요새 직장생활에 관한 이야기를 주제로 독자의 공감을 이끌어내는 도서들이 많이 출간되고 있습니다.
> '연봉'과 관련한 실용서를 만들어 보는 건 어떨까요? 신선하고 공감을 자아내는 글귀와 제목, 유쾌한 일러스트를 표지에 실어서 눈에 띄게 만들어 보는 것도 좋을 것 같습니다.
> E차장 : 위 두 아이디어 모두 신선하네요. '잡지'의 형식으로 가면서 직장인과 관련된 키워드를 매달 주제로 해 발간해보면 어떨까요? 창간호 키워드는 '연봉'이 좋겠군요.

① A사원
② B대리
③ B대리, C과장
④ B대리, E차장

PART 2

42 다음 중 업무수행 성과를 높이기 위한 행동전략을 잘못 사용하고 있는 사람은?

> A사원 : 저는 해야 할 일이 생기면 미루지 않고, 그 즉시 바로 처리하려고 노력합니다.
> B사원 : 저는 여러 가지 일이 생기면 비슷한 업무끼리 묶어서 한 번에 처리하곤 합니다.
> C대리 : 저는 다른 사람이 일하는 방식과 다른 방식으로 생각하여 더 좋은 해결책을 발견하기도 합니다.
> D대리 : 저도 C대리의 의견과 비슷합니다. 저는 저희 팀의 업무 지침이 마음에 들지 않아 저만의 방식을 찾고자 합니다.

① A사원　② B사원
③ C대리　④ D대리

43 다음 글에서 알 수 있는 조직의 사례로 적절하지 않은 것은?

> 조직은 두 사람 이상이 공동의 목표를 달성하기 위해 의식적으로 구성된 상호작용과 조정을 행하는 행동의 집합체이다. 그러나 단순히 사람들이 모였다고 해서 조직이라고 하지는 않는다. 조직은 목적과 구조가 있으며, 목적을 달성하기 위해 구성원들은 서로 협동적인 노력을 하고, 외부 환경과도 긴밀한 관계를 맺고 있다. 조직은 일반적으로 재화나 서비스의 생산이라는 경제적 기능과 구성원들에게 만족감을 주고 협동을 지속시키는 사회적 기능을 갖는다.

① 병원에서 일하고 있는 의사와 간호사
② 유기견을 구조하고 보호하는 시민단체
③ 백화점에 모여 있는 직원과 고객
④ 편의점을 운영 중인 가족

44 경영참가제도는 근로자를 경영과정에 참가하게 하여 공동으로 문제를 해결하고 이를 통해 노사 간의 균형을 이루며, 상호신뢰로 경영의 효율을 향상시키는 제도이다. 경영참가제도의 유형은 자본참가, 성과참가, 의사결정참가로 구분되는데, 다음 중 자본참가에 해당하는 사례는?

① 임직원들에게 저렴한 가격으로 일정 수량의 주식을 매입할 수 있게 권리를 부여한다.
② 위원회제도를 활용하여 근로자의 경영참여와 개선된 생산의 판매가치를 기초로 성과를 배분한다.
③ 부가가치의 증대를 목표로 하여 이를 노사협력체제를 통해 달성하고, 이에 따라 증가된 생산성 향상분을 노사 간에 배분한다.
④ 천재지변의 대응, 생산성 하락, 경영성과 전달 등과 같이 단체교섭에서 결정되지 않은 사항에 대하여 노사가 서로 협력할 수 있도록 한다.

45 다음 빈칸에 들어갈 용어에 대한 설명으로 옳지 않은 것은?

조직과 환경은 영향을 주고받는다. 조직도 환경에 영향을 미치기는 하지만, 환경은 조직의 생성, 지속 및 발전에 지대한 영향력을 가지고 있다. 오늘날 조직을 둘러싼 환경은 급변하고 있으며, 조직은 생존하기 위하여 이러한 환경의 변화를 읽고 적응해 나가야 한다. 이처럼 환경의 변화에 맞춰 조직이 새로운 아이디어나 행동을 받아들이는 것을 ____________(이)라고 한다.

① 환경의 변화를 인지하는 데에서 시작된다.
② 조직의 세부목표나 경영방식을 수정하거나, 규칙이나 규정 등을 새로 제정하기도 한다.
③ 조직의 목적과 일치시키기 위해 구성원들의 사고방식 변화를 방지한다.
④ 신기술의 발명을 통해 생산성을 높일 수도 있다.

46 다음 글을 읽고 근로자가 선택할 행동으로 옳은 것을 〈보기〉에서 모두 고르면?

담합은 경제에 미치는 악영향도 크고 워낙 은밀하게 이뤄지는 탓에 경쟁 당국 입장에서는 적발하기 어렵다는 현실적인 문제가 있다. 독과점 사업자는 시장에서 어느 정도 드러나기 때문에 부당행위에 대한 감시·감독을 할 수 있지만, 담합은 그 속성상 증거가 없으면 존재 여부를 가늠하기 힘들기 때문이다.

보기

ㄱ. 신고를 통해 개인의 이익을 얻고 사회적으로 문제 해결을 한다.
ㄴ. 내부에서 먼저 합리적인 절차에 따라 문제 해결을 하고자 노력한다.
ㄷ. 근로자 개인이 받는 피해가 클지라도 기업 활동의 해악이 심각하면 이를 신고한다.

① ㄱ　　② ㄱ, ㄴ
③ ㄱ, ㄷ　　④ ㄴ, ㄷ

47 다음과 같은 제품 개발 프로세스 모델에 대한 설명으로 적절하지 않은 것은?

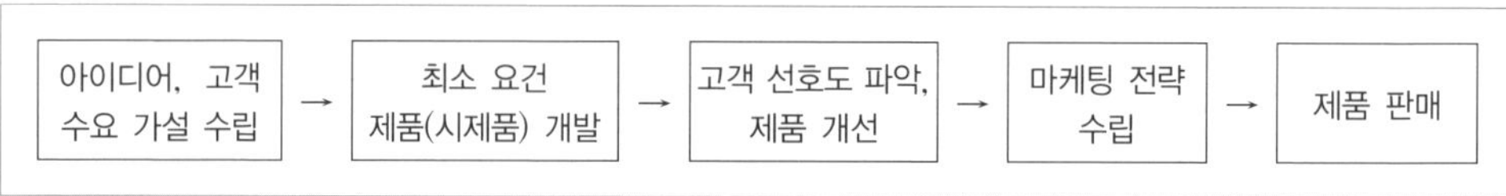

① 일본 도요타자동차의 린 제조 방식에서 차용하였다.
② 만들기, 측정, 학습의 과정을 반복하면서 꾸준히 혁신한다.
③ 제품 생산의 전 프로세스에서 낭비를 줄이고 최대 효율을 내는 방식이다.
④ 제품 개발이 끝날 때까지 전 과정을 비밀로 한다.

48 김팀장은 이대리에게 다음과 같은 업무지시를 내렸고, 이대리는 김팀장의 업무 지시에 따라 자신의 업무 일정을 정리하였다. 이대리의 업무에 대한 설명으로 적절하지 않은 것은?

> 이대리, 오늘 월요일 정기회의 진행에 앞서 이번 주 업무에 대해서 미리 전달할게요. 먼저, 이번 주 금요일에 진행되는 회사 창립 기념일 행사 준비는 잘 되고 있나요? 행사 진행 전에 확인해야 할 사항들에 대해 체크리스트를 작성해서 수요일 오전까지 저에게 제출해 주세요. 그리고 행사가 끝난 후에는 총무팀 회식을 할 예정입니다. 이대리가 적당한 장소를 결정하고, 목요일 퇴근 전까지 예약이 완료될 수 있도록 해 주세요. 아! 그리고 내일 오후 3시에 진행되는 신입사원 면접과 관련해서 오늘 퇴근 전까지 면접 지원자에게 다시 한 번 유선으로 참여 여부를 확인하고, 정확한 시간과 준비 사항 등의 안내를 부탁할게요. 참! 지난주 영업팀이 신청한 비품도 주문해야 합니다. 오늘 오후 2시 이전에 발주하여야 영업팀이 요청한 수요일 전에 배송 받을 수 있다는 점 기억하세요. 자, 그럼 바로 회의 진행하도록 합시다. 그리고 오늘 회의 내용은 이대리가 작성해서 회의가 끝난 후 바로 사내 인트라넷 게시판에 공유해 주세요.

〈9월 첫째 주 업무 일정〉

㉠ 회의록 작성 및 사내 게시판 게시
㉡ 신입사원 면접 참여 여부 확인 및 관련 사항 안내
㉢ 영업팀 신청 비품 주문
㉣ 회사 창립 기념일 행사 준비 관련 체크리스트 작성
㉤ 총무팀 회식 장소 예약

① 이대리가 가장 먼저 처리해야 할 업무는 ㉠이다.
② 이대리는 ㉡보다 ㉢을 우선 처리하는 것이 좋다.
③ ㉠, ㉡, ㉢은 월요일 내에 모두 처리해야 한다.
④ ㉤은 회사 창립 기념일 행사가 끝나기 전까지 처리해야 한다.

49 다음은 조직목표의 특징을 정리한 자료이다. 이때 옳지 않은 내용은 총 몇 가지인가?

〈조직목표의 특징〉

- 공식적 목표와 실제적 목표가 다를 수 있다.
- 다수의 조직목표를 추구할 수 있다.
- 조직목표 간에는 수평적 상호관계가 있다.
- 불변적 속성을 가진다.
- 조직의 구성요소와 상호관계를 가진다.

① 1가지
② 2가지
③ 3가지
④ 4가지

50 다음 중 ㉠, ㉡에 대한 설명으로 옳은 것은?

조직구조는 조직마다 다양하게 이루어지며, 조직목표의 효과적 달성에 영향을 미친다. 조직구조에 대한 많은 연구를 통해 조직구조에 영향을 미치는 요인으로는 조직의 전략, 규모, 기술, 환경 등이 있음을 확인할 수 있다. 이에 따라 ㉠ <u>기계적 조직</u> 혹은 ㉡ <u>유기적 조직</u>으로 설계된다.

① ㉠은 의사결정 권한이 조직의 하부구성원들에게 많이 위임되어 있다.
② ㉡은 상하 간의 의사소통이 공식적인 경로를 통해 이루어진다.
③ ㉠은 규제나 통제의 정도가 낮아 의사소통 결정이 쉽게 변할 수 있다.
④ 안정적이고 확실한 환경에서는 ㉠이, 급변하는 환경에서는 ㉡이 적합하다.

제2회

최종점검 모의고사

※ 경기도 공공기관 통합채용 최종점검 모의고사는 채용공고를 기준으로 구성한 것으로 실제 시험과 다를 수 있습니다.

취약영역 분석

번호	O/×	영역
01		의사소통능력
02		수리능력
03		문제해결능력
04		
05		조직이해능력
06		자원관리능력
07		
08		의사소통능력
09		
10		수리능력
11		자원관리능력
12		
13		문제해결능력
14		
15		의사소통능력
16		수리능력
17		조직이해능력

번호	O/×	영역
18		문제해결능력
19		수리능력
20		의사소통능력
21		
22		자원관리능력
23		조직이해능력
24		수리능력
25		의사소통능력
26		문제해결능력
27		
28		조직이해능력
29		문제해결능력
30		수리능력
31		자원관리능력
32		
33		
34		의사소통능력

번호	O/×	영역
35		수리능력
36		
37		의사소통능력
38		조직이해능력
39		수리능력
40		조직이해능력
41		문제해결능력
42		
43		조직이해능력
44		
45		의사소통능력
46		수리능력
47		조직이해능력
48		자원관리능력
49		조직이해능력
50		수리능력

평가문항	50문항	평가시간	50분
시작시간	:	종료시간	:
취약영역			

제2회
최종점검 모의고사

모바일 OMR

응시시간 : 50분　문항 수 : 50문항

정답 및 해설 p.050

01 다음 중 글의 내용으로 적절하지 않은 것은?

> 초음파 진단 장치는 인체 내부를 들여다보기 위해 소리를 사용한다. 일반적인 소리는 사람의 귀로 감지할 수 있지만, 초음파는 진동수가 20,000Hz가 넘어서 사람의 귀로 들을 수 없는 소리이다. 인체를 진단하는 도구로 초음파를 사용하게 된 것은 그것이 짧은 파장을 가지므로 투과성이 강하고 직진성이 탁월할 뿐 아니라 미세한 구조까지 자세하게 볼 수 있게 해 주기 때문이다.
> 이 진단 장치에는 초음파를 만들어 내고 감지하기 위한 압전(壓電) 변환기라는 특수한 장치가 있다. 압전 변환기의 핵심 부품인 압전 소자는 압력을 받으면 전기를 발생시키는데 이것을 압전 효과라고 한다. 압전 소자에 초음파를 가하면 압전 소자에 미치는 공기의 압력이 변하면서 압전 효과로 인해 고주파 교류가 발생한다. 역으로 높은 진동수의 교류 전압을 압전 소자에 걸면 압전 소자가 주기적으로 신축하면서 초음파를 발생시키는데, 이를 역압전 효과라고 한다. 이렇게 압전 소자는 압전 변환기에서 초음파를 발생시키고, 반사되어 돌아오는 초음파를 감지하는 중요한 역할을 담당한다. 즉, 압전 변환기는 마이크와 스피커의 역할을 모두 하는 셈이다.
> 검사하고자 하는 인체 부위에 압전 변환기를 접촉시킬 때에는 그 부위에 젤리를 발라 준다. 이는 압전 변환기와 피부 사이에 공기층을 없애 반사로 인한 음파의 손실을 최소화하기 위한 것이다. 압전 변환기에서 나온 초음파는 상이한 생체 조직을 각기 다른 속력으로 통과하며, 각 조직 사이의 경계 부위를 지날 때에는 부분적으로 반사된다. 반사되어 압전 변환기로 돌아오는 초음파의 세기는 통과한 조직의 밀도와 두께가 클수록 약해진다. 이렇게 각 조직이나 기관에서 다층적으로 반사된 초음파는 수신 모드로 전환된 압전 변환기에서 시간차를 두고 각기 다른 세기의 교류 전기 신호를 발생시킨다. 컴퓨터는 이 전기 신호들의 세기와 지체 시간을 분석하여 모니터 화면에 영상을 만들어 낸다.
> 돌고래는 빛이 들어오지 않는 깊은 바닷속에서, 박쥐는 칠흑같이 어두운 동굴 속에서 초음파를 발생시키고 사물에서 반사되어 돌아오는 음파를 감지해서 대상이나 장애물의 형태와 위치를 인지한다. 초음파 진단 장치는 이러한 동물들의 놀라운 능력을 모방한 생체 모방 기술의 쾌거이다.

① 일반적으로 인간은 20,000Hz를 초과하는 진동수의 소리를 들을 수 없다.

② 투과성과 직진성이 뛰어난 초음파는 일정한 속력으로 인체 내부의 조직을 통과한다.

③ 압전 변환기와 피부 사이의 공기층은 초음파를 손실시킨다.

④ 통과한 조직의 밀도와 두께가 작을수록 돌아오는 초음파의 세기는 강해진다.

02 다음은 한국소비자원이 20개 품목의 권장소비자가격과 판매가격 차이를 조사한 자료이다. 이에 대한 설명으로 옳지 않은 것은?

(단위 : 개, 원, %)

구분	조사 제품 수			권장소비자가격과의 괴리율		
	합계	정상가 판매 제품 수	할인가 판매 제품 수	권장소비자 가격	정상가 판매 괴리율	할인가 판매 괴리율
세탁기	43	21	22	640,000	23.1	25.2
유선전화기	27	11	16	147,000	22.9	34.5
와이셔츠	32	25	7	78,500	21.7	31.0
기성신사복	29	9	20	337,500	21.3	32.3
VTR	44	31	13	245,400	20.5	24.3
진공청소기	44	20	24	147,200	18.7	21.3
가스레인지	33	15	18	368,000	18.0	20.0
냉장고	41	23	18	1,080,000	17.8	22.0
무선전화기	52	20	32	181,500	17.7	31.6
청바지	33	25	8	118,400	14.8	52.0
빙과	19	13	6	2,200	14.6	15.0
에어컨	44	25	19	582,000	14.5	19.8
오디오세트	47	22	25	493,000	13.9	17.7
라면	70	50	20	1,080	12.5	17.2
골프채	27	22	5	786,000	11.1	36.9
양말	30	29	1	7,500	9.6	30.0
완구	45	25	20	59,500	9.3	18.6
정수기	17	4	13	380,000	4.3	28.6
운동복	33	25	8	212,500	4.1	44.1
기성숙녀복	32	19	13	199,500	3.0	26.2

※ 권장소비자가격과의 괴리율(%)$=\frac{(\text{권장소비자가격})-(\text{판매가격})}{(\text{권장소비자가격})}\times 100$

※ 정상가 : 할인판매를 하지 않는 상품의 판매가격

※ 할인가 : 할인판매를 하는 상품의 판매가격

① 정상가 판매 시 괴리율과 할인가 판매 시 괴리율의 차가 가장 큰 종목은 청바지이다.

② 할인가 판매제품 수가 정상가 판매제품 수보다 많은 품목은 8개이다.

③ 할인가 판매제품 수와 정상가 판매제품 수의 차이가 가장 크게 나는 품목은 라면이다.

④ 권장소비자가격과 정상 판매가격의 격차가 가장 큰 품목은 세탁기이고, 가장 작은 품목은 기성숙녀복이다.

PART 2

※ 다음은 임대주택 수선비 부담 기준에 관련된 계약서이다. 이어지는 질문에 답하시오. [3~4]

수선비 산정(제11조)

① 임차인에게 부과하는 수선비는 실제 소요되는 실비를 기준으로 산정하며, 최종 부과비용은 시설물 경과연수에 따른 감가상각률을 적용하여 산출한다. 이 경우 감가상각률을 산정하기 위한 각 시설물의 내용연수(수선주기)는 별표 3에 따른다.

② 시설물 전체가 아닌 부분을 보수하는 경우에는 감가상각률을 적용하지 않고 수선비용 전체를 부과한다.

(임차인 부담비용)=(수선비용)-{(시설물경과연수)÷(수선주기)}×(수선비용)

※ 부분 보수의 경우 (임차인 부담비용)=(수선비용 전액)

예 주방가구 중 문짝 1개만을 교체하는 경우 등

※ 시설물경과연수는 해당 시설물의 최초 설치 시점부터 산정한 시설물의 전체 경과연수로서 임차인의 거주기간과 다를 수 있음

③ 빌트인 제품에 대해 임차인 부담 사유가 발생하는 경우에는 다음 산식을 이용하여 임차인 부담비용을 산정한다.

- 물품 수리 시 : (수리액)-{(사용연수)÷(내용연수)}×(수리액)
- 신품 교체 시 : (신규 구입가)-{(사용연수)÷(내용연수)}×(신규 구입가)

〈별표 3〉 주요 품목 및 빌트인 제품 내용연수(수선주기)

- 주요 품목
  - 도배, 장판 : 10년
  - 주방가구, 신발장, 반침장 : 20년
  - 수도계량기 : 15년
  - 보일러 : 8년
  - 스위치, 콘센트 : 15년
- 빌트인 제품
  - TV, 냉장고, 에어컨, 전자레인지, 정수기 : 7년
  - 가스쿡탑(레인지), 전기(가스)오븐, 비데 : 6년
  - 식기건조기, 식기세척기, 세탁기, 음식물탈수기, 인덕션, 기타 가전류 : 5년
  - 책상, 침대 : 8년

03 다음 중 계약내용을 바르게 이해한 것은?

① 시설물 전체를 교체하는 경우 감가상각률에 따라 임차인 부담비용을 산출한다.

② 임차인에게 부과하는 수선비는 제품 구입가를 기준으로 산정한다.

③ 시설물의 일부분을 보수하는 경우 감가상각률을 적용하여 수선비용을 부과한다.

④ 빌트인 제품은 기본으로 제공하는 제품이므로 임차인이 부담할 필요가 없다.

04 제시된 계약 조건에 따라 다음과 같이 계산하였을 때 옳지 않은 것은?(단, 2021년 12월 31일을 기준으로 하며, 최초설치일과 입주일 모두 1월 1일로 계산한다)

	품목	최초설치일	입주일	처리 결과	소요가격	임차인부과금액
①	신발장	2019년	2020년	부분 보수	50,000원	50,000원
②	보일러	2017년	2021년	수리	180,000원	67,500원
③	냉장고	2019년	2021년	구입	700,000원	400,000원
④	침대	2018년	2022년	구입	420,000원	190,000원

PART 2

05 직무 전결 규정상 전무이사가 전결인 '과장의 국내출장 건'의 결재를 시행하고자 한다. 박기수 전무이사가 해외출장으로 인해 부재중이어서 직무대행자인 최수영 상무이사가 결재하였다. 〈보기〉 중 이와 관련하여 적절하지 않은 것을 모두 고르면?

보기

ㄱ. 최수영 상무이사가 결재한 것은 전결이다.
ㄴ. 공문의 결재표 상에는 '과장 최경옥, 부장 김석호, 상무이사 전결, 전무이사 최수영'이라고 표시되어 있다.
ㄷ. 박기수 전무이사가 출장에서 돌아와서 해당 공문을 검토하는 것은 후결이다.
ㄹ. 전결사항은 부재중이더라도 돌아와서 후결을 하는 것이 원칙이다.

① ㄱ, ㄴ
② ㄱ, ㄹ
③ ㄱ, ㄴ, ㄹ
④ ㄴ, ㄷ, ㄹ

※ A씨는 사내 워크숍 진행을 위해 연수원을 예약하려 한다. 자료를 보고 이어지는 질문에 답하시오. [6~7]

〈K연수원 예약안내〉

■ 예약절차 : 견적 요청 ⇨ 견적서 발송 ⇨ 계약금 입금 ⇨ 예약 확정

※ 계약금 : 견적금액의 10%

■ 이용요금 안내

• 교육시설사용료

위치	품목	1일 시설사용료	최대 수용인원	기본요금
신관	대강당	15,000원/인	150명	1,500,000원
	1강의실		80명	800,000원
본관	2강의실		70명	700,000원
	3강의실		50명	500,000원
	1세미나실		30명	300,000원
	2세미나실		20명	200,000원
	3세미나실		10명	100,000원

※ 숙박 시 1일 시설사용료는 기본요금으로 책정한다.

• 숙박시설

위치	품목	타입	기본인원	최대인원	기본금액	1인 추가요금
본관	13평형	온돌	4인	5인	100,000원	10,000원
	25평형	온돌	7인	8인	150,000원	
신관	30평형	침대	10인	12인	240,000원	

• 식사

구분	제공메뉴	기본금액	장소
자율식	오늘의 메뉴	8,000원	실내식당
차림식	오늘의 메뉴	15,000원	

■ 예약취소안내

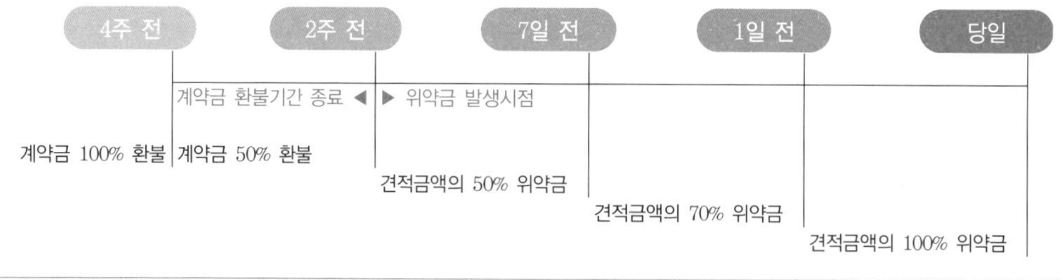

06 **A씨는 다음과 같은 부서장의 지시에 따라 워크숍 장소를 예약하였다. 그리고 사전예약 이벤트로 10%의 할인을 받았다. K연수원에 내야 할 계약금은 얼마인가?**

> 부서장 : A씨, 올해 워크숍은 하루 동안 진행하기로 결정이 되었어요. 매년 진행하던 K연수원에서 진행할 것이니 미리 예약해 주세요. 그리고 참석인원은 총 50명이고, 식사는 점심, 저녁 2회 실시할 예정입니다. 숙박인원은 없으니까 별도로 예약할 필요는 없어요. 이번 워크숍에 배정된 예산이 2백만 원인데, 여유가 된다면 저녁은 차림식으로 하죠. 참, 교육은 두 가지 프로그램으로 진행할 예정이에요. 두 곳에서 인원을 대략 절반으로 나눠 로테이션 방식으로 진행할 겁니다. 강의실 예약 시 참고해 주세요.

① 139,500원 ② 148,500원
③ 171,000원 ④ 190,000원

PART 2

07 **회사의 부득이한 사정으로 워크숍을 진행하기로 했던 날의 10일 전에 취소를 하였다. 예약취소로 인해 입은 손해는 얼마인가?**

① 0원 ② 85,500원
③ 95,000원 ④ 855,000원

※ 다음 글을 읽고 이어지는 질문에 답하시오. **[8~9]**

(가)

리더에게 있어 선입견은 독과 같다. 많은 리더들이 구성원들의 역량에 대해 의심의 눈초리를 가지고 바라보지만 그들이 성과를 내도록 만들기 위해서는 먼저 그들을 신뢰하지 않으면 안 된다.

1980년대 초반에 심리학자 도브 이든(Dov Eden)은 한 가지 실험을 했다. 그는 1,000명의 이스라엘 병사들을 대상으로 적성검사 점수와 기초 훈련 성적, 전임 지휘관의 추천 등을 바탕으로 훈련이 끝난 후 뛰어난 병사가 될 잠재력이 있는 훈련병들을 가려냈다. 이후 병사들은 11주에 걸쳐 전투 전술과 독도법, 작전 규정 등에 관한 훈련을 받았으며 훈련이 다 끝난 후에는 전문지식과 무기를 다루는 능력을 평가하는 시험을 치렀다. 시험 결과 훈련 전에 뛰어난 잠재력을 가지고 있다고 평가받은 훈련병들이 동료들보다 훨씬 뛰어난 성적을 거두었다. 전문지식 분야에서는 평균 9%, 무기 숙련도 분야에서는 10%나 더 높은 점수를 받은 것이다. 이 실험 결과는 뛰어난 인재는 미리 정해져 있다는 것을 증명한다. 따라서 조직에서 성과를 내기 위해서는 뛰어난 인재를 영입하여 그들에게 권한을 부여하고 성과를 내도록 환경을 조성해주는 것이 중요하다는 것을 알 수 있다.

하지만 사실 이 실험의 목적은 그것이 아니었다. 도브 이든의 실험은 '자기충족적 예언(Self-fulfillment Prophecy)', 즉 타인에 대한 기대가 그 사람의 성취에 크게 영향을 미친다는 이론을 검증하기 위해 정교하게 고안된 것이다. 지휘관들이 사전에 잠재력이 있다고 분류된 훈련병들을 믿으면 어떤 결과가 나타나는지 알아보기 위해 무작위로 뽑은 사람들에게 잠재력이 있다고 분류한 후 그 결과를 지휘관들에게 알려주었고, 일정 시간이 지나자 실제로 뛰어난 성적을 거둔 것이다.

지휘관들이 병사들을 뛰어난 잠재력을 가진 존재라고 믿으면 그들에게 더 큰 관심을 기울이고 격려해 자신감을 갖게 하며, 학습과 발전을 이끌었다. 그뿐만 아니라 더 따뜻하게 대화하고 더 어려운 과제를 내줌으로써 보다 높은 경지에 도전할 수 있도록 유도했다. 자신이 맡은 훈련병들의 잠재력을 끌어내기 위해 더 열심히 지도하고 꼼꼼하게 피드백하며, 실수하더라도 능력이 부족하다고 여기지 않고 그것을 가르침과 배움의 기회로 삼도록 했다. 훈련병들도 이러한 배려를 바탕으로 자신감을 갖게 되었으며 더욱 노력하고 실력을 쌓아 큰 성취를 이룰 수 있었다.

리더십 강의를 하다 보면 많은 리더가 구성원들로 인해 어려움을 겪는다고 말한다. 하지만 리더들은 구성원들의 역량을 개발하기 위해 그들을 신뢰했으며 역량을 발휘할 수 있도록 노력했는지 반문할 필요가 있다. 일방적으로 지시하고 구성원들이 어떻게 문제를 풀어나가야 할지 모를 때에도 자기 일은 스스로 해결해야 한다며 못 본 척하지는 않았는지, 그들이 어떤 고민을 하고 어떠한 어려움에 처해있는지 알기보다는 무관심으로 일관하지는 않았는지, 그러면서도 그들에게 늘 성과만 다그치지는 않았는지 가슴에 손을 얹고 되돌아볼 필요가 있다.

처음부터 뛰어난 인재는 없다. __________ (나) __________ 이 리더가 첫 번째 할 일이다. 그 후에는 그들의 역량을 최대한 끌어낼 수 있도록 내적인 동기를 부여하고 그들이 더 높은 곳으로 오를 수 있도록 이끌어주며 지쳐 포기하지 않도록 힘을 북돋아 주는 것이 필요하다. 그렇게 되기 위해서는 스스로 끊임없이 발전하려는 노력을 하지 않으면 안 된다.

08 다음 중 글의 빈칸 (나)에 들어갈 내용으로 가장 적절한 것은?

① 잠재력 있는 인재를 선발해내는 것
② 능력 있는 구성원을 적재적시에 배치하는 것
③ 모든 구성원의 잠재력 수준에 맞는 교육을 시키는 것
④ 모든 구성원을 차별하지 않고 그들의 잠재력을 믿는 것

PART 2

09 다음 중 글의 제목 (가)로 적절하지 않은 것은?

① 리더의 기대, 구성원의 성장을 돕다
② 리더의 관심, 성과의 상승률을 높이다
③ 구성원의 잠재력, 관심에 따라 달라지다
④ 잠재력 있는 인재, 세상을 이끌다

10 다음은 K국에서 2022년에 채용된 공무원 인원에 관한 자료이다. 이에 대한 설명으로 옳은 것을 〈보기〉에서 모두 고르면?

〈K국의 2022년 공무원 채용 인원〉

(단위 : 명)

구분	공개경쟁채용	경력경쟁채용	합계
고위공무원	–	73	73
3급	–	17	17
4급	–	99	99
5급	296	205	501
6급	–	193	193
7급	639	509	1,148
8급	–	481	481
9급	3,000	1,466	4,466
연구직	17	357	374
지도직	–	3	3
우정직	–	599	599
전문경력관	–	104	104
전문임기제	–	241	241
한시임기제	–	743	743
합계	3,952	5,090	9,042

※ 채용방식은 공개경쟁채용과 경력경쟁채용으로만 이루어짐

※ 공무원 구분은 자료에 제시된 것으로 한정됨

보기

㉠ 2022년에 공개경쟁채용을 통해 채용이 이루어진 공무원 구분은 총 4개이다.

㉡ 2022년 우정직 채용 인원은 7급 채용 인원의 절반보다 많다.

㉢ 2022년에 공개경쟁채용을 통해 채용이 이루어진 직책은 공개경쟁채용 인원이 경력경쟁채용 인원보다 많다.

㉣ 2023년부터 공무원 채용 인원 중 9급 공개경쟁채용 인원만을 해마다 전년 대비 10%씩 늘리고 그 외 나머지 채용 인원을 2022년과 동일하게 유지하여 채용한다면, 2024년 전체 공무원 채용 인원 중 9급 공개경쟁채용 인원의 비중은 40% 이하이다.

① ㉠, ㉡

② ㉠, ㉢

③ ㉢, ㉣

④ ㉠, ㉡, ㉣

※ K공사는 직원들의 명함을 제시된 명함 제작 기준에 따라 제작한다. 자료를 보고 이어지는 질문에 답하시오. [11~12]

〈명함 제작 기준〉

(단위 : 원)

구분	100장	+50장
국문	10,000	3,000
영문	15,000	5,000

※ 고급종이로 제작할 경우 정가의 10% 가격 추가

PART 2

11 올해 신입사원이 입사해서 국문 명함을 만들었다. 명함은 1인당 150장씩 지급하며, 일반종이로 만들어 총 제작비용은 195,000원이다. 신입사원은 총 몇 명인가?

① 12명 ② 13명
③ 14명 ④ 15명

12 이번 신입사원 중 해외영업 부서로 배치받은 사원이 있다. 해외영업부 사원들에게는 고급종이로 영문 명함을 200장씩 만들어 주려고 한다. 총인원이 8명일 때 총가격은 얼마인가?

① 158,400원 ② 192,500원
③ 210,000원 ④ 220,000원

※ 다음은 K공사의 직원채용절차에 대한 자료이다. 이어지는 질문에 답하시오. [13~14]

■ 직원채용절차

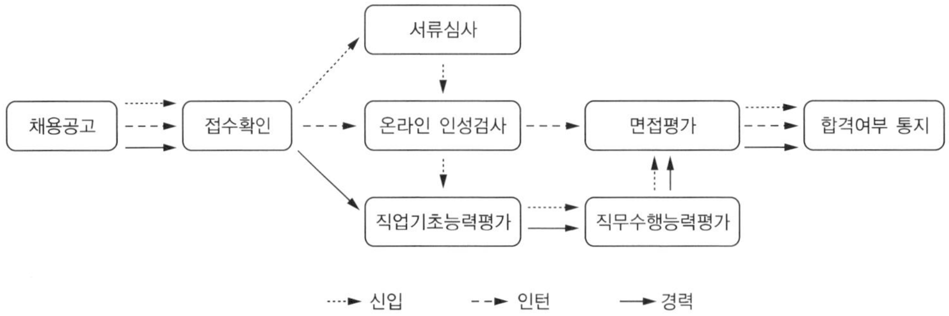

■ 채용단계별 처리비용

채용단계	1건당 처리비용	채용단계	1건당 처리비용
접수확인	500원	서류심사	1,500원
온라인 인성검사	1,000원	직업기초능력평가	3,000원
직무수행능력평가	2,500원	면접평가	3,000원
합격여부 통지	500원	–	–

※ 단계별 1건당 처리비용은 지원유형에 관계없이 동일함

■ 지원현황

지원유형	신입	인턴	경력
접수	20건	24건	16건

13 K공사는 신입 · 인턴 · 경력직원을 채용하는 과정에서 드는 비용을 예산을 넘지 않는 수준에서 최대한 사용하려고 하였으나, 실제로는 초과되었다. 예산이 50만 원이라면, 다음 중 어떤 단계를 생략했어야 하는가?(단, 접수확인 및 합격여부 통지는 생략할 수 없다)

① 신입 – 온라인 인성검사
② 경력 – 직업기초능력평가
③ 인턴 – 면접평가
④ 신입 – 직무수행능력평가

PART 2

14 K공사의 인사부장은 채용절차를 축소하는 것보다 전형별 합불제를 도입하는 것이 예산 안에서 더 많은 지원자를 수용할 수 있다는 의견을 밝혔다. 이를 검토하기 위해 다음과 같은 〈조건〉을 세워 시뮬레이션을 하였다면, 예산 안에서 최대 몇 명의 지원자를 수용할 수 있는가?

조건

Input	• 대상 : 경력사원 채용절차 • 예산 : 220,000원
Condition	• 전형별 합격률 (아래 표) • 접수확인 및 합격여부 통지 비용을 함께 고려함(단, 합격여부 통지는 면접평가자에 한함)
Output	• 지원자 수 : ? • 합격자 수 : ?

전형	서류심사	온라인 인성검사	직업기초 능력평가	직무수행 능력평가	면접평가
합격률	80%	50%	50%	40%	50%

① 10명
② 20명
③ 30명
④ 40명

15 다음 글의 '어당팔'의 예로 적절하지 않은 것은?

타임지의 전망대로 개인 미디어의 확산으로 생산성과 혁신이 폭발했다. 2009년 당시 전 세계 시가 총액 10대 기업 중 IT기업은 마이크로소프트 하나였다. 지금은 10대 기업 중 7개가 IT기업이다. 현재 세계 상장 기업 가운데 시가 총액 1위는 애플이며, 알파벳(구글)·마이크로소프트·아마존이 2～4위를 차지했다. 모두 온라인을 기반으로 한 테크 기업이다.
소비자도 스마트하게 변했다. 새로운 기종의 스마트폰으로 무장해 세상과 소통한다. 사람 대신 스마트폰에게 묻고, 카톡이나 문자로 대화한다. 필요한 정보를 스마트폰으로 적시에 제공받는다. 소비자가 가는 곳을 어떻게 아는지 알쓸신잡(알아두면 쓸데없는 신비한 잡학 사전)보다 더 스마트하게 정보를 제공한다. 친구가 부근에 있다고 알려주며, 백화점의 할인 쿠폰을 보내준다. 그 대가로 기계값과 통신비와 상품 구입비는 시나브로 늘어난다. 스마트폰과 소통하는 시간은 점점 길어진다. 내가 스마트폰인지, 스마트폰이 나인지 모를 정도다.
성공 사례를 설명할 때 사람들은 '인디언 기우제' 사례를 많이 든다. 인디언들이 기도하면 반드시 비가 온다고 한다. 왜 그런가? 인디언들은 기우제를 지내면 비가 올 때까지 멈추지 않기 때문이라는 것이다. 기업은 이러한 예화도 놓치지 않는다. 플랫폼과 유통망을 독점하려고 죽기 살기로 돈을 퍼붓는다.
기업이 소비자를 위한다는 말은 '천만의 말씀, 만만의 콩떡'이다. 경쟁 없이 편하게, 이윤을 극대화하기 위한 전략이다. 소비자는 어당팔(어수룩해 보여도 당수가 팔단이라는 뜻)로 기업의 마케팅에 대응해야 호갱(어수룩하여 이용하기 좋은 사람을 비유적으로 이르는 말)이 되지 않는다.
동네에 프랜차이즈 빵집이 새로 생겨 두 집이 경쟁한다면 상생하게 하는 전략이 필요하다. 한 곳에서 싸게 판다고 그곳만 이용하면 한 곳은 망하고 자본이 많은 곳이 독점하게 된다. 한 곳이 망하면 그동안 출혈 경쟁으로 손해 본 것을 만회하려고 슬그머니 값을 올린다. 두 집이 경쟁할 때보다 빵 종류가 다양하지 못할 것은 불을 보듯 뻔하다.
동네 빵집과 프랜차이즈 빵집이 공존하는 다양한 상권을 유지하려면 기업의 마케팅 전략보다 좀 더 멀리 보는 안목이 필요하다. 사소한 이익만을 좇다보면 호갱으로 비싼 대가를 치르게 된다. 소비자들이 스마트해져야 하는 이유다.
개인화된 사회성의 등장과 1인 체제가 보편화될 것으로 전망되는 2024년은 소비자들이 더 현명해져야 한다. 개의 꼬리로 여겨졌던 소비자가 개의 몸통을 흔드는, 소비자가 세상을 바꾸는 '왝 더 독' 시대가 왔기 때문이다. 기업도 제품의 품질은 물론 진정성과 공정성으로 무장해야 팔리는 시대라는 것을 명심해야 할 것이다.

① 환경을 생각해 재생용지로 케이스를 만드는 기업의 제품을 구입하였다.
② 브랜드를 따지지 않고 질 좋은 중소기업의 제품을 구입하였다.
③ 합리적인 소비와 관련된 강의를 들었다.
④ 4만 원대 메인 메뉴를 시키면 8,000원인 사이드 메뉴를 100원에 먹을 수 있는 이벤트 쿠폰을 구매해 사용했다.

16 다음은 2022년 지하수 관측현황과 연도별 지하수 주요 관측지표에 대한 자료이다. 이에 대한 설명으로 옳은 것을 〈보기〉에서 모두 고르면?

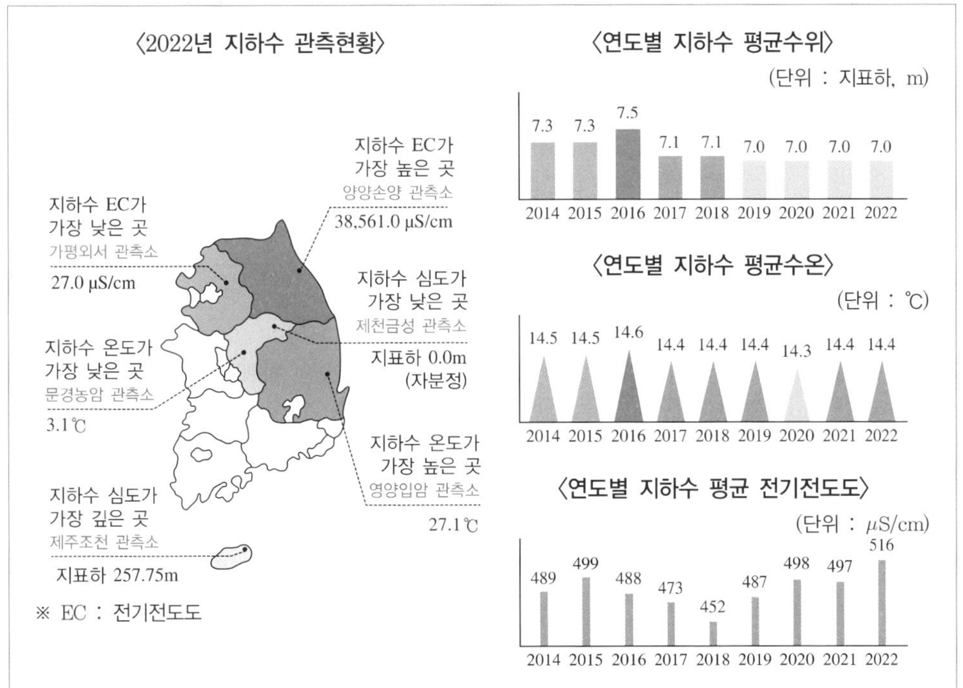

보기

㉠ 지하수 평균수위는 2019년부터 2022년까지 변동이 없었다.
㉡ 2022년 지하수 온도가 가장 높은 곳의 지하수 온도와 평균 수온의 차이는 12.7℃이다.
㉢ 2022년 지하수 전기전도도가 가장 높은 곳의 지하수 전기전도도는 평균 전기전도도의 76배 이상이다.

① ㉠
② ㉠, ㉡
③ ㉠, ㉢
④ ㉡, ㉢

17 다음 중 주혜정 씨가 가장 마지막에 처리할 업무는?

Henry Thomas의 부하직원 주혜정은 Mr. Thomas와 국내 방송사 기자와의 인터뷰 일정을 최종 점검 중이다.

다음은 기자와의 통화내용이다.

주혜정 : 공진호 기자님, 안녕하세요. 저는 Sun Capital의 주혜정입니다. Mr. Thomas와의 인터뷰 일정 확인 차 연락드립니다. 지금 통화 가능하세요?

공진호 : 네, 말씀하세요.

주혜정 : 인터뷰 예정일이 7월 10일 오후 2시인데 변동사항이 있나 확인하고자 합니다.

공진호 : 네, 예정된 일정대로 진행 가능합니다. Sun Capital의 회의실에서 하기로 했죠?

주혜정 : 맞습니다. 인터뷰 준비 관련해서 저희 측에서 더 준비해야 하는 사항이 있나요?

공진호 : 카메라 기자와 함께 가니 회의실 공간이 좀 넓어야 하겠고, 회의실 배경이 좀 깔끔해야 할 텐데 준비가 가능할까요?

① 총무팀에 연락하여 인터뷰 당일 회의실 예약을 미리 해놓는다.
② 기자에게 인터뷰의 방영 일자를 확인하여 인터뷰 영상 내용을 자료로 보관하도록 한다.
③ 인터뷰 당일 Mr. Thomas의 점심 식사 약속은 될 수 있는대로 피하도록 한다.
④ 인터뷰 진행 시 통역이 필요한지 아닌지 확인하고, 질문지를 사전에 받아 Mr. Thomas에게 전달한다.

18 K공사는 신입사원 채용을 진행하고 있다. 최종 관문인 면접평가는 다대다 면접으로 A ~ E면접자를 포함하여 총 8명이 입장하여 의자에 앉았다. D면접자가 2번 의자에 앉았다면, 다음 중 항상 옳은 것은?(단, 면접실 의자는 순서대로 1번부터 8번까지 번호가 매겨져 있다)

- C면접자와 D면접자는 이웃해 앉지 않고, D면접자와 E면접자는 이웃해 앉는다.
- A면접자와 C면접자 사이에는 2명이 앉는다.
- A면접자는 양 끝(1번, 8번)에 앉지 않는다.
- B면접자는 6번 또는 7번 의자에 앉고, E면접자는 3번 의자에 앉는다.

① A면접자는 4번에 앉는다.
② C면접자는 1번에 앉는다.
③ A면접자와 B면접자가 서로 이웃해 앉는다면 C면접자는 4번 또는 8번에 앉는다.
④ B면접자가 7번에 앉으면, A면접자와 B면접자 사이에 2명이 앉는다.

19 다음은 한 국제기구가 발표한 2022년 3월 ~ 2023년 3월 동안의 식량 가격지수와 품목별 가격지수에 대한 자료이다. 이에 대한 설명으로 옳지 않은 것은?

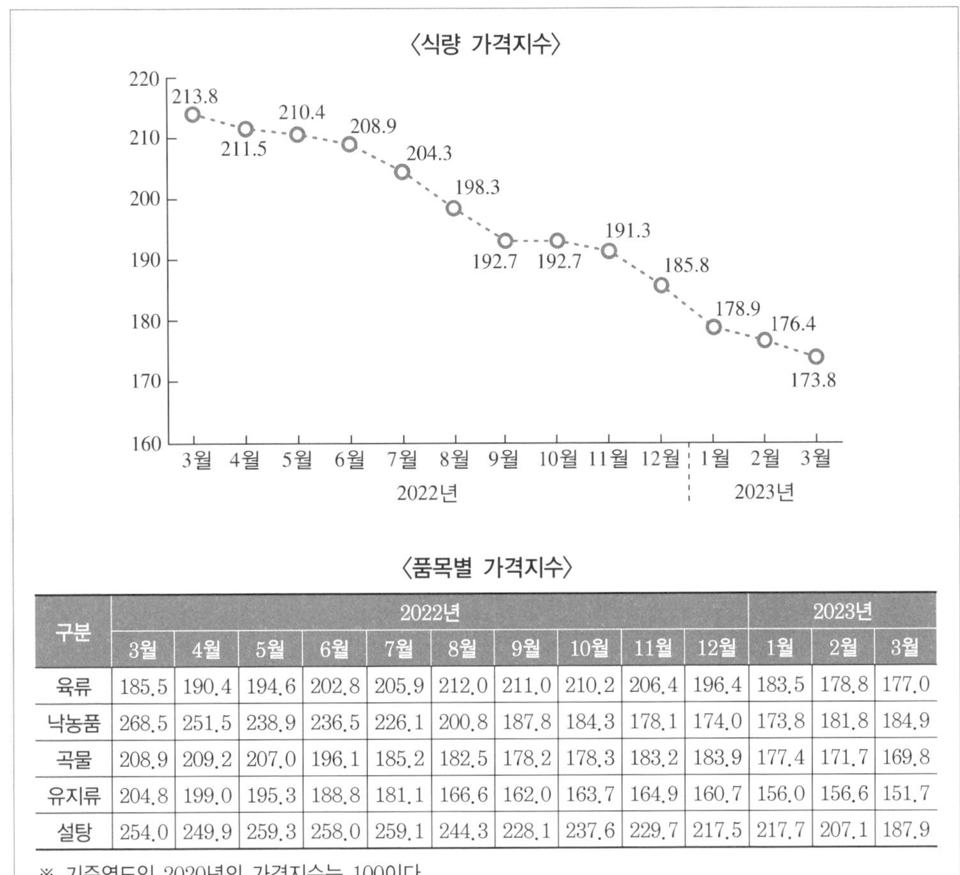

〈품목별 가격지수〉

구분	2022년										2023년		
	3월	4월	5월	6월	7월	8월	9월	10월	11월	12월	1월	2월	3월
육류	185.5	190.4	194.6	202.8	205.9	212.0	211.0	210.2	206.4	196.4	183.5	178.8	177.0
낙농품	268.5	251.5	238.9	236.5	226.1	200.8	187.8	184.3	178.1	174.0	173.8	181.8	184.9
곡물	208.9	209.2	207.0	196.1	185.2	182.5	178.2	178.3	183.2	183.9	177.4	171.7	169.8
유지류	204.8	199.0	195.3	188.8	181.1	166.6	162.0	163.7	164.9	160.7	156.0	156.6	151.7
설탕	254.0	249.9	259.3	258.0	259.1	244.3	228.1	237.6	229.7	217.5	217.7	207.1	187.9

※ 기준연도인 2020년의 가격지수는 100이다.

① 2023년 3월의 식량 가격지수는 2022년 3월보다 15% 이상 하락했다.

② 2022년 4월부터 2022년 9월까지 식량 가격지수는 매월 하락했다.

③ 2022년 3월보다 2023년 3월 가격지수가 가장 큰 폭으로 하락한 품목은 낙농품이다.

④ 2020년 가격지수 대비 2023년 3월 가격지수의 상승률이 가장 낮은 품목은 육류이다.

PART 2

※ K공사에서 특허 관련 업무를 담당하고 있는 B씨는 주요 약관을 요약하여 정리하고 고객 질문에 응대하는 역할을 한다. 주요 약관을 보고 이어지는 질문에 답하시오. [20~21]

〈주요 약관〉

1. 특허침해죄
   ① 특허권을 침해한 자는 7년 이하의 징역 또는 1억 원 이하의 벌금에 처한다.
   ② 제1항의 죄는 고소가 있어야 한다.
2. 위증죄
   이 법의 규정에 의하여 선서한 증인·감정인 또는 통역인이 특허심판원에 대하여 허위의 진술·감정 또는 통역을 한 때는 5년 이하의 징역 또는 1천만 원 이하의 벌금에 처한다.
3. 사위행위의 죄
   사위(詐僞) 기타 부정한 행위로써 특허청으로부터 특허의 등록이나 특허권의 존속기간의 연장등록을 받은 자 또는 특허심판원의 심결을 받은 자는 3년 이하의 징역 또는 2천만 원 이하의 벌금에 처한다.
4. 양벌규정
   법인의 대표자나 법인 또는 개인의 대리인, 사용인, 그 밖의 종업원이 그 법인 또는 개인의 업무에 관하여 특허침해죄, 사위행위의 죄의 어느 하나에 해당하는 위반행위를 하면 그 행위자를 벌하는 외에 그 법인에게는 다음 각 호의 어느 하나에 해당하는 벌금형을, 그 개인에게는 해당 조문의 벌금형을 과(科)한다. 다만 법인 또는 개인이 그 위반행위를 방지하기 위하여 해당 업무에 관하여 상당한 주의와 감독을 게을리하지 아니한 경우에는 그러하지 아니하다.
   ① 특허침해죄의 경우 : 3억 원 이하의 벌금
   ② 사위행위죄의 경우 : 6천만 원 이하의 벌금

※ 사위(詐僞) : 거짓을 꾸미어 속임

20 B씨는 주요 약관을 바탕으로 다음과 같이 작성된 질문에 응대했다. 답변 내용 중 옳지 않은 것은?

〈Q&A 게시판〉

Q. 특허권을 침해당한 것 같은데 어떻게 해야 처벌이 가능한가요?
A. ① 특허침해죄로 처벌하기 위해서는 고소가 있어야 합니다.
Q. 사위행위로써 특허심판원의 심결을 받은 경우 처벌 규정이 어떻게 되나요?
A. ② 3년 이하의 징역 또는 2천만 원 이하의 벌금에 처해집니다.
Q. 제 발명품을 특허무효사유라고 선서한 감정인의 내용이 허위임이 밝혀졌습니다. 어떻게 처벌이 가능한가요?
A. ③ 감정인의 처벌을 위해서는 고소의 절차를 거쳐야 합니다.
Q. 법인의 대표자로서 특허침해죄 행위로 고소를 당하고, 벌금까지 내야 한다고 하는데 벌금이 어느 정도인가요?
A. ④ 양벌규정에 의해 특허침해죄의 경우 3억 원 이하의 벌금에 처해집니다.

21 B씨는 다음과 같은 상황이 발생해 주요 약관을 찾아보려고 한다. 다음 상황에 적용되는 약관 조항은?

> 당해 심판에서 선서한 감정인 병은 갑의 발명품이 특허무효사유에 해당한다는 내용의 감정을 하였다. 그 후 당해 감정이 허위임이 밝혀지고 달리 특허무효사유가 없음을 이유로 특허심판원은 갑에 대한 특허권의 부여는 유효라고 심결하였다.

① 특허침해죄 ② 위증죄

③ 사위행위죄 ④ 양벌규정

22 A대리는 오늘 굉장히 바쁜 하루를 보낼 예정이다. 평소보다 빨리 출근하여 회사에 들렀다가, 오전 중에는 신도림 지점을 방문해야 한다. 신도림 지점장과 점심 식사를 한 후 오후에는 종로 지점을 방문하여 영업 실적을 확인하고, 다시 회사로 돌아와 보고서를 작성해야 한다. A대리의 일정을 고려하였을 때, 교통수단별 교통비로 옳은 것은?(단, 하루종일 같은 교통수단을 이용한다)

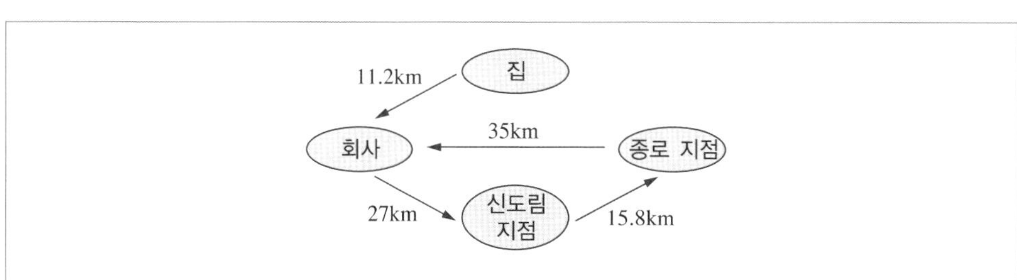

구분	택시	버스	자가용
기본요금	2,800원(5km까지)	1,000원	없음
추가요금	500원/km	없음	1,000원/km

① 택시 46,750원 ② 택시 45,700원

③ 자가용 89,100원 ④ 자가용 88,100원

23 A씨는 업무상 만난 외국인 파트너와 식사를 하였다. A씨가 한 행동 중 예절에 어긋나는 것은?

① 포크와 나이프를 바깥쪽에 있는 것부터 사용했다.
② 빵을 손으로 뜯어 먹었다.
③ 커피를 마실 때 손가락을 커피잔 고리에 끼지 않았다.
④ 수프를 숟가락으로 저으면 소리가 날까봐 입김을 불어 식혔다.

24 귀하는 각 생산부서의 사업평가 자료를 취합하였는데 커피를 흘려 자료의 일부가 훼손되었다. 다음 중 (가) ~ (라)에 들어갈 수치로 옳은 것은?(단, 인건비와 재료비 이외의 투입요소는 없다)

〈사업평가 자료〉

구분	목표량	인건비	재료비	산출량	효과성 순위	효율성 순위
A부서	(가)	200	50	500	3	2
B부서	1,000	(나)	200	1,500	2	1
C부서	1,500	1,200	(다)	3,000	1	3
D부서	1,000	300	500	(라)	4	4

※ (효과성)=(산출량)÷(목표량)
※ (효율성)=(산출량)÷(투입량)

	(가)	(나)	(다)	(라)
①	300	500	800	800
②	500	800	300	800
③	800	500	300	300
④	500	300	800	800

25 다음 글을 근거로 판단할 때, 가장 적절한 것은?

> 1896년 「독립신문」 창간을 계기로 여러 가지의 애국가 가사가 신문에 게재되기 시작했는데, 어떤 곡조에 따라 이 가사들을 노래로 불렀는지는 명확하지 않다. 다만 대한제국이 서구식 군악대를 조직해 1902년 '대한제국 애국가'라는 이름의 국가(國歌)를 만들어 나라의 주요 행사에 사용했다는 기록은 남아 있다. 오늘날 우리가 부르는 애국가의 노랫말은 외세의 침략으로 나라가 위기에 처해있던 1907년을 전후하여 조국애와 충성심을 북돋우기 위하여 만들어졌다.
>
> 1935년 해외에서 활동 중이던 안익태는 오늘날 우리가 부르고 있는 국가를 작곡하였다. 대한민국 임시정부는 이 곡을 애국가로 채택해 사용했으나 이는 해외에서만 퍼져나갔을 뿐, 국내에서는 광복 이후 정부수립 무렵까지 애국가 노랫말을 스코틀랜드 민요에 맞춰 부르고 있었다. 그러다가 1948년 대한민국 정부가 수립된 이후 현재의 노랫말과 함께 안익태가 작곡한 곡조의 애국가가 정부의 공식 행사에 사용되고 각급 학교 교과서에도 실리면서 전국적으로 애창되기 시작하였다.
>
> 애국가가 국가로 공식화되면서 1950년대에는 대한뉴스 등을 통해 적극적으로 홍보가 이루어졌다. 그리고 「국기게양 및 애국가 제창 시의 예의에 관한 지시(1966)」 등에 의해 점차 국가의례의 하나로 간주되었다.
>
> 1970년대 초에는 공연장에서 본공연 전에 애국가가 상영되기 시작하였다. 이후 1980년대 중반까지 주요 방송국에서 국기강하식에 맞춰 애국가를 방송하였다. 주요 방송국의 국기강하식 방송, 극장에서의 애국가 상영 등은 1980년대 후반 중지되었으며 음악회와 같은 공연 시 애국가 연주도 이때 자율화되었다.
>
> 오늘날 주요 행사 등에서 애국가를 제창하는 경우에는 부득이한 경우를 제외하고 4절까지 제창하여야 한다. 애국가는 모두 함께 부르는 경우에는 전주곡을 연주한다. 다만, 약식 절차로 국민의례를 행할 때 애국가를 부르지 않고 연주만 하는 의전행사(외국에서 하는 경우 포함)나 시상식·공연 등에서는 전주곡을 연주해서는 안 된다.

① 1940년에 해외에서는 안익태가 만든 애국가 곡조를 들을 수 없었다.
② 1990년대 초반에는 국기강하식 방송과 극장에서의 애국가 상영이 의무화되었다.
③ 오늘날 우리가 부르는 애국가의 노랫말은 1896년 「독립신문」에 게재되지 않았다.
④ 시상식에서 애국가를 부르지 않고 연주만 하는 경우에는 전주곡을 연주할 수 있다.

PART 2

26 K공사의 총무팀 4명은 해외출장을 계획하고 있다. 총무팀은 출장지에서 사용할 이동수단 한 가지를 결정하려고 한다. 다음 〈조건〉을 통해 이동수단을 선택할 때, 총무팀이 최종적으로 선택하게 될 이동수단의 종류와 그 비용으로 바르게 짝지은 것은?

〈이동수단별 평가표〉

이동수단	경제성	용이성	안전성
렌터카	?	상	하
택시	?	중	중
대중교통	?	하	중

〈이동수단별 비용계산식〉

이동수단	비용계산식
렌터카	{(렌트비)+(유류비)}×(이용 일수) • 1일 렌트비 : $50(4인승 차량) • 1일 유류비 : $10(4인승 차량)
택시	[거리당 가격(1$/마일)]×[이동거리(마일)] ※ 최대 4명까지 탑승가능
대중교통	[대중교통패스 3일권($40/인)]×(인원 수)

〈해외출장 일정〉

출장 일정	이동거리(마일)
11월 1일	100
11월 2일	50
11월 3일	50

조건

- 이동수단은 경제성, 용이성, 안전성의 총 3가지 요소를 고려하여 최종점수가 가장 높은 이동수단을 선택한다.
- 각 고려요소의 평가결과 '상' 등급을 받으면 3점을, '중' 등급을 받으면 2점을, '하' 등급을 받으면 1점을 부여한다. 단, 안전성을 중시하여 안전성 점수는 2배로 계산한다.
- 경제성은 이동수단별 최소비용이 적은 것부터 상, 중, 하로 평가한다.
- 각 고려요소의 평가점수를 합하여 최종점수를 구한다.

	이동수단	비용
①	렌터카	$180
②	택시	$200
③	택시	$400
④	대중교통	$160

27 다음 자료는 K공사의 고객의 소리 운영 규정의 일부이다. 고객서비스 업무를 담당하고 있는 1년 차 사원인 J씨는 3월 13일 월요일에 한 고객으로부터 질의 민원을 접수받았다. 그러나 부득이한 사유로 기간 내 처리가 불가능할 것으로 보여 본사 총괄부서장의 승인을 받고 민원 처리를 지연하였다. 해당 민원은 늦어도 언제까지 처리가 완료되어야 하는가?

> 목적(제1조)
> 이 규정은 K공사에서 고객의 소리 운영에 필요한 사항에 대하여 규정함을 목적으로 한다.
>
> 정의(제2조)
> "고객의 소리(Voice Of Customer)"라 함은 K공사 직무와 관련된 행정 처리에 대한 이의신청, 진정 등 민원과 K공사의 제도, 서비스 등에 대하여 불만이나 불편사항, 건의・단순 질의 등 모든 고객의 의견을 말한다.
>
> 처리기간(제7조)
> ① 고객의 소리는 다른 업무에 우선하여 처리하여야 하며 처리기간이 남아있음 등의 이유로 처리를 지연시켜서는 아니 된다.
> ② 고객의 소리 처리기간은 24시간으로 한다. 다만 서식민원은 별도로 한다.
>
> 처리기간의 연장(제8조)
> ① 부득이한 사유로 기간 내에 처리하기 곤란한 경우 중간답변을 하여야 하며, 이 경우 처리기간은 48시간으로 한다.
> ② 중간답변을 하였음에도 기간 내에 처리하기 어려운 사항은 1회에 한하여 본사 총괄부서장의 승인을 받고 추가로 연장할 수 있다. 이 경우 추가되는 연장시간은 48시간으로 한다.
> ③ 업무의 성격이나 중요도, 본사 총괄부서의 처리시간에 임박한 재배정 등으로 제1항 내지 제2항의 기간 내에 처리할 수 없는 사항은 부서장 또는 소속장이 본사 총괄부서장에게 특별 기간연장을 요구할 수 있다.

① 3월 14일　　② 3월 15일
③ 3월 16일　　④ 3월 17일

PART 2

28

K공사에서는 부패방지 교육을 위해 오늘 일과 중 1시간을 반영하여 부서별로 토론식 교육을 할 것을 지시하였다. 귀하의 직급은 사원으로, 적당한 교육시간을 판단하여 보고하여야 한다. 부서원의 스케줄이 다음과 같고 스케줄 변동을 최소로 한다고 했을 때, 교육을 편성하기에 가장 적절한 시간은 언제인가?

<table>
<tr><th rowspan="2">시간</th><th colspan="5">직급별 스케줄</th></tr>
<tr><th>부장</th><th>차장</th><th>과장</th><th>대리</th><th>사원</th></tr>
<tr><td>09:00 ~ 10:00</td><td colspan="2">부서장 회의</td><td></td><td></td><td></td></tr>
<tr><td>10:00 ~ 11:00</td><td></td><td></td><td></td><td></td><td>비품 신청</td></tr>
<tr><td>11:00 ~ 12:00</td><td></td><td></td><td>고객 응대</td><td></td><td></td></tr>
<tr><td>12:00 ~ 13:00</td><td colspan="5">점심식사</td></tr>
<tr><td>13:00 ~ 14:00</td><td colspan="3">부서 업무 회의</td><td></td><td></td></tr>
<tr><td>14:00 ~ 15:00</td><td></td><td></td><td></td><td colspan="2">타 지점 방문</td></tr>
<tr><td>15:00 ~ 16:00</td><td></td><td></td><td colspan="3">일일 업무 결산</td></tr>
<tr><td>16:00 ~ 17:00</td><td></td><td>결산 업무보고</td><td></td><td></td><td></td></tr>
<tr><td>17:00 ~ 18:00</td><td>결산 업무보고</td><td></td><td></td><td></td><td></td></tr>
</table>

① 09:00 ~ 10:00
② 10:00 ~ 11:00
③ 13:00 ~ 14:00
④ 14:00 ~ 15:00

29

K공사에 근무하는 귀하는 부하직원 5명(A ~ E)을 대상으로 새로운 홍보 전략에 대한 의견을 물었다. 이에 대해 직원 5명은 찬성과 반대 둘 중 하나의 의견을 제시했다. 〈조건〉이 모두 참일 때, 다음 중 옳은 것은?

조건

- A 또는 D 둘 중 적어도 하나가 반대하면, C는 찬성하고 E는 반대한다.
- B가 반대하면, A는 찬성하고 D는 반대한다.
- D가 반대하면 C도 반대한다.
- E가 반대하면 B도 반대한다.
- 적어도 한 사람은 반대한다.

① A는 찬성하고 B는 반대한다.
② A는 찬성하고 E는 반대한다.
③ B와 D는 반대한다.
④ C는 반대하고 D는 찬성한다.

30 다음은 지역별 마약류 단속에 대한 자료이다. 이에 대한 설명으로 옳은 것은?

〈지역별 마약류 단속 건수〉

(단위 : 건, %)

구분	대마	코카인	향정신성의약품	합계	비중
서울	49	18	323	390	22.1
인천·경기	55	24	552	631	35.8
부산	6	6	166	178	10.1
울산·경남	13	4	129	146	8.3
대구·경북	8	1	138	147	8.3
대전·충남	20	4	101	125	7.1
강원	13	0	35	48	2.7
전북	1	4	25	30	1.7
광주·전남	2	4	38	44	2.5
충북	0	0	21	21	1.2
제주	0	0	4	4	0.2
전체	167	65	1,532	1,764	100.0

※ 수도권은 서울과 인천·경기를 합한 지역임

※ 마약류는 대마, 코카인, 향정신성의약품으로만 구성됨

① 대마 단속 전체 건수는 코카인 단속 전체 건수의 3배 이상이다.

② 수도권의 마약류 단속 건수는 마약류 단속 전체 건수의 50% 이상이다.

③ 코카인 단속 건수가 없는 지역은 5곳이다.

④ 향정신성의약품 단속 건수는 대구·경북 지역이 광주·전남 지역의 4배 이상이다.

※ 특허출원 수수료는 다음과 같은 계산식에 의하여 결정되며, 제시된 자료는 계산식에 의하여 산출된 세 가지 사례를 나타낸 것이다. 자료를 보고 이어지는 질문에 답하시오. **[31~33]**

〈계산식〉

- (특허출원 수수료)=(출원료)+(심사청구료)
- (출원료)=(기본료)+{(면당 추가료)×(전체 면수)}
- (심사청구료)=(청구항당 심사청구료)×(청구항수)

※ 특허출원 수수료는 개인은 70%가 감면되고, 중소기업은 50%가 감면되지만, 대기업은 감면되지 않음

〈특허출원 수수료 사례〉

구분	사례 A	사례 B	사례 C
	대기업	중소기업	개인
전체 면수(장)	20	20	40
청구항수(개)	2	3	2
감면 후 수수료(원)	70,000	45,000	27,000

31 다음 중 위의 사례를 토대로 계산한 청구항당 심사청구료로 옳은 것은?

① 10,000원　② 15,000원
③ 20,000원　④ 25,000원

32 다음 중 위의 사례를 토대로 계산한 면당 추가료로 옳은 것은?

① 1,000원　② 1,500원
③ 2,000원　④ 2,500원

33 다음 중 위의 사례를 토대로 계산한 출원 시 기본료로 옳은 것은?

① 10,000원　② 12,000원
③ 15,000원　④ 18,000원

34 다음 글에서 〈보기〉의 문장이 들어갈 위치로 적절한 곳을 연결한 것은?

탄수화물은 사람을 비롯한 동물이 생존하는 데 필수적인 에너지원이다. (가) 탄수화물은 섬유소와 비섬유소로 구분된다. 사람은 체내에서 합성한 효소를 이용하여 곡류의 녹말과 같은 비섬유소를 포도당으로 분해하고 이를 소장에서 흡수하여 에너지원으로 이용한다. (나) 소, 양, 사슴과 같은 반추 동물도 섬유소를 분해하는 효소를 합성하지 못하는 것은 마찬가지이지만, 비섬유소와 섬유소를 모두 에너지원으로 이용하며 살아간다. (다) 위(胃)가 넷으로 나누어진 반추 동물의 첫째 위인 반추위에는 여러 종류의 미생물이 서식하고 있다. 반추 동물의 반추위에는 산소가 없는데, 이 환경에서 왕성하게 생장하는 반추위 미생물들은 다양한 생리적 특성이 있다. (라) 식물체에서 셀룰로스는 그것을 둘러싼 다른 물질과 복잡하게 얽혀 있는데, F가 가진 효소 복합체는 이 구조를 끊어 셀룰로스를 노출시킨 후 이를 포도당으로 분해한다. F는 이 포도당을 자신의 세포 내에서 대사 과정을 거쳐 에너지원으로 이용하여 생존을 유지하고 개체 수를 늘림으로써 생장한다. (마) 이런 대사 과정에서 아세트산, 숙신산 등이 대사산물로 발생하고 이를 자신의 세포 외부로 배출한다. 반추위에서 미생물들이 생성한 아세트산은 반추 동물의 세포로 직접 흡수되어 생존에 필요한 에너지를 생성하는 데 주로 이용되고 체지방을 합성하는 데에도 쓰인다.

보기

㉠ 반면, 사람은 풀이나 채소의 주성분인 셀룰로스와 같은 섬유소를 포도당으로 분해하는 효소를 합성하지 못하므로 섬유소를 소장에서 이용하지 못한다.

㉡ 그중 피브로박터 숙시노젠(F)은 섬유소를 분해하는 대표적인 미생물이다.

	㉠	㉡
①	(가)	(라)
②	(가)	(마)
③	(나)	(라)
④	(나)	(마)

35 다음은 2017 ~ 2022년 K국 농 · 임업 생산액과 부가가치 현황에 대한 자료이다. 이에 대한 설명으로 옳은 것을 〈보기〉에서 모두 고르면?

〈농 · 임업 생산액 현황〉

(단위 : 10억 원, %)

구분		2017년	2018년	2019년	2020년	2021년	2022년
농 · 임업 생산액		39,663	42,995	43,523	43,214	46,357	46,648
분야별 비중	곡물	23.6	20.2	15.6	18.5	17.5	18.3
	화훼	28.0	27.7	29.4	30.1	31.7	32.1
	과수	34.3	38.3	40.2	34.7	34.6	34.8

※ 분야별 비중은 해당 분야의 농 · 임업 생산액 대비 생산액 비중임

※ 곡물, 화훼, 과수는 농 · 임업 일부 분야임

〈농 · 임업 부가가치 현황〉

(단위 : 10억 원, %)

구분		2017년	2018년	2019년	2020년	2021년	2022년
농 · 임업 부가가치		22,587	23,540	24,872	26,721	27,359	27,376
GDP 대비 비중	농업	2.1	2.1	2.0	2.1	2.0	2.0
	임업	0.1	0.1	0.2	0.1	0.2	0.2

※ GDP 대비 비중은 해당 분야의 GDP 대비 부가가치 비중임

※ 농 · 임업은 농업과 임업으로만 구성됨

보기

㉠ 농 · 임업 생산액이 전년보다 작은 해에는 농 · 임업 부가가치도 전년보다 작다.

㉡ 화훼 생산액은 매년 증가한다.

㉢ 매년 곡물 생산액은 과수 생산액의 50% 이상이다.

㉣ 매년 농업 부가가치는 농 · 임업 부가가치의 85% 이상이다.

① ㉠, ㉡　　② ㉠, ㉢

③ ㉡, ㉢　　④ ㉡, ㉣

36 K공사는 자동차의 공회전 발생률과 공회전 시 연료소모량이 적은 차량 운전자에게 현금처럼 쓸 수 있는 탄소포인트를 제공하는 정책을 구상하고 있다. K공사는 동일 차량 운전자 A ~ E를 대상으로 이 정책을 시범 시행하였다. 다음 자료를 근거로 할 때, 공회전 발생률과 공회전 시 연료소모량에 따라 A ~ E운전자가 받을 수 있는 탄소포인트의 총합이 큰 순서대로 나열된 것은?(단, 주어진 자료 이외의 다른 조건은 고려하지 않는다)

〈차량 시범 시행 결과〉

구분	A	B	C	D	E
주행시간(분)	200	30	50	25	50
총공회전시간(분)	20	15	10	5	25

〈공회전 발생률에 대한 탄소포인트〉

구분	19% 이하	20 ~ 39%	40 ~ 59%	60 ~ 79%	80% 이상
탄소포인트(P)	100	80	50	20	10

〈공회전 시 연료소모량에 대한 구간별 탄소포인트〉

구분	99cc 이하	100 ~ 199cc	200 ~ 299cc	300 ~ 399cc	400cc 이상
탄소포인트(P)	100	75	50	25	0

※ [공회전 발생률(%)]$=\frac{\text{(총공회전시간)}}{\text{(주행시간)}}\times100$

※ [공회전 시 연료소모량(cc)]=(총공회전시간)×20

① D > C > A > B > E

② D > C > A > E > B

③ D > A > C > B > E

④ A > D > B > E > C

PART 2

37 다음 A ~ C의 주장에 대한 평가로 적절한 것을 〈보기〉에서 모두 고르면?

A : 정당에 대한 충성도와 공헌도를 공직자 임용 기준으로 삼아야 한다. 이는 전쟁에서 전리품은 승자에게 속한다는 국제법의 규정에 비유할 수 있다. 즉, 주기적으로 실시되는 대통령 선거에서 승리한 정당이 공직자 임용의 권한을 가져야 한다. 이러한 임용 방식은 공무원에 대한 정치 지도자의 지배력을 강화해 지도자가 구상한 정책 실현을 용이하게 할 수 있다.

B : 공직자 임용 기준은 개인의 능력·자격·적성에 두어야 하며 공개경쟁 시험을 통해서 공무원을 선발하는 것이 좋다. 그러면 신규 채용 과정에서 공개와 경쟁의 원칙이 준수되기 때문에 정실 개입의 여지가 줄어든다. 공개경쟁 시험은 무엇보다 공직자 임용에서 기회균등을 보장하여 우수한 인재를 임용함으로써 행정의 능률을 높일 수 있고 공무원의 정치적 중립을 통하여 행정의 공정성이 확보될 수 있다는 장점이 있다. 또한 공무원의 신분보장으로 행정의 연속성과 직업적 안정성도 강화될 수 있다.

C : 사회를 구성하는 모든 지역 및 계층으로부터 인구 비례에 따라 공무원을 선발하고, 그들을 정부 조직 내의 각 직급에 비례적으로 배치함으로써 정부 조직이 사회의 모든 지역과 계층에 가능한 한 공평하게 대응하도록 구성되어야 한다. 공무원들은 가치중립적인 존재가 아니다. 그들은 자신의 출신 집단의 영향을 받은 가치관과 신념을 가지고 정책 결정과 집행에 깊숙이 개입하고 있으며, 이 과정에서 자신의 견해나 가치를 반영하고자 노력한다.

보기

ㄱ. 공직자 임용의 정치적 중립성을 보장할 필요성이 대두된다면, A의 주장은 설득력을 얻는다.
ㄴ. 공직자 임용과정의 공정성을 높일 필요성이 부각된다면, B의 주장은 설득력을 얻는다.
ㄷ. 인구의 절반을 차지하는 비수도권 출신 공무원의 비율이 1/4에 그쳐 지역 편향성을 완화할 필요성이 제기된다면, C의 주장은 설득력을 얻는다.

① ㄱ
② ㄴ
③ ㄷ
④ ㄴ, ㄷ

38 **다음 중 민츠버그가 정의한 경영자의 역할에 대한 설명으로 적절하지 않은 것은?**

① 올바른 정보를 수집하는 것은 대인적 역할에 해당한다.
② 대인적 역할은 크게 세 가지로 구분할 수 있다.
③ 정보적 역할에는 대변인으로서의 역할이 포함된다.
④ 수집된 정보를 통해 최종 결정을 내리는 것은 의사결정적 역할이다.

39 **이탈리아 요리 전문점인 K레스토랑에서는 두 가지 음식을 묶어 런치세트를 구성해 판매한다. 런치세트메뉴와 금액이 다음과 같을 때, 아라비아따의 할인 전 가격은?**

〈런치세트메뉴〉

세트메뉴	구성 음식	금액(원)
A세트	까르보나라, 알리오올리오	24,000
B세트	마르게리따피자, 아라비아따	31,000
C세트	까르보나라, 고르곤졸라피자	31,000
D세트	마르게리따피자, 알리오올리오	28,000
E세트	고르곤졸라피자, 아라비아따	32,000

※ 런치세트메뉴의 가격은 파스타는 500원, 피자는 1,000원을 할인한 뒤 합하여 책정한다.
※ 파스타 : 까르보나라, 알리오올리오, 아라비아따
※ 피자 : 마르게리따피자, 고르곤졸라피자

① 13,000원 ② 13,500원
③ 14,000원 ④ 14,500원

40 **다음 중 조직구조의 결정요인으로 적절하지 않은 것은?**

① 조직의 규모
② 환경의 변화
③ 조직구성원들의 개인적 성향
④ 조직의 목적을 달성하기 위하여 수립한 계획

※ 다음은 K마트의 배송이용약관이다. 이어지는 질문에 답하시오. **[41~42]**

〈배송이용약관〉

▲ **배송기간**

① 당일배송상품은 오전 주문 시 상품 당일 오후 배송(당일 배송 주문마감 시간은 지점마다 상이함)
② 일반배송상품은 전국 택배점 상품은 상품 결제 완료 후 평균 2 ~ 4일 이내 배송완료
③ 일반배송상품은 택배사를 이용해 배송되므로, 주말, 공휴일, 연휴에는 배송되지 않음
④ 당일배송의 경우 각 지점에 따라 배송정책이 상이하므로 이용매장에 직접 확인해야 함
⑤ 꽃 배송은 전국 어디서나 3시간 내에 배달 가능(단, 도서 산간지역 등 일부 지역 제외, 근무시간 내 주문접수되어야 함)

▲ **배송비**

① K클럽(K마트 점포배송)을 제외한 상품은 무료배송이 원칙(단, 일부 상품의 경우 상품가격에 배송비가 포함될 수 있으며, 도서지역의 경우 도선료, 항공료 등이 추가될 수 있음)
② K클럽 상품은 지점별로 배송비 적용 정책이 상이함(해당점 이용안내 확인 필요)
③ 도서상품은 배송비 무료
④ CD / DVD 상품은 39,000원 미만 주문 시 배송비 3,000원 부과
⑤ 화장품 상품은 30,000원 미만 주문 시 배송비 3,000원 부과
⑥ 기타 별도의 배송비 또는 설치비가 부과되는 경우에는 해당 상품의 구매페이지에 게재함

▲ **배송확인**

① [나의 e쇼핑 > 나의 쇼핑정보 > 주문 / 배송현황]에서 배송현황의 배송조회 버튼을 클릭하여 확인할 수 있음
② 주문은 [주문완료] > [결제완료] > [상품준비 중] > [배송 중] > [배송완료] 순으로 진행
- [주문완료] : 상품대금의 입금 미확인 또는 결제가 미완료된 접수 상태
- [결제완료] : 대금결제가 완료되어 주문을 확정한 상태
- [상품준비 중] : 공급처가 주문내역을 확인 후 상품을 준비하여 택배사에 발송을 의뢰한 상태
- [배송 중] : 공급처에 배송지시를 내린상태(공급처가 상품을 발송한 상태)
- [배송완료] : 배송이 완료되어 고객님이 상품을 인수한 상태

※ 배송주소가 2곳 이상인 경우 주문할 상품의 상세페이지에서 [대량주문하기] 버튼을 클릭하면 여러 배송지로 상품 보내기 가능(배송주소를 여러 곳 설정할 때는 직접 입력 또는 엑셀파일로 작성 후 파일업로드 2가지 방식 이용)

41 A대학의 기숙사 룸메이트인 갑과 을은 K마트에서 각각 물건을 구매했다. 두 명 모두 일반배송상품을 이용하였으며, 갑은 화장품 세트를 을은 책 3권을 구매하였다. 이 경우 각각 물건을 구매하는 데 배송비를 포함하여 얼마가 들었는가?(단, 갑이 구매한 화장품 세트는 29,900원이며 을이 구매한 책은 각각 10,000원이다)

	갑	을
①	29,900원	30,000원
②	29,900원	33,000원
③	30,900원	33,000원
④	32,900원	30,000원

PART 2

42 서울에 사는 병은 K마트에서 해운대에 사시는 부모님께 보내드릴 사과 한 박스를 주문했다. 사과는 K마트 일반배송상품으로 가격은 32,000원인데 현재 25% 할인을 하고 있다. 배송비를 포함하여 상품을 구매하는 데 총 얼마가 들었으며, 상품은 부모님 댁에 늦어도 언제까지 배송될 예정인가?

일	월	화	수	목	금	토
1	2	3	4	5	6 상품 결제완료	7
8	9	10	11	12	13	14

	총가격	배송 완료일
①	24,000원	9일 월요일
②	24,000원	12일 목요일
③	27,000원	10일 화요일
④	32,000원	12일 목요일

43 **다음의 내용에 해당되는 조직체계 구성요소는?**

> 조직의 목표나 전략에 따라 수립되며, 조직구성원들의 활동범위를 제약하고 일관성을 부여하는 기능을 한다.

① 조직목표 ② 경영자

③ 조직문화 ④ 규칙 및 규정

44 **직장 내 효과적인 업무 수행을 위해서는 조직의 체제와 경영에 대해 이해하는 조직이해능력이 필요하다. 다음 중 조직이해능력에 대한 설명으로 적절하지 않은 것은?**

① 조직 구성원 간 긍정적 인간관계를 유지하는 것뿐만 아니라 조직의 체제와 경영 원리를 이해하는 것도 중요하다.

② 조직의 규모가 커질수록 구성원 간 정보 공유가 어려워지므로 조직이해에 더 많은 시간과 관심을 기울여야 한다.

③ 조직을 구성하고 있는 개개인에 대해 정확히 파악하고 있다면 조직의 실체를 완전히 이해할 수 있다.

④ 사회가 급변하면서 많은 조직들이 생성·변화함에 따라 조직이해능력의 중요성도 커지고 있다.

45 다음은 에너지 정책에 관한 글이다. 글의 주제로 가장 적절한 것은?

> 정부는 탈원전·탈석탄 공약에 발맞춰 2030년까지 전체 국가 발전량의 20%를 신재생에너지로 채운다는 정책 목표를 수립하였다. 목표를 달성하기 위해 신재생에너지에 대한 송·변전 계획을 제8차 전력수급기본계획에 처음으로 수립하겠다는 게 정부의 방침이다.
> 정부는 기존의 수급계획이 수급안정과 경제성을 중점적으로 수립된 것에 반해, 8차 계획은 환경성과 안전성을 중점으로 하였다고 밝히고 있으며, 신규 발전설비는 원전, 석탄화력발전에서 친환경, 분산형 재생에너지와 LNG 발전을 우선시하는 방향으로 수요관리를 통합 합리적 목표수용 결정에 주안점을 두었다고 밝혔다.
> 그동안 많은 NGO 단체에서 에너지 분산에 관한 다양한 제안을 해왔지만 정부 차원에서 고려하거나 논의가 활발히 진행된 적은 거의 없었으며 명목상으로 포함하는 수준이었다. 그러나 이번 정부에서는 탈원전·탈석탄 공약을 제시하는 등 중앙집중형 에너지 생산시스템에서 분산형 에너지 생산시스템으로 정책의 방향을 전환하고자 한다. 이 기조에 발맞춰 분산형 에너지 생산시스템은 2018년도 지방선거에서도 해당 지역에 대한 다양한 선거공약으로 제시될 가능성이 높다.
> 중앙집중형 에너지 생산시스템은 환경오염, 송전선 문제, 지역 에너지 불균형 문제 등 다양한 사회적인 문제를 야기하였다. 하지만 그동안은 값싼 전기인 기저전력을 편리하게 사용할 수 있는 환경을 조성하고자하는 기존 에너지계획과 전력수급계획에 밀려 중앙집중형 발전원 확대가 꾸준히 진행되었다. 그러나 현재 대통령은 중앙집중형 에너지 정책에서 분산형 에너지정책으로 전환되어야 한다는 것을 대선 공약사항으로 밝혀 왔으며, 현재 분산형 에너지정책으로 전환을 모색하기 위한 다각도의 노력을 하고 있다. 이러한 정부의 정책변화와 아울러 석탄화력발전소가 국내 미세먼지에 주는 영향과 일본 후쿠시마 원자력 발전소 문제, 국내 경주 대지진 및 최근 포항 지진 문제 등으로 인한 원자력에 대한 의구심 또한 커지고 있다.
> 제8차 전력수급계획(안)에 의하면, 우리나라의 에너지 정책은 격변기를 맞고 있다. 우리나라는 현재 중앙집중형 에너지 생산시스템이 대부분이며, 분산형 전원 시스템은 그 설비용량이 극히 적은 상태이다. 또한 우리나라의 발전설비는 2016년 말 105GW이며, 2014년도 최대 전력치를 보면 80GW 수준이므로, 25GW 정도의 여유가 있는 상태이다. 25GW라는 여유는 원자력발전소 약 25기 정도의 전력생산 설비가 여유가 있는 상황이라고 볼 수 있다. 또한, 제7차 전력수급기본계획의 2015 ~ 2016년 전기수요 증가율을 4.3 ~ 4.7%라고 예상하였으나 실제 증가율은 1.3 ~ 2.8% 수준에 그쳤다는 점은 우리나라의 전력 소비량 증가량이 둔화하고 있는 상태라는 것을 나타내고 있다.

① 중앙집중형 에너지 생산시스템의 발전 과정
② 에너지 분권의 필요성과 방향
③ 전력 소비량과 에너지 공급량의 문제점
④ 중앙집중형 에너지 정책의 한계점

46 A초등학교 1, 2학년 학생들에게 다섯 가지 색깔 중 선호하는 색깔을 선택하게 하였다. 1학년 전체 학생 중 빨강을 좋아하는 학생 수의 비율과 2학년 전체 학생 중 노랑을 좋아하는 학생 수의 비율을 바르게 나열한 것은?(단, 각 학년의 인원수는 250명이다)

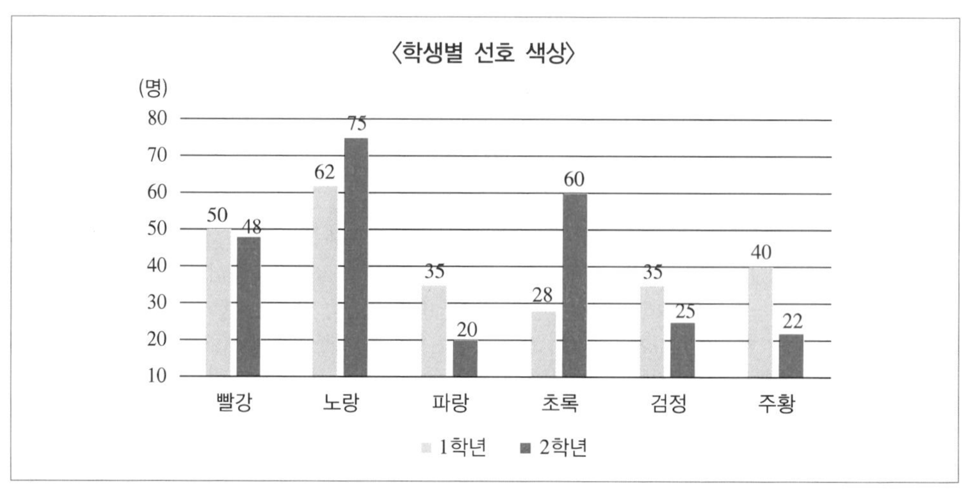

① 20%, 30%
② 25%, 25%
③ 30%, 30%
④ 30%, 35%

47 다음 〈보기〉 중 BCG 매트릭스와 GE & 맥킨지 매트릭스에 대한 설명으로 옳은 것을 모두 고르면?

보기

ㄱ. BCG 매트릭스는 미국의 컨설팅업체인 맥킨지에서 개발한 사업포트폴리오 분석 기법이다.
ㄴ. BCG 매트릭스는 시장성장율과 상대적 시장점유율을 고려하여 사업의 형태를 4개 영역으로 나타낸다.
ㄷ. GE & 맥킨지 매트릭스는 산업매력도와 사업경쟁력을 고려하여 사업의 형태를 6개 영역으로 나타낸다.
ㄹ. GE & 맥킨지 매트릭스에서의 산업매력도는 시장규모, 경쟁구조, 시장 잠재력 등의 요인에 의해 결정된다.
ㅁ. GE & 맥킨지 매트릭스는 BCG 매트릭스의 단점을 보완해준다.

① ㄱ, ㄴ
② ㄱ, ㄴ, ㄷ
③ ㄴ, ㄷ, ㅁ
④ ㄴ, ㄹ, ㅁ

48 다음 표는 K공사 인사팀의 하계 휴가 스케줄이다. A사원은 휴가를 신청하기 위해 하계 휴가 스케줄을 확인하였다. 인사팀 팀장인 P부장은 25 ~ 28일은 하계 워크숍 기간이므로 휴가 신청이 불가능하며, 하루에 6명 이상은 사무실에 반드시 있어야 한다고 팀원들에게 공지했다. A사원이 휴가를 쓸 수 있는 기간으로 적절한 것은?

구분	8월 휴가																			
	3	4	5	6	7	10	11	12	13	14	17	18	19	20	21	24	25	26	27	28
	월	화	수	목	금	월	화	수	목	금	월	화	수	목	금	월	화	수	목	금
P부장	■	■	■																	
K차장								■	■	■										
J과장	■	■	■	■	■															
H대리										■	■	■	■							
A주임														■	■	■				
B주임											■	■	■	■						
A사원																				
B사원						■	■	■												

※ A사원은 4일 이상 휴가를 사용해야 한다(토, 일 제외).

① 8월 7 ~ 11일
② 8월 6 ~ 11일
③ 8월 11 ~ 16일
④ 8월 13 ~ 18일

49 다음 팔로워십의 유형을 보고 〈보기〉의 A와 B를 적절하게 연결한 것은?

〈팔로워십의 유형〉

• 수동형
  - 의존적이고 비판적이지 않지만 임무 역시 열심히 참여하지 않는다.
  - 책임감이 결여되어 지시하지 않으면 임무를 수행하지 않는다.
• 소외형
  - 개성이 강한 사람으로 조직에 대해 독립적이고 비판적인 의견을 내며, 임무 수행에서는 소극적이다.
  - 리더의 노력을 비판하면서 스스로는 노력하지 않거나 불만스러운 침묵으로 일관한다.
• 모범형
  - 스스로 생각하고 행동하며, 집단과 리더를 도와준다.
  - 독립심이 강하고 헌신적이며 건설적인 비판을 한다.
• 실무형
  - 비판적이지 않으며 리더의 지시에 의문이 생겨도 적극적으로 대립하지 않는다.
  - 지시한 일은 잘 수행하지만 그 이상을 하지 않는 등 개인의 이익을 따진다.
• 순응형
  - 독립적 비판적인 사고는 부족하지만 자신의 임수를 수행한다.
  - 리더의 지시나 판단에 지나치게 의존하는 경향이 있다.

보기

• 팀장은 평소 일에 대한 책임감이 적은 A에게 무엇을 시켜야 할지, 어떻게 말해야 될지 매일 생각하고 있다. A는 스스로 무엇을 할지 생각하지 않고 해야 할 것을 알려달라고 하며, 맡은 일을 제대로 하지 못해 감독이 필요하다.
• B는 사람들 사이에서 잔머리를 굴릴 줄 아는 사람으로 평가되고 있다. B는 평소 업무를 수행하면서 가지고 있는 불만을 표현하지 않고 모두 수행하지만, 더 능력이 있음에도 더 노력하지 않는다.

	A	B
①	수동형	실무형
②	소외형	순응형
③	모범형	수동형
④	실무형	소외형

50 K기업은 추석을 맞이하여 6차 산업 우수제품 특판 행사에서 직원 선물을 구매하려고 한다. 총무부인 B사원은 상품 명단을 공지하여 부서별로 상품을 하나씩 선택하게 하였다. 상품 선택 결과가 아래와 같을 때 (A) ~ (C)에 들어갈 가격을 포함한 총 주문금액은?

〈6차 산업 우수제품 추석맞이 특판〉

K기업에서는 우수 6차 산업 제품 판매 촉진을 위해 (사)전국 6차 산업 인증사업자 협회와 공동으로 2023년 계묘년 추석맞이 '6차 산업 우수제품 특판 행사'를 진행합니다.
대한민국 정부가 인증한 6차 산업 경영체가 지역의 농산물을 이용해 생산하여 신선하고 믿을 수 있는 제품입니다.
이번 행사에는 선물용 세트 12종(흑삼, 한과 등)을 시중 판매 가격 대비 최대 40% 이상 할인된 가격으로 판매하니 많은 주문 바랍니다.

- 주문기간 : 2023년 8월 28일(월) ~ 2023년 9월 11일(월)
- 주문방법 : 첨부파일 상품 주문서 작성 후 E-메일 또는 팩스 발송

구분	상품명	구성	단가	
			정상가(원)	할인율
1	흑삼 에브리진생	흑삼농축액 스틱형(10ml×10포×3입)	75,000	34%
2	하루절편	흑삼절편 200g(20g×10입)	45,000	12%
3	천지수인고	배・도라지・생강 농축액(240g×3입)	120,000	40%
4	도자기꿀	500g	80,000	40%
5	한과 선물세트	찹쌀유과 700g(콩, 백년초, 쑥)	28,000	26%
6	슬로푸드 선물세트	매실액기스 500ml+감식초 500ml	28,000	29%

※ 할인율 적용 시 10원 단위 이하는 절사한다.

〈부서별 상품주문 현황〉

구분	상품명	개수	가격
총무	하루절편	10개	396,000원
마케팅	슬로푸드 선물세트	13개	(A)
영업	도자기꿀	8개	384,000원
인사	흑삼 에브리진생	16개	(B)
기술	한과 선물세트	9개	(C)

① 1,230,000원 ② 1,235,700원
③ 1,236,920원 ④ 2,015,700원

PART 2

배우기만 하고 생각하지 않으면 얻는 것이 없고,
생각만 하고 배우지 않으면 위태롭다.

– 공자 –

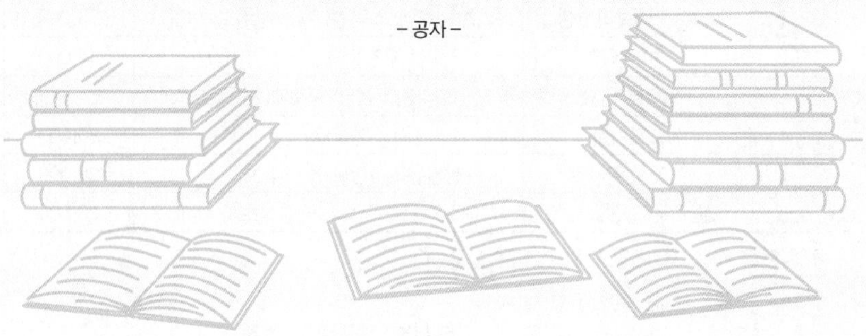

PART 3
채용 가이드

CHAPTER

01 블라인드 채용 소개

1. 블라인드 채용이란?

채용 과정에서 편견이 개입되어 불합리한 차별을 야기할 수 있는 출신지, 가족관계, 학력, 외모 등의 편견 요인은 제외하고, 직무능력만을 평가하여 인재를 채용하는 방식입니다.

2. 블라인드 채용의 필요성

- 채용의 공정성에 대한 사회적 요구
  - 누구에게나 직무능력만으로 경쟁할 수 있는 균등한 고용기회를 제공해야 하나, 아직도 채용의 공정성에 대한 불신이 존재
  - 채용상 차별금지에 대한 법적 요건이 권고적 성격에서 처벌을 동반한 의무적 성격으로 강화되는 추세
  - 시민의식과 지원자의 권리의식 성숙으로 차별에 대한 법적 대응 가능성 증가
- 우수인재 채용을 통한 기업의 경쟁력 강화 필요
  - 직무능력과 무관한 학벌, 외모 위주의 선발로 우수인재 선발기회 상실 및 기업경쟁력 약화
  - 채용 과정에서 차별 없이 직무능력중심으로 선발한 우수인재 확보 필요
- 공정한 채용을 통한 사회적 비용 감소 필요
  - 편견에 의한 차별적 채용은 우수인재 선발을 저해하고 외모 · 학벌 지상주의 등의 심화로 불필요한 사회적 비용 증가
  - 채용에서의 공정성을 높여 사회의 신뢰수준 제고

3. 블라인드 채용의 특징

편견요인을 요구하지 않는 대신 직무능력을 평가합니다.

※ 직무능력중심 채용이란?
기업의 역량기반 채용, NCS기반 능력중심 채용과 같이 직무수행에 필요한 능력과 역량을 평가하여 선발하는 채용방식을 통칭합니다.

4. 블라인드 채용의 평가요소

직무수행에 필요한 지식, 기술, 태도 등을 과학적인 선발기법을 통해 평가합니다.

※ 과학적 선발기법이란?
직무분석을 통해 도출된 평가요소를 서류, 필기, 면접 등을 통해 체계적으로 평가하는 방법으로 입사지원서, 자기소개서, 직무수행능력평가, 구조화 면접 등이 해당됩니다.

5. 블라인드 채용 주요 도입 내용

- 입사지원서에 인적사항 요구 금지
  - 인적사항에는 출신지역, 가족관계, 결혼여부, 재산, 취미 및 특기, 종교, 생년월일(연령), 성별, 신장 및 체중, 사진, 전공, 학교명, 학점, 외국어 점수, 추천인 등이 해당
  - 채용 직무를 수행하는 데 있어 반드시 필요하다고 인정될 경우는 제외
    예 특수경비직 채용 시 : 시력, 건강한 신체 요구
    연구직 채용 시 : 논문, 학위 요구 등
- 블라인드 면접 실시
  - 면접관에게 응시자의 출신지역, 가족관계, 학교명 등 인적사항 정보 제공 금지
  - 면접관은 응시자의 인적사항에 대한 질문 금지

6. 블라인드 채용 도입의 효과성

- 구성원의 다양성과 창의성이 높아져 기업 경쟁력 강화
  - 편견을 없애고 직무능력 중심으로 선발하므로 다양한 직원 구성 가능
  - 다양한 생각과 의견을 통하여 기업의 창의성이 높아져 기업경쟁력 강화
- 직무에 적합한 인재선발을 통한 이직률 감소 및 만족도 제고
  - 사전에 지원자들에게 구체적이고 상세한 직무요건을 제시함으로써 허수 지원이 낮아지고, 직무에 적합한 지원자 모집 가능
  - 직무에 적합한 인재가 선발되어 직무이해도가 높아져 업무효율 증대 및 만족도 제고
- 채용의 공정성과 기업이미지 제고
  - 블라인드 채용은 사회적 편견을 줄인 선발 방법으로 기업에 대한 사회적 인식 제고
  - 채용과정에서 불합리한 차별을 받지 않고 실력에 의해 공정하게 평가를 받을 것이라는 믿음을 제공하고, 지원자들은 평등한 기회와 공정한 선발과정 경험

CHAPTER

02 서류전형 가이드

01 채용공고문

1. 채용공고문의 변화

기존 채용공고문	변화된 채용공고문
• 취업준비생에게 불충분하고 불친절한 측면 존재 • 모집분야에 대한 명확한 직무관련 정보 및 평가기준 부재 • 해당분야에 지원하기 위한 취업준비생의 무분별한 스펙 쌓기 현상 발생	• NCS 직무분석에 기반한 채용공고를 토대로 채용전형 진행 • 지원자가 입사 후 수행하게 될 업무에 대한 자세한 정보 공지 • 직무수행내용, 직무수행 시 필요한 능력, 관련된 자격, 직업기초능력 제시 • 지원자가 해당 직무에 필요한 스펙만을 준비할 수 있도록 안내
• 모집부문 및 응시자격 • 지원서 접수 • 전형절차 • 채용조건 및 처우 • 기타사항	• 채용절차 • 채용유형별 선발분야 및 예정인원 • 전형방법 • 선발분야별 직무기술서 • 우대사항

2. 지원 유의사항 및 지원요건 확인

채용 직무에 따른 세부사항을 공고문에 명시하여 지원자에게 적격한 지원 기회를 부여함과 동시에 채용과정에서의 공정성과 신뢰성을 확보합니다.

구성	내용	확인사항
모집분야 및 규모	고용형태(인턴 계약직 등), 모집분야, 인원, 근무지역 등	채용직무가 여러 개일 경우 본인이 해당되는 직무의 채용규모 확인
응시자격	기본 자격사항, 지원조건	지원을 위한 최소자격요건을 확인하여 불필요한 지원을 예방
우대조건	법정 · 특별 · 자격증 가점	본인의 가점 여부를 검토하여 가점 획득을 위한 사항을 사실대로 기재
근무조건 및 보수	고용형태 및 고용기간, 보수, 근무지	본인이 생각하는 기대수준에 부합하는지 확인하여 불필요한 지원을 예방
시험방법	서류 · 필기 · 면접전형 등의 활용방안	전형방법 및 세부 평가기법 등을 확인하여 지원전략 준비
전형일정	접수기간, 각 전형 단계별 심사 및 합격자 발표일 등	본인의 지원 스케줄을 검토하여 차질이 없도록 준비
제출서류	입사지원서(경력 · 경험기술서 등), 각종 증명서 및 자격증 사본 등	지원요건 부합 여부 및 자격 증빙서류 사전에 준비
유의사항	임용취소 등의 규정	임용취소 관련 법적 또는 기관 내부 규정을 검토하여 해당여부 확인

02 직무기술서

직무기술서란 직무수행의 내용과 필요한 능력, 관련 자격, 직업기초능력 등을 상세히 기재한 것으로 입사 후 수행하게 될 업무에 대한 정보가 수록되어 있는 자료입니다.

1. 채용분야

설명

NCS 직무분류 체계에 따라 직무에 대한 「대분류 – 중분류 – 소분류 – 세분류」 체계를 확인할 수 있습니다. 채용 직무에 대한 모든 직무기술서를 첨부하게 되며 실제 수행 업무를 기준으로 세부적인 분류정보를 제공합니다.

채용분야	분류체계			
사무행정	대분류	중분류	소분류	세분류
분류코드	02. 경영 · 회계 · 사무	03. 재무 · 회계	01. 재무	01. 예산
				02. 자금
			02. 회계	01. 회계감사
				02. 세무

2. 능력단위

설명

직무분류 체계의 세분류 하위능력단위 중 실질적으로 수행할 업무의 능력만 구체적으로 파악할 수 있습니다.

능력단위	구분	능력단위	
능력단위	(예산)	03. 연간종합예산수립 05. 확정예산 운영	04. 추정재무제표 작성 06. 예산실적 관리
	(자금)	04. 자금운용	
	(회계감사)	02. 자금관리 05. 회계정보시스템 운용 07. 회계감사	04. 결산관리 06. 재무분석
	(세무)	02. 결산관리 07. 법인세 신고	05. 부가가치세 신고

3. 직무수행내용

설명

세분류 영역의 기본정의를 통해 직무수행내용을 확인할 수 있습니다. 입사 후 수행할 직무내용을 구체적으로 확인할 수 있으며, 이를 통해 입사서류 작성부터 면접까지 직무에 대한 명확한 이해를 바탕으로 자신의 희망직무인지 아닌지, 해당 직무가 자신이 알고 있던 직무가 맞는지 확인할 수 있습니다.

직무수행내용	
직무수행내용	(예산) 일정기간 예상되는 수익과 비용을 편성, 집행하며 통제하는 일
	(자금) 자금의 계획 수립, 조달, 운용을 하고 발생 가능한 위험 관리 및 성과평가
	(회계감사) 기업 및 조직 내 · 외부에 있는 의사결정자들이 효율적인 의사결정을 할 수 있도록 유용한 정보를 제공, 제공된 회계정보의 적정성을 파악하는 일
	(세무) 세무는 기업의 활동을 위하여 주어진 세법범위 내에서 조세부담을 최소화시키는 조세전략을 포함하고 정확한 과세소득과 과세표준 및 세액을 산출하여 과세당국에 신고 · 납부하는 일

4. 직무기술서 예시

태도	(예산) 정확성, 분석적 태도, 논리적 태도, 타 부서와의 협조적 태도, 설득력
	(자금) 분석적 사고력
	(회계 감사) 합리적 태도, 전략적 사고, 정확성, 적극적 협업 태도, 법률준수 태도, 분석적 태도, 신속성, 책임감, 정확한 판단력
	(세무) 규정 준수 의지, 수리적 정확성, 주의 깊은 태도
우대 자격증	공인회계사, 세무사, 컴퓨터활용능력, 변호사, 워드프로세서, 전산회계운용사, 사회조사분석사, 재경관리사, 회계관리 등
직업기초능력	의사소통능력, 문제해결능력, 자원관리능력, 대인관계능력, 정보능력, 조직이해능력

5. 직무기술서 내용별 확인사항

항목	확인사항
모집부문	해당 채용에서 선발하는 부문(분야)명 확인 예 사무행정, 전산, 전기
분류체계	지원하려는 분야의 세부직무군 확인
주요기능 및 역할	지원하려는 기업의 전사적인 기능과 역할, 산업군 확인
능력단위	지원분야의 직무수행에 관련되는 세부업무사항 확인
직무수행내용	지원분야의 직무군에 대한 상세사항 확인
전형방법	지원하려는 기업의 신입사원 선발전형 절차 확인
일반요건	교육사항을 제외한 지원 요건 확인(자격요건, 특수한 경우 연령)
교육요건	교육사항에 대한 지원요건 확인(대졸 / 초대졸 / 고졸 / 전공 요건)
필요지식	지원분야의 업무수행을 위해 요구되는 지식 관련 세부항목 확인
필요기술	지원분야의 업무수행을 위해 요구되는 기술 관련 세부항목 확인
직무수행태도	지원분야의 업무수행을 위해 요구되는 태도 관련 세부항목 확인
직업기초능력	지원분야 또는 지원기업의 조직원으로서 근무하기 위해 필요한 일반적인 능력사항 확인

03 입사지원서

1. 입사지원서의 변화

기존지원서		능력중심 채용 입사지원서	
직무와 관련 없는 학점, 개인신상, 어학점수, 자격, 수상경력 등을 나열하도록 구성	VS	해당 직무수행에 꼭 필요한 정보들을 제시할 수 있도록 구성	
직무기술서		인적사항	성명, 연락처, 지원분야 등 작성 (평가 미반영)
직무수행내용		교육사항	직무지식과 관련된 학교교육 및 직업교육 작성
요구지식 / 기술	→	자격사항	직무관련 국가공인 또는 민간자격 작성
관련 자격증 사전직무경험		경력 및 경험사항	조직에 소속되어 일정한 임금을 받거나(경력) 임금 없이(경험) 직무와 관련된 활동 내용 작성

2. 교육사항

- 지원분야 직무와 관련된 학교 교육이나 직업교육 혹은 기타교육 등 직무에 대한 지원자의 학습 여부를 평가하기 위한 항목입니다.
- 지원하고자 하는 직무의 학교 전공교육 이외에 직업교육, 기타교육 등을 기입할 수 있기 때문에 전공 제한 없이 직업교육과 기타교육을 이수하여 지원이 가능하도록 기회를 제공합니다.
  (기타교육 : 학교 이외의 기관에서 개인이 이수한 교육과정 중 지원직무와 관련이 있다고 생각되는 교육내용)

구분	교육과정(과목)명	교육내용	과업(능력단위)

PART 3

3. 자격사항

- 채용공고 및 직무기술서에 제시되어 있는 자격 현황을 토대로 지원자가 해당 직무를 수행하는 데 필요한 능력을 가지고 있는지를 평가하기 위한 항목입니다.
- 채용공고 및 직무기술서에 기재된 직무관련 필수 또는 우대자격 항목을 확인하여 본인이 보유하고 있는 자격사항을 기재합니다.

자격유형	자격증명	발급기관	취득일자	자격증번호

4. 경력 및 경험사항

- 직무와 관련된 경력이나 경험 여부를 표현하도록 하여 직무와 관련한 능력을 갖추었는지를 평가하기 위한 항목입니다.
- 해당 기업에서 직무를 수행함에 있어 필요한 사항만을 기록하게 되어 있기 때문에 직무와 무관한 스펙을 갖추지 않아도 됩니다.
- 경력 : 금전적 보수를 받고 일정기간 동안 일했던 경우
- 경험 : 금전적 보수를 받지 않고 수행한 활동

※ 기업에 따라 경력 / 경험 관련 증빙자료 요구 가능

구분	조직명	직위 / 역할	활동기간(년 / 월)	주요과업 / 활동내용

Tip

입사지원서 작성 방법

○ 경력 및 경험사항 작성

- 직무기술서에 제시된 지식, 기술, 태도와 지원자의 교육사항, 경력(경험)사항, 자격사항과 연계하여 개인의 직무역량에 대해 스스로 판단 가능

○ 인적사항 최소화

- 개인의 인적사항, 학교명, 가족관계 등을 노출하지 않도록 유의

부적절한 입사지원서 작성 사례

- 학교 이메일을 기입하여 학교명 노출
- 거주지 주소에 학교 기숙사 주소를 기입하여 학교명 노출
- 자기소개서에 부모님이 재직 중인 기업명, 직위, 직업을 기입하여 가족관계 노출
- 자기소개서에 석·박사 과정에 대한 이야기를 언급하여 학력 노출
- 동아리 활동에 대한 내용을 학교명과 더불어 언급하여 학교명 노출

04 자기소개서

1. 자기소개서의 변화

- 기존의 자기소개서는 지원자의 일대기나 관심 분야, 성격의 장·단점 등 개괄적인 사항을 묻는 질문으로 구성되어 지원자가 자신의 직무능력을 제대로 표출하지 못합니다.
- 능력중심 채용의 자기소개서는 직무기술서에 제시된 직업기초능력(또는 직무수행능력)에 대한 지원자의 과거 경험을 기술하게 함으로써 평가 타당도의 확보가 가능합니다.

1. 우리 회사와 해당 지원 직무분야에 지원한 동기에 대해 기술해 주세요.

2. 자신이 경험한 다양한 사회활동에 대해 기술해 주세요.

3. 지원 직무에 대한 전문성을 키우기 위해 받은 교육과 경험 및 경력사항에 대해 기술해 주세요.

4. 인사업무 또는 팀 과제 수행 중 발생한 갈등을 원만하게 해결해 본 경험이 있습니까? 당시 상황에 대한 설명과 갈등의 대상이 되었던 상대방을 설득한 과정 및 방법을 기술해 주세요.

5. 과거에 있었던 일 중 가장 어려웠었던(힘들었었던) 상황을 고르고, 어떤 방법으로 그 상황을 해결했는지를 기술해 주세요.

PART 3

Tip

자기소개서 작성 방법

① 자기소개서 문항이 묻고 있는 평가 역량 추측하기

> 예시
>
> • 팀 활동을 하면서 갈등 상황 시 상대방의 니즈나 의도를 명확히 파악하고 해결하여 목표 달성에 기여했던 경험에 대해서 작성해 주시기 바랍니다.
>
> • 다른 사람이 생각해내지 못했던 문제점을 찾고 이를 해결한 경험에 대해 작성해 주시기 바랍니다.

② 해당 역량을 보여줄 수 있는 소재 찾기(시간×역량 매트릭스)

예시

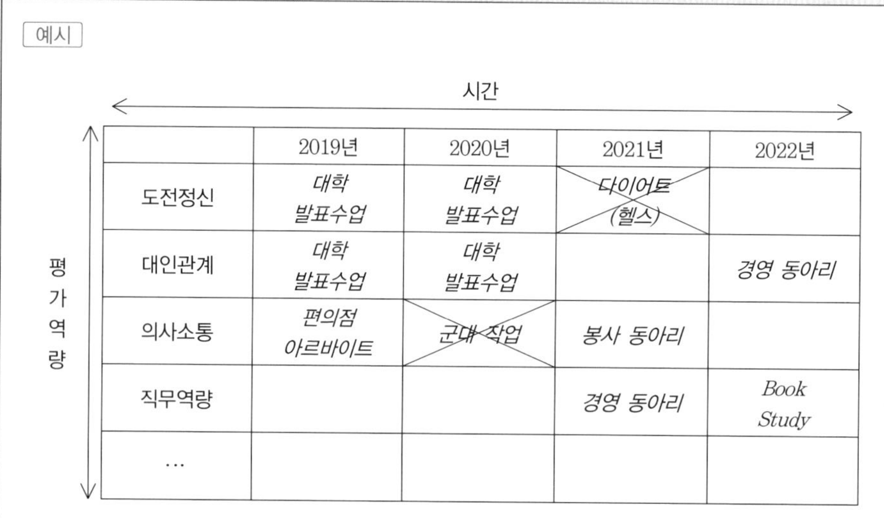

시간 →

평가역량 ↓

	2019년	2020년	2021년	2022년
도전정신	*대학 발표수업*	*대학 발표수업*	~~*다이어트 (헬스)*~~	
대인관계	*대학 발표수업*	*대학 발표수업*		*경영 동아리*
의사소통	*편의점 아르바이트*	~~*군대 작업*~~	*봉사 동아리*	
직무역량			*경영 동아리*	*Book Study*
…				

③ 자기소개서 작성 Skill 익히기

- 두괄식으로 작성하기
- 구체적 사례를 사용하기
- '나'를 중심으로 작성하기
- 직무역량 강조하기
- 경험 사례의 차별성 강조하기

CHAPTER

03 인성검사 소개 및 모의테스트

01 인성검사 유형

인성검사는 지원자의 성격특성을 객관적으로 파악하고 그것이 각 기업에서 필요로 하는 인재상과 가치에 부합하는가를 평가하기 위한 검사입니다. 인성검사는 KPDI(한국인재개발진흥원), K-SAD(한국사회적성개발원), KIRBS(한국행동과학연구소), SHR(에스에이치알) 등의 전문기관을 통해 각 기업의 특성에 맞는 검사를 선택하여 실시합니다. 대표적인 인성검사의 유형에는 크게 다음과 같은 세 가지가 있으며, 채용 대행업체에 따라 달라집니다.

PART 3

1. KPDI 검사

조직적응성과 직무적합성을 알아보기 위한 검사로 인성검사, 인성역량검사, 인적성검사, 직종별 인적성검사 등의 다양한 검사 도구를 구현합니다. KPDI는 성격을 파악하고 정신건강 상태 등을 측정하고, 직무검사는 해당 직무를 수행하기 위해 기본적으로 갖추어야 할 인지적 능력을 측정합니다. 역량검사는 특정 직무 역할을 효과적으로 수행하는 데 직접적으로 관련 있는 개인의 행동, 지식, 스킬, 가치관 등을 측정합니다.

2. KAD(Korea Aptitude Development) 검사

K-SAD(한국사회적성개발원)에서 실시하는 적성검사 프로그램입니다. 개인의 성향, 지적 능력, 기호, 관심, 흥미도를 종합적으로 분석하여 적성에 맞는 업무가 무엇인가 파악하고, 직무수행에 있어서 요구되는 기초능력과 실무능력을 분석합니다.

3. SHR 직무적성검사

직무수행에 필요한 종합적인 사고 능력을 다양한 적성검사(Paper and Pencil Test)로 평가합니다. SHR의 모든 직무능력검사는 표준화 검사입니다. 표준화 검사는 표본집단의 점수를 기초로 규준이 만들어진 검사이므로 개인의 점수를 규준에 맞추어 해석·비교하는 것이 가능합니다. S(Standardized Tests), H(Hundreds of Version), R(Reliable Norm Data)을 특징으로 하며, 직군·직급별 특성과 선발 수준에 맞추어 검사를 적용할 수 있습니다.

02 인성검사와 면접

인성검사는 특히 면접질문과 관련성이 높습니다. 면접관은 지원자의 인성검사 결과를 토대로 질문을 하기 때문입니다. 일관적이고 이상적인 답변을 하는 것이 가장 좋지만, 실제 시험은 매우 복잡하여 전문가라 해도 일정 성격을 유지하면서 답변을 하는 것이 힘듭니다. 또한, 인성검사에는 라이 스케일(Lie Scale) 설문이 전체 설문 속에 교묘하게 섞여 들어가 있으므로 겉치레적인 답을 하게 되면 회답태도의 허위성이 그대로 드러나게 됩니다. 예를 들어 '거짓말을 한 적이 한 번도 없다.'에 '예'로 답하고, '때로는 거짓말을 하기도 한다.'에 '예'라고 답하여 라이 스케일의 득점이 올라가게 되면 모든 회답의 신빙성이 사라지고 '자신을 돋보이게 하려는 사람'이라는 평가를 받을 수 있으므로 주의해야 합니다. 따라서 모의테스트를 통해 인성검사의 유형과 실제 시험 시 어떻게 문제를 풀어야 하는지 연습해 보고 체크한 부분 중 자신의 단점과 연결되는 부분은 면접에서 질문이 들어왔을 때 어떻게 대처해야 하는지 생각해 보는 것이 좋습니다.

03 유의사항

1. 기업의 인재상을 파악하라!

인성검사를 통해 개인의 성격 특성을 파악하고 그것이 기업의 인재상과 가치에 부합하는지를 평가하는 시험이기 때문에 해당 기업의 인재상을 먼저 파악하고 시험에 임하는 것이 좋습니다. 모의테스트에서 인재상에 맞는 가상의 인물을 설정하고 문제에 답해 보는 것도 많은 도움이 됩니다.

2. 일관성 있는 대답을 하라!

짧은 시간 안에 다양한 질문에 답을 해야 하는데, 그 안에는 중복되는 질문이 여러 번 나옵니다. 이때 앞서 자신이 체크했던 대답을 잘 기억해뒀다가 일관성 있는 답을 하는 것이 중요합니다.

3. 모든 문항에 대답하라!

많은 문제를 짧은 시간 안에 풀려다 보니 다 못 푸는 경우도 종종 생깁니다. 하지만 대답을 누락하거나 끝까지 다 못했을 경우 좋지 않은 결과를 가져올 수도 있으니 최대한 주어진 시간 안에 모든 문항에 답할 수 있도록 해야 합니다.

04 KPDI 모의테스트

※ 모의테스트는 질문 및 답변 유형 연습을 위한 것으로 실제 시험과 다를 수 있습니다.
※ 인성검사는 정답이 따로 없는 유형의 검사이므로 결과지를 제공하지 않습니다.

번호	내용	예	아니요
001	나는 솔직한 편이다.	☐	☐
002	나는 리드하는 것을 좋아한다.	☐	☐
003	법을 어겨서 말썽이 된 적이 한 번도 없다.	☐	☐
004	거짓말을 한 번도 한 적이 없다.	☐	☐
005	나는 눈치가 빠르다.	☐	☐
006	나는 일을 주도하기보다는 뒤에서 지원하는 것을 선호한다.	☐	☐
007	앞일은 알 수 없기 때문에 계획은 필요하지 않다.	☐	☐
008	거짓말도 때로는 방편이라고 생각한다.	☐	☐
009	사람이 많은 술자리를 좋아한다.	☐	☐
010	걱정이 지나치게 많다.	☐	☐
011	일을 시작하기 전 재고하는 경향이 있다.	☐	☐
012	불의를 참지 못한다.	☐	☐
013	처음 만나는 사람과도 이야기를 잘 한다.	☐	☐
014	때로는 변화가 두렵다.	☐	☐
015	나는 모든 사람에게 친절하다.	☐	☐
016	힘든 일이 있을 때 술은 위로가 되지 않는다.	☐	☐
017	결정을 빨리 내리지 못해 손해를 본 경험이 있다.	☐	☐
018	기회를 잡을 준비가 되어 있다.	☐	☐
019	때로는 내가 정말 쓸모없는 사람이라고 느낀다.	☐	☐
020	누군가 나를 챙겨주는 것이 좋다.	☐	☐
021	자주 가슴이 답답하다.	☐	☐
022	나는 내가 자랑스럽다.	☐	☐
023	경험이 중요하다고 생각한다.	☐	☐
024	전자기기를 분해하고 다시 조립하는 것을 좋아한다.	☐	☐

025	감시받고 있다는 느낌이 든다.	☐	☐
026	난처한 상황에 놓이면 그 순간을 피하고 싶다.	☐	☐
027	세상엔 믿을 사람이 없다.	☐	☐
028	잘못을 빨리 인정하는 편이다.	☐	☐
029	지도를 보고 길을 잘 찾아간다.	☐	☐
030	귓속말을 하는 사람을 보면 날 비난하고 있는 것 같다.	☐	☐
031	막무가내라는 말을 들을 때가 있다.	☐	☐
032	장래의 일을 생각하면 불안하다.	☐	☐
033	결과보다 과정이 중요하다고 생각한다.	☐	☐
034	운동은 그다지 할 필요가 없다고 생각한다.	☐	☐
035	새로운 일을 시작할 때 좀처럼 한 발을 떼지 못한다.	☐	☐
036	기분 상하는 일이 있더라도 참는 편이다.	☐	☐
037	업무능력은 성과로 평가받아야 한다고 생각한다.	☐	☐
038	머리가 맑지 못하고 무거운 느낌이 든다.	☐	☐
039	가끔 이상한 소리가 들린다.	☐	☐
040	타인이 내게 자주 고민상담을 하는 편이다.	☐	☐

05 SHR 모의테스트

※ 모의테스트는 질문 및 답변 유형 연습을 위한 것으로 실제 시험과 다를 수 있습니다.
※ 인성검사는 정답이 따로 없는 유형의 검사이므로 결과지를 제공하지 않습니다.

※ 이 성격검사의 각 문항에는 서로 다른 행동을 나타내는 네 개의 문장이 제시되어 있습니다. 이 문장들을 비교하여, 자신의 평소 행동과 가장 가까운 문장을 'ㄱ' 열에 표기하고, 가장 먼 문장을 'ㅁ' 열에 표기하십시오.

01 나는 ______________________

	ㄱ	ㅁ
A. 실용적인 해결책을 찾는다.	☐	☐
B. 다른 사람을 돕는 것을 좋아한다.	☐	☐
C. 세부 사항을 잘 챙긴다.	☐	☐
D. 상대의 주장에서 허점을 잘 찾는다.	☐	☐

02 나는 ______________________

	ㄱ	ㅁ
A. 매사에 적극적으로 임한다.	☐	☐
B. 즉흥적인 편이다.	☐	☐
C. 관찰력이 있다.	☐	☐
D. 임기응변에 강하다.	☐	☐

03 나는 ______________________

	ㄱ	ㅁ
A. 무서운 영화를 잘 본다.	☐	☐
B. 조용한 곳이 좋다.	☐	☐
C. 가끔 울고 싶다.	☐	☐
D. 집중력이 좋다.	☐	☐

04 나는 ______________________

	ㄱ	ㅁ
A. 기계를 조립하는 것을 좋아한다.	☐	☐
B. 집단에서 리드하는 역할을 맡는다.	☐	☐
C. 호기심이 많다.	☐	☐
D. 음악을 듣는 것을 좋아한다.	☐	☐

05 나는 ____________________

	ㄱ	ㅁ
A. 타인을 늘 배려한다.	☐	☐
B. 감수성이 예민하다.	☐	☐
C. 즐겨하는 운동이 있다.	☐	☐
D. 일을 시작하기 전에 계획을 세운다.	☐	☐

06 나는 ____________________

	ㄱ	ㅁ
A. 타인에게 설명하는 것을 좋아한다.	☐	☐
B. 여행을 좋아한다.	☐	☐
C. 정적인 것이 좋다.	☐	☐
D. 남을 돕는 것에 보람을 느낀다.	☐	☐

07 나는 ____________________

	ㄱ	ㅁ
A. 기계를 능숙하게 다룬다.	☐	☐
B. 밤에 잠이 잘 오지 않는다.	☐	☐
C. 한 번 간 길을 잘 기억한다.	☐	☐
D. 불의를 보면 참을 수 없다.	☐	☐

08 나는 ____________________

	ㄱ	ㅁ
A. 종일 말을 하지 않을 때가 있다.	☐	☐
B. 사람이 많은 곳을 좋아한다.	☐	☐
C. 술을 좋아한다.	☐	☐
D. 휴양지에서 편하게 쉬고 싶다.	☐	☐

09 나는 ______________________

	ㄱ	ㅁ
A. 뉴스보다는 드라마를 좋아한다.	☐	☐
B. 길을 잘 찾는다.	☐	☐
C. 주말엔 집에서 쉬는 것이 좋다.	☐	☐
D. 아침에 일어나는 것이 힘들다.	☐	☐

10 나는 ______________________

	ㄱ	ㅁ
A. 이성적이다.	☐	☐
B. 할 일을 종종 미룬다.	☐	☐
C. 어른을 대하는 게 힘들다.	☐	☐
D. 불을 보면 매혹을 느낀다.	☐	☐

11 나는 ______________________

	ㄱ	ㅁ
A. 상상력이 풍부하다.	☐	☐
B. 예의 바르다는 소리를 자주 듣는다.	☐	☐
C. 사람들 앞에 서면 긴장한다.	☐	☐
D. 친구를 자주 만난다.	☐	☐

12 나는 ______________________

	ㄱ	ㅁ
A. 나만의 스트레스 해소 방법이 있다.	☐	☐
B. 친구가 많다.	☐	☐
C. 책을 자주 읽는다.	☐	☐
D. 활동적이다.	☐	☐

CHAPTER

04 면접전형 가이드

01 면접유형 파악

1. 면접전형의 변화

기존 면접전형에서는 일상적이고 단편적인 대화나 지원자의 첫인상 및 면접관의 주관적인 판단 등에 의해서 입사 결정 여부를 판단하는 경우가 많았습니다. 이러한 면접전형은 면접 내용의 일관성이 결여되거나 직무 관련 타당성이 부족하였고, 면접에 대한 신뢰도에 영향을 주었습니다.

기존 면접(전통적 면접)		능력중심 채용 면접(구조화 면접)
• 일상적이고 단편적인 대화 • 인상, 외모 등 외부 요소의 영향 • 주관적인 판단에 의존한 총점 부여 ⇩ • 면접 내용의 일관성 결여 • 직무관련 타당성 부족 • 주관적인 채점으로 신뢰도 저하	VS	• 일관성 – 직무관련 역량에 초점을 둔 구체적 질문 목록 – 지원자별 동일 질문 적용 • 구조화 – 면접 진행 및 평가 절차를 일정한 체계에 의해 구성 • 표준화 – 평가 타당도 제고를 위한 평가 Matrix 구성 – 척도에 따라 항목별 채점, 개인 간 비교 • 신뢰성 – 면접진행 매뉴얼에 따라 면접위원 교육 및 실습

2. 능력중심 채용의 면접 유형

① 경험 면접
- 목적 : 선발하고자 하는 직무 능력이 필요한 과거 경험을 질문합니다.
- 평가요소 : 직업기초능력과 인성 및 태도적 요소를 평가합니다.

② 상황 면접
- 목적 : 특정 상황을 제시하고 지원자의 행동을 관찰함으로써 실제 상황의 행동을 예상합니다.
- 평가요소 : 직업기초능력과 인성 및 태도적 요소를 평가합니다.

③ 발표 면접
- 목적 : 특정 주제와 관련된 지원자의 발표와 질의응답을 통해 지원자 역량을 평가합니다.
- 평가요소 : 직무수행능력과 인지적 역량(문제해결능력)을 평가합니다.

④ 토론 면접
- 목적 : 토의과제에 대한 의견수렴 과정에서 지원자의 역량과 상호작용능력을 평가합니다.
- 평가요소 : 직무수행능력과 팀워크를 평가합니다.

02 면접유형별 준비 방법

1. 경험 면접

① 경험 면접의 특징

- 주로 직업기초능력에 관련된 지원자의 과거 경험을 심층 질문하여 검증하는 면접입니다.
- 직무능력과 관련된 과거 경험을 평가하기 위해 심층 질문을 하며, 이 질문은 지원자의 답변에 대하여 '꼬리에 꼬리를 무는 형식'으로 진행됩니다.

> - 능력요소, 정의, 심사 기준
>   - 평가하고자 하는 능력요소, 정의, 심사기준을 확인하여 면접위원이 해당 능력요소 관련 질문을 제시합니다.
> - Opening Question
>   - 능력요소에 관련된 과거 경험을 유도하기 위한 시작 질문을 합니다.
> - Follow-up Question
>   - 지원자의 경험 수준을 구체적으로 검증하기 위한 질문입니다.
>   - 경험 수준 검증을 위한 상황(Situation), 임무(Task), 역할 및 노력(Action), 결과(Result) 등으로 질문을 구분합니다.

경험 면접의 형태

[면접관 1] [면접관 2] [면접관 3] [면접관 1] [면접관 2] [면접관 3]

[지원자] [지원자 1] [지원자 2] [지원자 3]

〈일대다 면접〉 〈다대다 면접〉

② 경험 면접의 구조

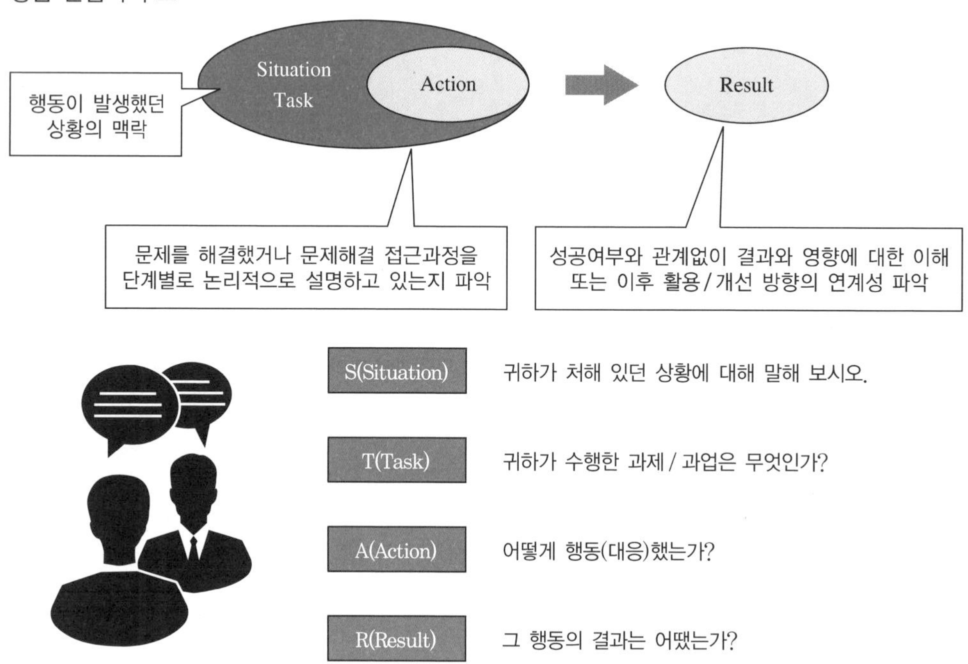

( )에 관한 과거 경험에 대하여 말해 보시오.

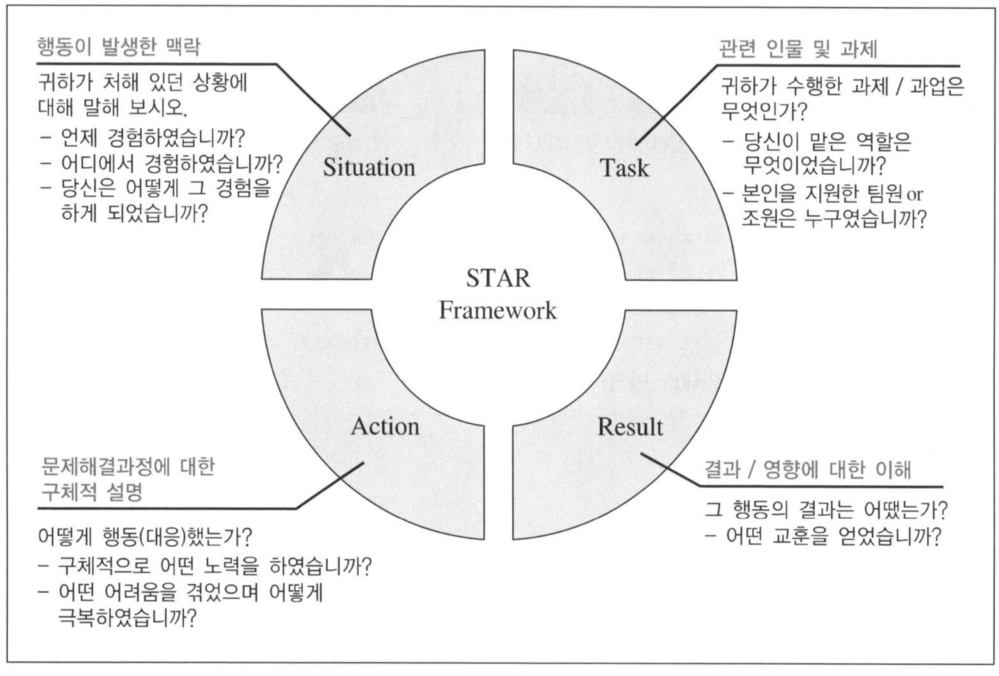

③ 경험 면접 질문 예시(직업윤리)

시작 질문	
1	남들이 신경 쓰지 않는 부분까지 고려하여 절차대로 업무(연구)를 수행하여 성과를 낸 경험을 구체적으로 말해 보시오.
2	조직의 원칙과 절차를 철저히 준수하며 업무(연구)를 수행한 것 중 성과를 향상시킨 경험에 대해 구체적으로 말해 보시오.
3	세부적인 절차와 규칙에 주의를 기울여 실수 없이 업무(연구)를 마무리한 경험을 구체적으로 말해 보시오.
4	조직의 규칙이나 원칙을 고려하여 성실하게 일했던 경험을 구체적으로 말해 보시오.
5	타인의 실수를 바로잡고 원칙과 절차대로 수행하여 성공적으로 업무를 마무리하였던 경험에 대해 말해 보시오.

후속 질문		
상황 (Situation)	상황	구체적으로 언제, 어디에서 경험한 일인가?
		어떤 상황이었는가?
	조직	어떤 조직에 속해 있었는가?
		그 조직의 특성은 무엇이었는가?
		몇 명으로 구성된 조직이었는가?
	기간	해당 조직에서 얼마나 일했는가?
		해당 업무는 몇 개월 동안 지속되었는가?
	조직규칙	조직의 원칙이나 규칙은 무엇이었는가?
임무 (Task)	과제	과제의 목표는 무엇이었는가?
		과제에 적용되는 조직의 원칙은 무엇이었는가?
		그 규칙을 지켜야 하는 이유는 무엇이었는가?
	역할	당신이 조직에서 맡은 역할은 무엇이었는가?
		과제에서 맡은 역할은 무엇이었는가?
	문제의식	규칙을 지키지 않을 경우 생기는 문제점 / 불편함은 무엇인가?
		해당 규칙이 왜 중요하다고 생각하였는가?
역할 및 노력 (Action)	행동	업무 과정의 어떤 장면에서 규칙을 철저히 준수하였는가?
		어떻게 규정을 적용시켜 업무를 수행하였는가?
		규정은 준수하는 데 어려움은 없었는가?
	노력	그 규칙을 지키기 위해 스스로 어떤 노력을 기울였는가?
		본인의 생각이나 태도에 어떤 변화가 있었는가?
		다른 사람들은 어떤 노력을 기울였는가?
	동료관계	동료들은 규칙을 철저히 준수하고 있었는가?
		팀원들은 해당 규칙에 대해 어떻게 반응하였는가?
		규칙에 대한 태도를 개선하기 위해 어떤 노력을 하였는가?
		팀원들의 태도는 당신에게 어떤 자극을 주었는가?
	업무추진	주어진 업무를 추진하는 데 규칙이 방해되진 않았는가?
		업무수행 과정에서 규정을 어떻게 적용하였는가?
		업무 시 규정을 준수해야 한다고 생각한 이유는 무엇인가?

결과 (Result)	평가	규칙을 어느 정도나 준수하였는가?
		그렇게 준수할 수 있었던 이유는 무엇이었는가?
		업무의 성과는 어느 정도였는가?
		성과에 만족하였는가?
		비슷한 상황이 온다면 어떻게 할 것인가?
	피드백	주변 사람들로부터 어떤 평가를 받았는가?
		그러한 평가에 만족하는가?
		다른 사람에게 본인의 행동이 영향을 주었다고 생각하는가?
	교훈	업무수행 과정에서 중요한 점은 무엇이라고 생각하는가?
		이 경험을 통해 느낀 바는 무엇인가?

2. 상황 면접

① 상황 면접의 특징

직무 관련 상황을 가정하여 제시하고 이에 대한 대응능력을 직무관련성 측면에서 평가하는 면접입니다.

- 상황 면접 과제의 구성은 크게 2가지로 구분
  - 상황 제시(Description) / 문제 제시(Question or Problem)
- 현장의 실제 업무 상황을 반영하여 과제를 제시하므로 직무분석이나 직무전문가 워크숍 등을 거쳐 현장성을 높임
- 문제는 상황에 대한 기본적인 이해능력(이론적 지식)과 함께 실질적 대응이나 변수 고려능력(실천적 능력) 등을 고르게 질문해야 함

상황 면접의 형태

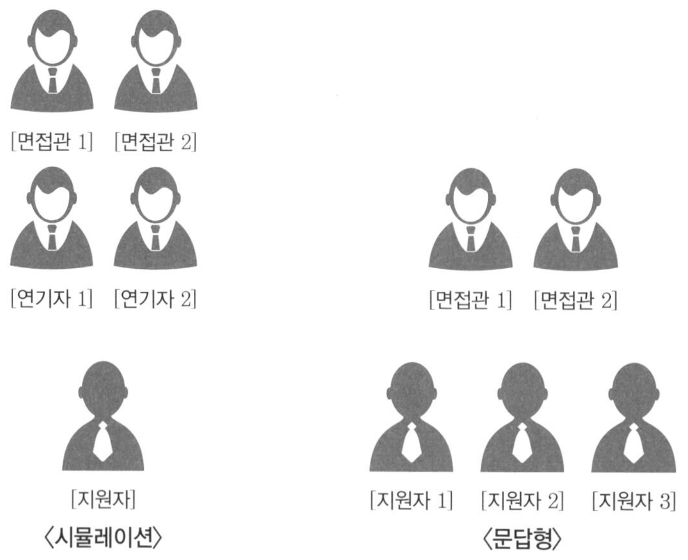

[면접관 1] [면접관 2]

[연기자 1] [연기자 2]

[지원자]

〈시뮬레이션〉

[면접관 1] [면접관 2]

[지원자 1] [지원자 2] [지원자 3]

〈문답형〉

② 상황 면접 예시

상황 제시	인천공항 여객터미널 내에는 다양한 용도의 시설(사무실, 통신실, 식당, 전산실, 창고 면세점 등)이 설치되어 있습니다.	실제 업무 상황에 기반함
	금년에 소방배관의 누수가 잦아 메인 배관을 교체하는 공사를 추진하고 있으며, 당신은 이번 공사의 담당자입니다.	배경 정보
	주간에는 공항 운영이 이루어져 주로 야간에만 배관 교체 공사를 수행하던 중, 시공하는 기능공의 실수로 배관 연결 부위를 잘못 건드려 고압배관의 소화수가 누출되는 사고가 발생하였으며, 이로 인해 인근 시설물에 누수에 의한 피해가 발생하였습니다.	구체적인 문제 상황
문제 제시	일반적인 소방배관의 배관연결(이음)방식과 배관의 이탈(누수)이 발생하는 원인에 대해 설명해 보시오.	문제 상황 해결을 위한 기본 지식 문항
	담당자로서 본 사고를 현장에서 긴급히 처리하는 프로세스를 제시하고, 보수완료 후 사후적 조치가 필요한 부분 및 재발방지 방안에 대해 설명해 보시오.	문제 상황 해결을 위한 추가 대응 문항

3. 발표 면접

① 발표 면접의 특징

- 직무관련 주제에 대한 지원자의 생각을 정리하여 의견을 제시하고, 발표 및 질의응답을 통해 지원자의 직무능력을 평가하는 면접입니다.
- 발표 주제는 직무와 관련된 자료로 제공되며, 일정 시간 후 지원자가 보유한 지식 및 방안에 대한 발표 및 후속 질문을 통해 직무적합성을 평가합니다.

> - 주요 평가요소 : 설득적 말하기 / 발표능력 / 문제해결능력 / 직무관련 전문성
> - 이미 언론을 통해 공론화된 시사 이슈보다는 해당 직무분야에 관련된 주제가 발표면접의 과제로 선정되는 경우가 최근 들어 늘어나고 있음
> - 짧은 시간 동안 주어진 과제를 빠른 속도로 분석하여 발표문을 작성하고 제한된 시간 안에 면접관에게 효과적인 발표를 진행하는 것이 핵심

발표 면접의 형태

〈개별 과제 발표〉

〈팀 과제 발표〉

※ 면접관에게 시각적 효과를 사용하여 메시지를 전달하는 쌍방향 커뮤니케이션 방식
※ 심층면접을 보완하기 위한 방안으로 최근 많은 기업에서 적극 도입하는 추세

② 발표 면접 예시

1. 지시문

당신은 현재 A사에서 직원들의 성과평가를 담당하고 있는 팀원이다. 인사팀은 지난주부터 사내 조직문화관련 인터뷰를 하던 도중 성과평가제도에 관련된 개선 니즈가 제일 많다는 것을 알게 되었다. 이에 팀장님은 인터뷰 결과를 종합하려 성과평가제도 개선 아이디어를 A4용지에 정리하여 신속 보고할 것을 지시하셨다. 당신에게 남은 시간은 1시간이다. 자료를 준비하는 대로 당신은 팀원들이 모인 회의실에서 5분 간 발표할 것이며, 이후 질의응답을 진행할 것이다.

2. 배경자료

〈성과평가제도 개선에 대한 인터뷰〉

최근 A사는 회사 사세의 급성장으로 인해 작년보다 매출이 두 배 성장하였고, 직원 수 또한 두 배로 증가하였다. 회사의 성장은 임금, 복지에 대한 상승 등 긍정적인 영향을 주었으나 업무의 불균형 및 성과보상의 불평등 문제가 발생하였다. 또한 수시로 입사하는 신입직원과 경력직원, 퇴사하는 직원들까지 인원들의 잦은 변동으로 인해 평가해야 할 대상이 변경되어 현재의 성과평가제도로는 공정한 평가가 어려운 상황이다.

[생산부서 김상호]
우리 팀은 지난 1년 동안 생산량이 급증했기 때문에 수십 명의 신규인력이 급하게 채용되었습니다. 이 때문에 저희 팀장님은 신규 입사자들의 이름조차 기억 못할 때가 많이 있습니다. 성과평가를 제대로 하고 있는지 의문이 듭니다.

[마케팅 부서 김흥민]
개인의 성과평가의 취지는 충분히 이해합니다. 그러나 현재 평가는 실적기반이나 정성적인 평가가 많이 포함되어 있어 객관성과 공정성에는 의문이 드는 것이 사실입니다. 이러한 상황에서 평가제도를 재수립하지 않고, 인센티브에 계속 반영한다면, 평가제도에 대한 반감이 커질 것이 분명합니다.

[교육부서 홍경민]
현재 교육부서는 인사팀과 밀접하게 일하고 있습니다. 그럼에도 인사팀에서 실시하는 성과평가제도에 대한 이해가 부족한 것 같습니다.

[기획부서 김경호 차장]
저는 저의 평가자 중 하나가 연구부서의 팀장님인데, 일 년에 몇 번 같이 일하지 않는데 어떻게 저를 평가할 수 있을까요? 특히 연구팀은 저희가 예산을 배정하는데, 저에게는 좋지만….

4. 토론 면접

① 토론 면접의 특징

- 다수의 지원자가 조를 편성해 과제에 대한 토론(토의)을 통해 결론을 도출해가는 면접입니다.
- 의사소통능력, 팀워크, 종합인성 등의 평가에 용이합니다.

> • 주요 평가요소
>   – 설득적 말하기, 경청능력, 팀워크, 종합인성
> • 의견 대립이 명확한 주제 또는 채용분야의 직무 관련 주요 현안을 주제로 과제 구성
> • 제한된 시간 내 토론을 진행해야 하므로 적극적으로 자신 있게 토론에 임하고 본인의 의견을 개진할 수 있어야 함

토론 면접의 형태

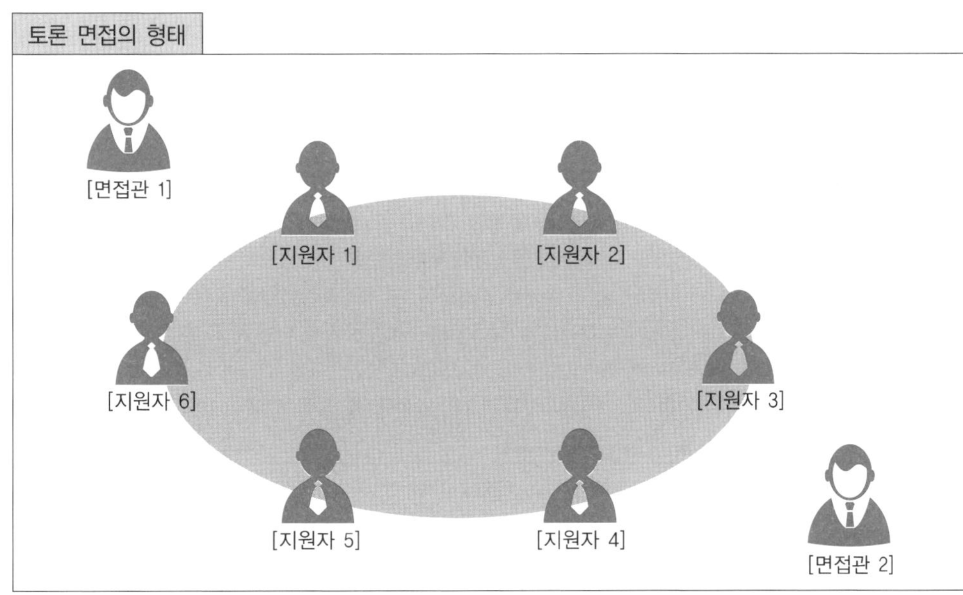

PART 3

② 토론 면접 예시

고객 불만 고충처리

1. 들어가며

최근 우리 상품에 대한 고객 불만의 증가로 고객고충처리 TF가 만들어졌고 당신은 여기에 지원해 배치받았다. 당신의 업무는 불만을 가진 고객을 만나서 애로사항을 듣고 처리해 주는 일이다. 주된 업무로는 고객의 니즈를 파악해 방향성을 제시해 주고 그 해결책을 마련하는 일이다. 하지만 경우에 따라서 고객의 주관적인 의견으로 인해 제대로 된 방향으로 의사결정을 하지 못할 때가 있다. 이럴 경우 설득이나 논쟁을 해서라도 의견을 관철시키는 것이 좋을지 아니면 고객의 의견대로 진행하는 것이 좋을지 결정해야 할 때가 있다. 만약 당신이라면 이러한 상황에서 어떤 결정을 내릴 것인지 여부를 자유롭게 토론해 보시오.

2. 1분 자유 발언 시 준비사항

- 당신은 의견을 자유롭게 개진할 수 있으며 이에 따른 불이익은 없습니다.
- 토론의 방향성을 이해하고, 내용의 장점과 단점이 무엇인지 문제를 명확히 말해야 합니다.
- 합리적인 근거에 기초하여 개선방안을 명확히 제시해야 합니다.
- 제시한 방안을 실행 시 예상되는 긍정적·부정적 영향요인도 동시에 고려할 필요가 있습니다.

3. 토론 시 유의사항

- 토론 주제문과 제공해드린 메모지, 볼펜만 가지고 토론장에 입장할 수 있습니다.
- 사회자의 지정 또는 발표자가 손을 들어 발언권을 획득할 수 있으며, 사회자의 통제에 따릅니다.
- 토론회가 시작되면, 팀의 의견과 논거를 정리하여 1분간의 자유발언을 할 수 있습니다. 순서는 사회자가 지정합니다. 이후에는 자유롭게 상대방에게 질문하거나 답변을 하실 수 있습니다.
- 핸드폰, 서적 등 외부 매체는 사용하실 수 없습니다.
- 논제에 벗어나는 발언이나 지나치게 공격적인 발언을 할 경우, 위에서 제시한 유의사항을 지키지 않을 경우 불이익을 받을 수 있습니다.

03 면접 Role Play

1. 면접 Role Play 편성

- 교육생끼리 조를 편성하여 면접관과 지원자 역할을 교대로 진행합니다.
- 지원자 입장과 면접관 입장을 모두 경험해 보면서 면접에 대한 적응력을 높일 수 있습니다.

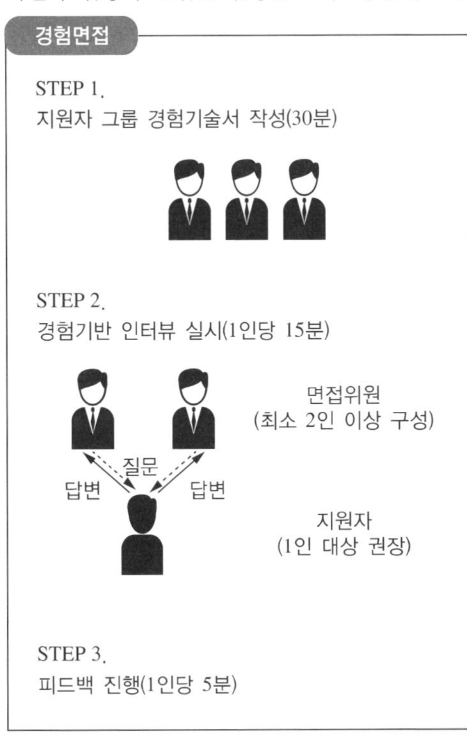

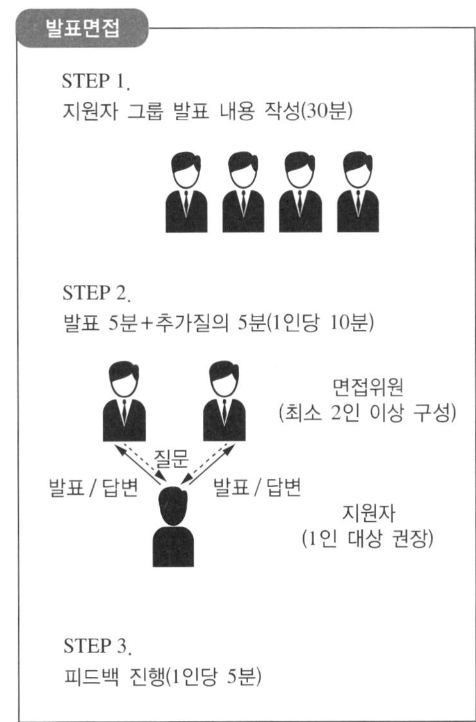

Tip

면접 준비하기

1. 면접 유형 확인 필수
   - 기업마다 면접 유형이 상이하기 때문에 해당 기업의 면접 유형을 확인하는 것이 좋음
   - 일반적으로 실무진 면접, 임원면접 2차례에 거쳐 면접을 실시하는 기업이 많고 실무진 면접과 임원 면접에서 평가요소가 다르기 때문에 유형에 맞는 준비방법이 필요
2. 후속 질문에 대한 사전 점검
   - 블라인드 채용 면접에서는 주요 질문과 함께 후속 질문을 통해 지원자의 직무능력을 판단 → STAR 기법을 통한 후속 질문에 미리 대비하는 것이 필요

PART 3

CHAPTER 05

경기도 공공기관 통합채용 면접 기출질문

1. 경기주택도시공사

- 주거의 미래 방향성에 대한 생각을 말해 보시오.
- 갈등이 있었던 경험과 해결 방안을 말해 보시오.
- 경기주택도시공사의 이미지를 개선할 수 있는 방법에 대해 말해 보시오.
- 임대주택을 활성화 할 방안에 대해 말해 보시오.
- 소통과 방향성 중 하나를 선택하고 본인의 경험과 빗대어 말해 보시오.
- 제3신도시에 필요한 기술이 무엇이라고 생각하는가?
- 상사가 부당한 지시를 했을 경우 어떻게 할 것인가?

2. 경기관광공사

- 경기관광공사에서 진행하는 사업에 대해 알고 있는 것을 말해 보시오.
- 경기도 MICE 유치를 위한 방안에 대해 발표하시오(외국어 PT).
- 경기도에 외국인 관광객을 유치할 수 있는 방안을 말해 보시오.

3. 경기교통공사

- 행정직 직무 중에서 제일 자신 있거나 관심 있는 직무가 있다면 말해 보고, 해당 직무를 위해서 본인이 한 노력을 말해 보시오.
- 버스와 지하철의 차이점이나 장단점에 대해 말해 보시오.
- 모빌리티와 플랫폼에 대해서 말해 보시오.
- 조직 생활에서 가장 중요한 점을 말해 보시오.
- MZ세대와 기존 세대 간의 갈등 해결법을 본인의 가치관을 중심을 말해 보시오.
- 경기교통공사의 인재상에 대해 말해 보시오.
- 시내버스 회사의 적자 개선 방안을 말해 보시오.
- 버스 준공영제의 문제점과 해결방안을 말해 보시오.

4. 경기연구원

- 경기연구원 홈페이지를 보면서 개선했으면 하는 점이나 어떻게 하면 도민들에게 쉽게 다가갈 수 있을지에 대한 생각을 말해 보시오.
- 간단한 자기소개와 함께 지원 사유와 입사했을 경우 하고 싶은 일을 말해 보시오.
- 본인의 장점을 이용해 문제를 해결한 경험을 말해 보시오.
- 본인의 성격이 입사 후 장점이 될 수 있다고 생각하는가?
- 취미는 무엇인가?
- 마지막으로 하고 싶은 한마디를 말해 보시오.

5. 경기신용보증재단

- 경기신용보증재단의 서비스에 대해 말해 보시오.
- 1분 동안 자기소개 및 지원 동기에 대해 말해 보시오.
- 현재의 기준금리는?
- 중소 · 소상공인을 구분하는 기준에 대해 설명하시오.
- 재보증에 대해 설명해 보시오.
- 대위변제에 대해 설명해 보시오.
- 토론면접 주제 : 게임중독, BTS 군면제, 부모의 미성년자 체벌, 기준금리 인하, 노키즈존 등

6. 경기문화재단

- 경기문화재단의 홍보활동에 대해 점수를 매긴다면 10점 만점에 몇 점을 줄 것인가?
- 지원한 업무에 대해 얼마나 알고 있는가?
- 큰 비용이 투입되는 대형 공연의 필요성에 대해 찬성과 반대의 입장에서 토론하시오.
- 교각 만들기(빨대와 스카치테이프 등 재료 제공)
- HR 관련 경험이 있는지 말해 보시오.
- 교육기획이 HRD인지 HRM인지 말해 보시오.
- 현재 GE, 삼성 등 세계적 규모의 대기업에서 주로 사용되고 있는 HR 기법에 대해 말해 보시오.
- 2018년은 경기도 1000년 정명의 해인데, 경기문화재단은 이와 관련하여 어떠한 사업을 수행하면 좋을지 말해 보시오.
- 선배가 과도한 업무지시를 한다면 어떻게 하겠는가?
- 업무에 필요한 핵심 역량은 무엇이라 생각하는지 본인의 경험을 통해 말해 보시오.
- 본인의 강점 3가지를 말해 보시오.
- 본인만의 스트레스 해소법은 무엇인가?

7. 경기도경제과학진흥원

- 경기도경제과학진흥원에 대한 기사 중 최근에 본 것이 있다면 말해 보시오.
- 경기도 권역별 산업 현황에 대해 말해 보시오.
- 본인이 규제 완화 정책을 하게 된다면 어떤 식으로 할 것인가?
- 신뢰란 무엇이라고 생각하는가?

8. 경기도청소년수련원

- 청소년기에 수련원에서 있었던 기억 중 좋았던 점은 무엇인가?
- 청소년들을 위해 어떠한 비전을 제시할 수 있는가?

9. 경기아트센터

- 경기아트센터의 일반행정과 다른 공공기관의 일반행정의 차이점을 말해 보시오.
- 화가 났던 경험을 말해 보시오.

10. 경기대진테크노파크

- 경기대진테크노파크 유관기관과 협력을 위한 방안을 말해 보시오.
- 경기대진테크노파크 회원 및 경기북부산업의 현황에 대해 말해 보시오.
- 기업지원은 무엇이라고 생각하는지 말해 보시오.

11. 경기도의료원

- 지역주민이 경기도의료원에 참여할 수 있는 방법을 말해 보시오.
- 소통과 관련하여 조직에 기여한 경험을 말해 보시오.
- 공공병원의 역할이 무엇인지 말해 보시오.
- 본인 성격의 장단점을 말해 보시오.
- 본인에게 경기도의료원은 무엇인가?
- 의료인력들과 협업 시 가장 중요한 것은 무엇이라고 생각하는가?
- 체력과 스트레스 관리법에 대해 말해 보시오.

12. 경기도평생교육진흥원

- 기관 웹진과 유튜브에서 개선할 점이 무엇인지 말해 보시오.
- 평생교육과 관련하여 가장 중요한 것이 무엇인지 말해 보시오.
- 평생교육진흥원에 대해서 아는 대로 말하고, 자신이 잘할 수 있는 이유에 대해 말해 보시오.
- 직접 교육을 기획해본 경험이 있다면 말해 보시오.
- 경기도평생교육진흥원을 지원한 이유를 말해 보시오.
- 경기도평생교육진흥원 사업 중 본인에게 가장 인상 깊었던 사업은 무엇인가?
- 평생교육과 평생학습이라는 단어가 혼용되어 사용되는 것에 어떻게 생각하는가?
- 교육프로그램 평가 시 어떤 평가법을 사용하면 좋을지 3가지 이내로 말해 보시오.

13. 경기도일자리재단

- 경기도일자리재단이 가장 중요하게 생각하는 가치는 무엇인가?
- 4차 산업혁명을 대비하여 교육의 방향과 인재상에 대해 말해 보시오.
- 지금까지의 경력에 대해 말해 보시오.
- 실적을 향상시키기 위한 방안에는 어떤 것이 있는가?
- 본인이 중요시하는 가치관과 직무수행이 충돌할 시 어떻게 대처하겠는가?
- 최근에 읽은 책은 무엇이며 무엇을 느꼈는가?
- 본인이 가장 잘 하는 일은 무엇인가?
- 구독하는 신문과 가장 눈여겨보는 부분은 무엇인가?
- 본인이 경기도일자리재단에 기여할 수 있는 것은 무엇인가?
- 본인의 단점은 무엇인가?
- 본인의 스트레스 해소법에 대해 말해 보시오.

14. 킨텍스

- 마이스 산업이 한국에서 발전하기 힘든 이유를 말해 보시오.
- 본인은 친구가 많은 편인가?
- 동료가 성희롱을 당했다면 어떻게 대응할 것인가?

15. 경기도시공사

- 경기도시공사 홈페이지를 이용해 본 적이 있는가?
- 상사의 부당한 직무명령을 받으면 어떻게 하겠는가?
- 수익성과 공공성을 어느 비율로 유지해야 하는지 말해 보시오.

16. 경기테크노파크

- 4차 산업과 본인의 전공을 어떻게 연계시킬 수 있는가?
- 혁신형 중소기업이 무엇이라고 생각하는가?
- 조직 내에서 경험했던 갈등 사례에는 무엇이 있는가?

17. 경기복지재단

- 경기복지재단의 장단점은 무엇인가?
- 다른 지원자와 다른 본인의 강점에 대해 말해 보시오.
- 정말 꼭 지출해야 하는 비용이 있었는데 지출하지 못하고 연도가 끝났다면 어떻게 할 것인가?
- 지원한 부서가 아닌 다른 부서로 가서 다른 업무를 맡게 된다면 어떤 업무에 자신 있는가?
- 업무를 진행할 때 가장 중요하게 생각하는 3가지를 말해 보시오.
- 본인의 별명은 무엇인가?
- 마지막으로 하고 싶은 말은 무엇인가?

18. 경기도장애인체육회

- 경기도장애인체육회에 지원한 동기는 무엇인가?
- 자기소개를 하시오.
- 본인을 채용해야 하는 이유에 대해 말해 보시오.
- 생활체육을 장애인체육회에서 담당하게 된 이유는 무엇인가?
- 김영란법의 필요성에 대해 말해 보시오.
- 현재 우리나라의 장애인 복지 현황에 대해 어떻게 생각하는가?

19. 차세대융합기술연구원

- 상사가 부당한 지시를 내린다면 어떻게 대처할 것인지 말해 보시오.
- 인턴으로 일하는 중 가장 힘들었던 일이 무엇인지 말해 보시오.

현재 나의 실력을 객관적으로 파악해 보자!

모바일 OMR 답안채점 / 성적분석 서비스

도서에 수록된 모의고사에 대한 객관적인 결과(정답률, 순위)를 종합적으로 분석하여 제공합니다.

OMR 입력 **성적분석** **채점결과**

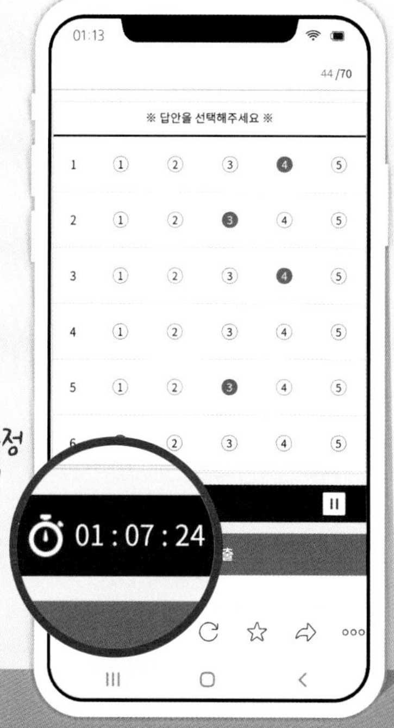
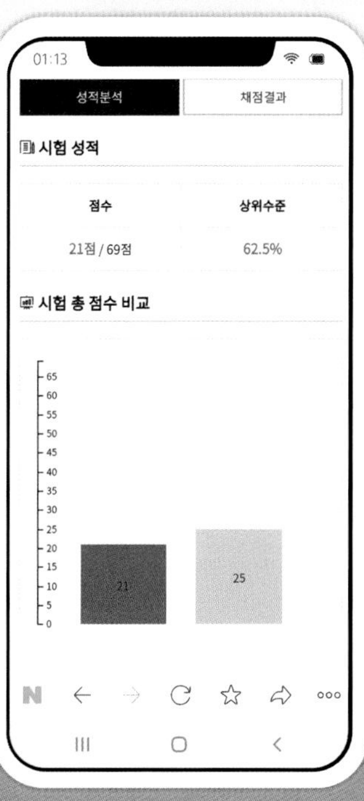

※OMR 답안채점 / 성적분석 서비스는 등록 후 30일간 사용 가능합니다.

참여 방법

도서 내 모의고사 우측 상단에 위치한 QR코드 찍기 → 로그인 하기

→ '시작하기' 클릭

→ '응시하기' 클릭 → 나의 답안을 모바일 OMR 카드에 입력

→ '성적분석 & 채점결과' 클릭

→ 현재 내 실력 확인하기

SD에듀 2024 최신판

경기도 공공기관 통합채용

정답 및 해설

최신 출제경향 완벽 반영

최종모의고사와 100% 다른 문제

합격의 별을 따자

2023년 공기업 기출복원문제

NCS 출제유형

모의고사 5회

SDC

SDC는 SD에듀 데이터 센터의 약자로 약 30만 개의 NCS · 적성 문제 데이터를 바탕으로 최신출제경향을 반영하여 문제를 출제합니다.

Add+

2023년 주요 공기업 NCS 기출복원문제

YEAR 2023

주요 공기업

NCS 기출복원문제

01	02	03	04	05	06	07	08	09	10	11	12	13	14	15	16	17	18	19	20
①	④	②	④	④	②	②	②	⑤	⑤	④	④	②	⑤	④	①	②	④	④	①
21	22	23	24	25	26	27	28	29	30	31	32	33	34	35	36	37	38	39	40
④	③	③	③	②	②	①	④	①	③	①	③	④	④	⑤	②	④	④	①	⑤
41	42	43	44	45	46	47	48	49	50										
④	④	②	⑤	②	④	②	⑤	④	④										

01

정답 ①

상대를 정면으로 마주하는 자세는 자신이 상대방과 함께 의논할 준비가 되어있다는 것을 알리는 자세이므로 경청을 하는 데 있어 올바른 자세이다.

02

정답 ④

틈틈히 → 틈틈이. 한글맞춤법 제 51항에 따르면 "부사의 끝음절이 분명히 '이'로만 나는 것은 '–이'로 적고, '히'로만 나거나 '이'나 '히'로 나는 것은 '–히'로 적는다."라는 규정에 따라 '틈틈이'로 적는 것이 옳다.

03

정답 ②

제시문의 K사장은 예산절감이라는 측면만을 고려하여 환경에 대한 영향, 그리고 그것에 따른 부정적 여론 형성 등의 부정적 영향을 간과하는 선택적 지각(Selective Perception)의 오류를 범하고 있다.

오답분석

① 투사(Projection)의 오류에 대한 설명이다.
③ 대비 효과(Contrast Effect)에 대한 설명이다.
④ 상동적 태도(Stereotyping)에 대한 설명이다.

04

정답 ④

원통형 스탠드 식탁의 윗면과 옆면의 넓이를 구하면 다음과 같다.

• 윗면 : $\pi r^2 = 3\times(60\div2)^2 = 3\times900 = 2,700\text{cm}^2$

• 옆면 : $2\pi r\times l = 2\times3\times(60\div2)\times90 = 16,200\text{cm}^2$

따라서 칠해야 할 면적은 $2,700+16,200=18,900\text{cm}^2$이며, 넓이 $1\text{m}^2(=10,000\text{cm}^2)$ 페인트칠 비용은 1만 원이므로 페인트칠을 하는 데 들어가는 총 비용은 18,900원이다.

05

정답 ④

- A4용지 묶음의 정가 : $2,000(1+a\%)$원
- A4용지 묶음의 할인율 : $\frac{a}{2}\%$
- 할인된 A4용지 묶음의 가격 : $2,000(1+a\%)\times\left(1-\frac{a}{2}\%\right)$원
- A4용지 묶음 1개당 이익 : $2,000(1+a\%)\times\left(1-\frac{a}{2}\%\right)-2,000=240$원

$2,000(1+a\%)\times\left(1-\frac{a}{2}\%\right)-2,000=240$

$\rightarrow 2,000\left(1+\frac{a}{100}\right)\left(1-\frac{a}{200}\right)-2,000=240$

$\rightarrow a^2-100a+2,400=0$

$\rightarrow (a-40)(a-60)=0$

$\rightarrow a=40,\ a=60$

따라서 40%나 60%를 할인한 경우에 240원의 이익이 발생한다.

06

정답 ②

우선 E는 목요일에 근무한다. F가 E보다 먼저 근무하므로 F는 화요일 혹은 수요일에 근무한다. 그런데 A는 월요일에 근무하고 G는 A 다음 날에 근무하므로 월, 화, 수, 목은 A, G, F, E가 근무한다. 다음으로 F가 근무하고 3일 뒤에 C가 근무하므로 C는 토요일에 근무한다. C가 B보다 먼저 근무하므로 B는 일요일에 근무한다. 따라서 남은 금요일에 D가 근무한다. 금요일의 전날인 목요일과 다음날인 토요일의 당직근무자는 E와 C이다.

월	화	수	목	금	토	일
A	G	F	E	D	C	B

07

정답 ②

마이클 포터(Michael E. Porter)의 본원적 경쟁전략

- 원가우위 전략 : 원가절감을 통해 해당 산업에서 우위를 점하는 전략으로, 이를 위해서는 대량생산을 통해 단위 원가를 낮추거나 새로운 생산기술을 개발할 필요가 있다. 1970년대 우리나라의 섬유업체나 신발업체, 가발업체 등이 미국시장에 진출할 때 취한 전략이 여기에 해당한다.
- 차별화 전략 : 조직이 생산품이나 서비스를 차별화하여 고객에게 가치가 있고 독특하게 인식되도록 하는 전략이다. 이를 위해서는 연구개발이나 광고를 통하여 기술, 품질, 서비스, 브랜드 이미지를 개선할 필요가 있다.
- 집중화 전략 : 특정 시장이나 고객에게 한정된 전략으로, 원가우위나 차별화 전략이 산업 전체를 대상으로 하는 데 비해 집중화 전략은 특정 산업을 대상으로 한다. 즉, 경쟁조직들이 소홀히 하고 있는 한정된 시장을 원가우위나 차별화 전략을 써서 집중적으로 공략하는 방법이다.

08

정답 ②

- 소프트웨어적 요소
  - 스타일(Style) : 조직구성원을 이끌어 나가는 관리자의 경영방식
  - 구성원(Staff) : 조직 내 인적 자원의 능력, 전문성, 동기 등
  - 스킬(Skills) : 조직구성원이 가지고 있는 핵심 역량
  - 공유가치(Shared Values) : 조직 이념, 비전 등 조직구성원이 함께 공유하는 가치관
- 하드웨어적 요소
  - 전략(Strategy) : 시장에서의 경쟁우위를 위해 회사가 개발한 계획
  - 구조(Structure) : 조직별 역할, 권한, 책임을 명시한 조직도
  - 시스템(Systems) : 조직의 관리체계, 운영절차, 제도 등 전략을 실행하기 위한 프로세스

09

정답 ⑤

제시문의 세 번째 문단에 따르면 스마트 글라스 내부 센서를 통해 충격과 기울기를 감지할 수 있어, 작업자에게 위험한 상황이 발생할 경우 통보 시스템을 통해 바로 파악할 수 있게 되었음을 알 수 있다.

오답분석

① 첫 번째 문단에 따르면 스마트 글라스를 통한 작업자의 음성인식만으로 철도시설물 점검이 가능해졌음을 알 수 있지만, 다섯 번째 문단에 따르면 아직 철도시설물 보수 작업은 가능하지 않음을 알 수 있다.
② 첫 번째 문단에 따르면 스마트 글라스의 도입 이후에도 사람의 작업이 필요함을 알 수 있다.
③ 세 번째 문단에 따르면 스마트 글라스의 도입으로 추락 사고나 그 밖의 위험한 상황을 미리 예측할 수 있어 이를 방지할 수 있게 되었음을 알 수 있지만, 실제로 안전사고 발생 횟수가 감소하였는지는 알 수 없다.
④ 두 번째 문단에 따르면 여러 단계를 거치던 기존 작업 방식에서 스마트 글라스의 도입으로 작업을 한 번에 처리할 수 있게 된 것을 통해 작업 시간이 단축되었음을 알 수 있지만, 필요한 작업 인력의 감소 여부는 알 수 없다.

10

정답 ⑤

네 번째 문단에 따르면 인공지능 등의 스마트 기술 도입으로 까치집 검출 정확도는 95%까지 상승하였으므로 까치집 제거율 또한 상승할 것임을 예측할 수 있으나, 근본적인 문제인 까치집 생성의 감소를 기대할 수는 없다.

오답분석

① 세 번째 문단과 네 번째 문단에 따르면 정확도가 65%에 불과했던 인공지능의 까치집 식별 능력이 딥러닝 방식의 도입으로 95%까지 상승했음을 알 수 있다.
② 세 번째 문단에서 시속 150km로 빠르게 달리는 열차에서의 까치집 식별 정확도는 65%에 불과하다는 내용으로 보아, 빠른 속도에서는 인공지능의 사물 식별 정확도가 낮음을 알 수 있다.
③ 네 번째 문단에 따르면 작업자의 접근이 어려운 곳에는 드론을 띄워 까치집을 발견 및 제거하는 기술도 시범 운영하고 있다고 하였다.
④ 세 번째 문단에 따르면 실시간 까치집 자동 검출 시스템 개발로 실시간으로 위험 요인의 위치와 이미지를 작업자에게 전달할 수 있게 되었다.

11

정답 ④

제시문의 두 번째 문단에 따르면 CCTV는 열차 종류에 따라 운전실에서 실시간으로 상황을 파악할 수 있는 네트워크 방식과 각 객실에서의 영상을 저장하는 개별 독립 방식으로 설치된다고 하였다. 따라서 개별 독립 방식으로 설치된 일부 열차에서는 각 객실의 상황을 실시간으로 파악하지 못할 수 있다.

오답분석

① 첫 번째 문단에 따르면 2023년까지 현재 운행하고 있는 열차의 모든 객실에 CCTV를 설치하겠다는 내용으로 보아, 현재 모든 열차의 모든 객실에 CCTV가 설치되지 않았음을 유추할 수 있다.
② 첫 번째 문단에 따르면 2023년까지 모든 열차 승무원에게 바디 캠을 지급하겠다고 하였다. 이에 따라 승객이 승무원을 폭행하는 등의 범죄 발생 시 해당 상황을 녹화한 바디 캠 영상이 있어 수사의 증거자료로 사용할 수 있게 되었다.
③ 두 번째 문단에 따르면 CCTV는 사각지대 없이 설치되며 일부는 휴대 물품 보관대 주변에도 설치된다고 하였다. 따라서 인적 피해와 물적 피해 모두 예방할 수 있게 되었다.
⑤ 세 번째 문단에 따르면 CCTV 제품 품평회와 시험을 통해 제품의 형태와 색상, 재질, 진동과 충격 등에 대한 적합성을 고려한다고 하였다.

12

정답 ④

작년 K대학교의 재학생 수는 6,800명이고 남학생 수와 여학생 수의 비가 8 : 9이므로, 남학생 수는 $6,800\times\frac{8}{8+9}=3,200$명이고, 여학생 수는 $6,800\times\frac{9}{8+9}=3,600$명이다. 올해 줄어든 남학생 수와 여학생 수의 비가 12 : 13이므로 올해 K대학교에 재학 중인 남학생 수와 여학생 수의 비는 $(3,200-12k):(3,600-13k)=7:8$이다.

$7\times(3,600-13k)=8\times(3,200-12k)$

$\rightarrow 25,200-91k=25,600-96k$

$\rightarrow 5k=400$

$\therefore\ k=80$

따라서 올해 K대학교에 재학 중인 남학생 수는 $3,200-12\times80=2,240$명이고, 여학생 수는 $3,600-13\times80=2,560$명이므로 올해 K대학교의 전체 재학생 수는 $2,240+2,560=4,800$명이다.

13

정답 ②

마일리지 적립 규정에 회원 등급과 관련된 내용은 없으며, 마일리지 적립은 지불한 운임의 액수, 더블적립 열차 탑승 여부, 선불형 교통카드 Rail+ 사용 여부에 따라서만 결정된다.

오답분석

① KTX 마일리지는 KTX 열차 이용 시에만 적립된다.
③ 비즈니스 등급은 기업회원 여부와 관계없이 최근 1년간의 활동내역을 기준으로 부여된다.
④ 반기 동안 추석 및 설 명절 특별수송기간 탑승 건을 제외하고 4만 점을 적립하면 VIP 등급을 부여받는다.
⑤ VVIP 등급과 VIP 등급 고객은 한정된 횟수 내에서 무료 업그레이드 쿠폰으로 KTX 특실을 KTX 일반실 가격에 구매할 수 있다.

14

정답 ⑤

K공사를 통한 예약 접수는 온라인 쇼핑몰 홈페이지를 통해서만 가능하며, 오프라인(방문) 접수는 우리・농협은행의 창구를 통해서만 이루어진다.

오답분석

① 구매자를 대한민국 국적자로 제한한다는 내용은 없다.
② 단품으로 구매 시 1인당 화종별 최대 3장으로 총 9장, 세트로 구매할 때도 1인당 최대 3세트로 총 9장까지 신청이 가능하며, 세트와 단품은 중복신청이 가능하므로 1인당 구매 가능한 최대 개수는 18장이다.
③ 우리・농협은행의 계좌가 없다면, K공사 온라인 쇼핑몰을 이용하거나 우리・농협은행에 직접 방문하여 구입할 수 있다.
④ 발행량은 예약 주문 이전부터 화종별 10,000장씩 총 30,000장으로 미리 정해져 있다.

15

정답 ④

우리・농협은행 계좌 미보유자인 외국인 A씨가 예약 신청을 할 수 있는 방법은 두 가지이다. 하나는 신분증인 외국인등록증을 지참하고 우리・농협은행의 지점을 방문하여 신청하는 것이고, 다른 하나는 K공사 온라인 쇼핑몰에서 가상계좌 방식으로 신청하는 것이다.

오답분석

① A씨는 외국인이므로 창구 접수 시 지참해야 하는 신분증은 외국인등록증이다.
② K공사 온라인 쇼핑몰에서는 가상계좌 방식을 통해서만 예약 신청이 가능하다.
③ 홈페이지를 통한 신청이 가능한 은행은 우리은행과 농협은행뿐이다.
⑤ 우리・농협은행의 홈페이지를 통해 예약 접수를 하려면 해당 은행에 미리 계좌가 개설되어 있어야 한다.

16

정답 ①

3종 세트는 186,000원, 단품은 각각 63,000원이므로 5명의 구매 금액을 계산하면 다음과 같다.

- A : (186,000×2)+63,000=435,000원
- B : 63,000×8=504,000원
- C : (186,000×2)+(63,000×2)=498,000원
- D : 186,000×3=558,000원
- E : 186,000+(63,000×4)=438,000원

따라서 가장 많은 금액을 지불한 사람은 D이며, 구매 금액은 558,000원이다.

17

정답 ②

허리디스크는 디스크의 수핵이 탈출하여 생긴 질환이므로 허리를 굽히거나 앉아 있을 때 디스크에 가해지는 압력이 높아져 통증이 더 심해진다. 반면 척추관협착증의 경우 서 있을 때 척추관이 더욱 좁아지게 되어 통증이 더욱 심해진다.

오답분석

① 허리디스크는 디스크의 탄력 손실이나 갑작스런 충격으로 인해 균열이 생겨 발생하고, 척추관협착증은 오랜 기간 동안 황색 인대가 두꺼워져 척추관에 변형이 일어나 발생하므로 허리디스크가 더 급작스럽게 증상이 나타난다.
③ 허리디스크는 자연치유가 가능하지만, 척추관협착증은 불가능하다. 따라서 허리디스크는 주로 통증을 줄이고 안정을 취하는 보존치료를 하지만, 척추관협착증은 변형된 부분을 제거하는 외과적 수술을 한다.
④ 허리디스크와 척추관협착증 모두 척추 중앙의 신경 다발(척수)이 압박받을 수 있으며, 심할 경우 하반신 마비 증세를 보일 수 있으므로 빠른 치료를 받는 것이 중요하다.

18

정답 ④

고령인 사람이 서 있을 때 통증이 나타난다면 퇴행성 척추질환인 척추관협착증(요추관협착증)일 가능성이 높다. 반면 허리디스크(추간판탈출증)는 젊은 나이에도 디스크에 급격한 충격이 가해지면 발생할 수 있고, 앉아 있을 때 통증이 심해진다. 따라서 ㉠에는 척추관협착증, ㉡에는 허리디스크가 들어가야 한다.

19

정답 ④

제시문은 장애인 건강주치의 시범사업을 소개하며 3단계 시범사업에서 기존과 달라지는 내용을 위주로 설명하고 있다. 따라서 가장 처음에 와야 할 문단은 3단계 장애인 건강주치의 시범사업을 소개하는 (마) 문단이다. 이어서 장애인 건강주치의 시범사업 세부 서비스를 소개하는 문단이 와야 하는데, 서비스 종류를 소개하는 문장이 있는 (다) 문단이 이어지는 것이 가장 적절하다. 그리고 2번째 서비스인 주장애관리를 소개하는 (가) 문단이 와야 하며, 그 다음으로 3번째 서비스인 통합관리 서비스와 추가적으로 방문 서비스를 소개하는 (라) 문단이 오는 것이 적절하다. 마지막으로 장애인 건강주치의 시범사업에 신청하는 방법을 소개하며 글을 끝내는 것이 적절하므로 (나) 문단이 이어져야 한다. 따라서 글의 순서를 바르게 나열하면 (마) – (다) – (가) – (라) – (나)이다.

20

정답 ①

- 2019년 직장가입자 건강보험금 및 지역가입자 건강보험금 징수율
  - 직장가입자 : $\frac{6,698,187}{6,706,712}\times 100 ≒ 99.87\%$
  - 지역가입자 : $\frac{886,396}{923,663}\times 100 ≒ 95.97\%$
- 2020년 직장가입자 건강보험금 및 지역가입자 건강보험금 징수율
  - 직장가입자 : $\frac{4,898,775}{5,087,163}\times 100 ≒ 96.3\%$
  - 지역가입자 : $\frac{973,681}{1,003,637}\times 100 ≒ 97.02\%$

• 2021년 직장가입자 건강보험금 및 지역가입자 건강보험금 징수율

– 직장가입자 : $\frac{7,536,187}{7,763,135}\times 100 \fallingdotseq 97.08\%$

– 지역가입자 : $\frac{1,138,763}{1,256,137}\times 100 \fallingdotseq 90.66\%$

• 2022년 직장가입자 건강보험금 및 지역가입자 건강보험금 징수율

– 직장가입자 : $\frac{8,368,972}{8,376,138}\times 100 \fallingdotseq 99.91\%$

– 지역가입자 : $\frac{1,058,943}{1,178,572}\times 100 \fallingdotseq 89.85\%$

따라서 직장가입자 건강보험금 징수율이 가장 높은 해는 2022년이고, 지역가입자 건강보험금 징수율이 가장 높은 해는 2020년이다.

21

정답 ④

이뇨제의 1인 투여량은 60mL/일이고 진통제의 1인 투여량은 60mg/일이므로 이뇨제를 투여한 환자 수와 진통제를 투여한 환자 수의 비는 이뇨제 사용량과 진통제 사용량의 비와 같다.

• 2018년 : $3,000\times 2 < 6,720$
• 2019년 : $3,480\times 2 = 6,960$
• 2020년 : $3,360\times 2 < 6,840$
• 2021년 : $4,200\times 2 > 7,200$
• 2022년 : $3,720\times 2 > 7,080$

따라서 2018년과 2020년에 진통제를 투여한 환자 수는 이뇨제를 투여한 환자 수의 2배보다 많다.

오답분석

① 2022년에 사용량이 감소한 의약품은 이뇨제와 진통제로 이뇨제의 사용량 감소율은 $\frac{3,720-4,200}{4,200}\times 100 \fallingdotseq -11.43\%$p이고, 진통제의 사용량 감소율은 $\frac{7,080-7,200}{7,200}\times 100 \fallingdotseq -1.67\%$p이다. 따라서 전년 대비 2022년 사용량 감소율이 가장 큰 의약품은 이뇨제이다.

② 5년 동안 지사제 사용량의 평균은 $\frac{30+42+48+40+44}{5}=40.8$정이고, 지사제의 1인 1일 투여량은 2정이다. 따라서 지사제를 투여한 환자 수의 평균은 $\frac{40.8}{2}=20.4$이므로 약 20명이다.

③ 이뇨제 사용량은 매년 '증가 – 감소 – 증가 – 감소'를 반복하였다.

22

정답 ③

분기별 사회복지사 인력의 합은 다음과 같다.

• 2022년 3분기 : $391+670+1,887=2,948$명
• 2022년 4분기 : $385+695+1,902=2,982$명
• 2023년 1분기 : $370+700+1,864=2,934$명
• 2023년 2분기 : $375+720+1,862=2,957$명

분기별 전체 보건인력 중 사회복지사 인력의 비율은 다음과 같다.

• 2022년 3분기 : $\frac{2,948}{80,828}\times 100 \fallingdotseq 3.65\%$
• 2022년 4분기 : $\frac{2,982}{82,582}\times 100 \fallingdotseq 3.61\%$
• 2023년 1분기 : $\frac{2,934}{86,236}\times 100 \fallingdotseq 3.40\%$
• 2023년 2분기 : $\frac{2,957}{86,707}\times 100 \fallingdotseq 3.41\%$

따라서 옳지 않은 것은 ③이다.

23

정답 ③

건강생활실천지원금제 신청자 목록에 따라 신청자별로 확인하면 다음과 같다.
- A : 주민등록상 주소지는 시범지역에 속하지 않는다.
- B : 주민등록상 주소지는 관리형에 속하지만, 고혈압 또는 당뇨병 진단을 받지 않았다.
- C : 주민등록상 주소지는 예방형에 속하고, 체질량지수와 혈압이 건강관리가 필요한 사람이므로 예방형이다.
- D : 주민등록상 주소지는 관리형에 속하고, 고혈압 진단을 받았으므로 관리형이다.
- E : 주민등록상 주소지는 예방형에 속하고, 체질량지수와 공복혈당 건강관리가 필요한 사람이므로 예방형이다.
- F : 주민등록상 주소지는 시범지역에 속하지 않는다.
- G : 주민등록상 주소지는 관리형에 속하고, 당뇨병 진단을 받았으므로 관리형이다.
- H : 주민등록상 주소지는 시범지역에 속하지 않는다.
- I : 주민등록상 주소지는 예방형에 속하지만, 필수조건인 체질량지수가 정상이므로 건강관리가 필요한 사람에 해당하지 않는다.

따라서 예방형 신청이 가능한 사람은 C, E이고, 관리형 신청이 가능한 사람은 D, G이다.

24

정답 ③

출산장려금 지급 시기의 가장 우선순위인 임신일이 가장 긴 임산부는 B, D, E임산부이다. 이 중에서 민 19세 미만인 자녀 수기 많은 임산부는 D, E임산부이고, 소득 수준이 더 낮은 임산부는 D임산부이다. 따라서 D임산부가 가장 먼저 출산장려금을 받을 수 있다.

25

정답 ②

제시문은 행위별수가제에 대한 것으로 환자, 의사, 건강보험 재정 등 많은 곳에서 한계점이 있다고 설명하면서 건강보험 고갈을 막기 위해 다양한 지불방식을 도입하는 등 구조적인 개편이 필요함을 설명하고 있다. 따라서 글의 주제로 '행위별수가제의 한계점'이 가장 적절하다.

26

정답 ②

- 구상(求償) : 무역 거래에서 수량·품질·포장 따위에 계약 위반 사항이 있는 경우, 매주(賣主)에게 손해 배상을 청구하거나 이의를 제기하는 일
- 구제(救濟) : 자연적인 재해나 사회적인 피해를 당하여 어려운 처지에 있는 사람을 도와줌

27

정답 ①

- (운동에너지) $=\frac{1}{2}\times$(질량)$\times$(속력)$^2=\frac{1}{2}\times 2\times 4^2=16$J
- (위치에너지)=(질량)$\times$(중력가속도)$\times$(높이)$=2\times 10\times 0.5=10$J
- (역학적 에너지)=(운동에너지)+(위치에너지)$=16+10=26$J

공의 역학적 에너지는 26J이고, 튀어 오를 때 가장 높은 지점에서 운동에너지가 0이므로 역학적 에너지는 위치에너지와 같다. 따라서 공이 튀어 오를 때 가장 높은 지점에서의 위치에너지는 26J이다.

28

정답 ④

출장지까지 거리는 $200\times 1.5=300$km이므로 시속 60km의 속력으로 달릴 때 걸리는 시간은 5시간이고, 약속시간보다 1시간 늦게 도착하므로 약속시간은 4시간 남았다. 300km를 시속 60km의 속력으로 달리다 도중에 시속 90km의 속력으로 달릴 때 약속시간보다 30분 일찍 도착했으므로, 이때 걸린 시간은 $4-\frac{1}{2}=\frac{7}{2}$시간이다.

시속 90km의 속력으로 달린 거리를 $x$km라 하면

$$\frac{300-x}{60}+\frac{x}{90}=\frac{7}{2}$$

→ $900-3x+2x=630$

∴ $x=270$

따라서 A부장이 시속 90km의 속력으로 달린 거리는 270km이다.

29

정답 ①

상품의 원가를 x원이라 하면 처음 판매가격은 $1.23x$원이다.

여기서 1,300원을 할인하여 판매했을 때 얻은 이익은 원가의 10%이므로

$(1.23x-1,300)-x=0.1x$

→ $0.13x=1,300$

∴ $x=10,000$

따라서 상품의 원가는 10,000원이다.

30

정답 ③

G와 B의 자리를 먼저 고정하고, 양 끝에 앉을 수 없는 A의 위치를 토대로 경우의 수를 계산하면 다음과 같다.

- G가 가운데에 앉고, B가 G의 바로 왼쪽에 앉는 경우의 수

	A	B	G			
		B	G	A		
		B	G		A	

3×4!=72가지

- G가 가운데에 앉고, B가 G의 바로 오른쪽에 앉는 경우의 수

	A		G	B		
		A	G	B		
			G	B	A	

3×4!=72가지

따라서 조건과 같이 앉을 때 가능한 경우의 수는 72+72=144가지이다.

31

정답 ①

제시문을 살펴보면 먼저 첫 번째 문단에서는 이산화탄소로 메탄올을 만드는 곳이 있다며 관심을 유도하고, 두 번째 문단에서 메탄올을 어떻게 만들고 어디에서 사용하는지 구체적으로 설명함으로써 탄소 재활용의 긍정적인 측면을 부각하고 있다. 하지만 세 번째 문단에서는 앞선 내용과 달리 이렇게 만들어진 메탄올의 부정적인 측면을 설명하고, 네 번째 문단에서는 이와 같은 이유로 탄소 재활용에 대한 결론이 나지 않았다며 글이 마무리되고 있다. 따라서 글의 주제로 적절한 것은 탄소 재활용의 이면을 모두 포함하는 내용인 ①이다.

오답분석

② 두 번째 문단에 한정된 내용이므로 제시문 전체를 다루는 주제로 보기에는 적절하지 않다.

③ 지열발전소의 부산물을 통해 메탄올이 만들어진 것은 맞지만, 새롭게 탄생된 연료로 보기는 어려우며, 글의 전체를 다루는 주제로 보기에도 적절하지 않다.

④·⑤ 제시문의 첫 번째 문단과 두 번째 문단에서는 버려진 이산화탄소 및 부산물의 재활용을 통해 '메탄올'을 제조함으로써 미래 원료를 해결할 수 있을 것처럼 보이지만, 이어지는 세 번째 문단과 네 번째 문단에서는 이렇게 만들어진 '메탄올'이 과연 미래 원료로 적합한지 의문점이 제시되고 있다. 따라서 글의 주제로 보기에는 적절하지 않다.

32

정답 ③

'우회수송'은 사고 등의 이유로 직통이 아닌 다른 경로로 우회하여 수송한다는 뜻이기 때문에 '우측 선로로 변경'은 순화로 적절하지 않다.

오답분석

① '열차시격'에서 '시격'이란 '사이에 뜬 시간'이라는 뜻의 한자어로, 열차와 열차 사이의 간격, 즉 배차간격으로 순화할 수 있다.
② '전차선'이란 선로를 의미하고, '단전'은 전기의 공급이 중단됨을 말한다. 따라서 바르게 순화되었다.
④ '핸드레일(Handrail)'은 난간을 뜻하는 영어 단어로, 우리말로는 '안전손잡이'로 순화할 수 있다.
⑤ '키스 앤 라이드(Kiss and Ride)'는 헤어질 때 키스를 하는 영미권 문화에서 비롯된 용어로, 환승정차구역을 지칭한다.

33

정답 ④

세 번째 문단을 통해 정부가 철도 중심 교통체계 구축을 위해 노력하고 있음을 알 수는 있으나, 구체적으로 시행된 조치는 언급되지 않았다.

오답분석

① 첫 번째 문단을 통해 전 세계적으로 탄소중립이 주목받자 이에 대한 방안으로 등장한 것이 철도 수송임을 알 수 있다.
② 첫 번째 문단과 두 번째 문단을 통해 철도 수송의 확대가 온실가스 배출량의 획기적인 감축을 가져올 것임을 알 수 있다.
③ 네 번째 문단을 통해 '중앙선 안동 ~ 영천 간 궤도' 설계 시 탄소 감축 방안으로 저탄소 자재인 유리섬유 보강근이 철근 대신 사용되었음을 알 수 있다.
⑤ 네 번째 문단을 통해 S철도공단은 철도 중심 교통체계 구축을 위해 건설 단계에서부터 친환경·저탄소 자재를 적용하였고, 탄소 감축을 위해 2025년부터는 모든 철도건축물을 일정한 등급 이상으로 설계하기로 결정하였음을 알 수 있다.

34

정답 ④

A ~ C철도사의 차량 1량당 연간 승차인원 수는 다음과 같다.

- 2020년
  - A철도사 : $\frac{775,386}{2,751} \fallingdotseq 281.86$천 명/년/1량
  - B철도사 : $\frac{26,350}{103} \fallingdotseq 255.83$천 명/년/1량
  - C철도사 : $\frac{35,650}{185} \fallingdotseq 192.7$천 명/년/1량
- 2021년
  - A철도사 : $\frac{768,776}{2,731} \fallingdotseq 281.5$천 명/년/1량
  - B철도사 : $\frac{24,746}{111} \fallingdotseq 222.94$천 명/년/1량
  - C철도사 : $\frac{33,130}{185} \fallingdotseq 179.08$천 명/년/1량
- 2022년
  - A철도사 : $\frac{755,376}{2,710} \fallingdotseq 278.74$천 명/년/1량
  - B철도사 : $\frac{23,686}{113} \fallingdotseq 209.61$천 명/년/1량
  - C철도사 : $\frac{34,179}{185} \fallingdotseq 184.75$천 명/년/1량

따라서 3년간 차량 1량당 연간 평균 승차인원 수는 C철도사가 가장 적다.

오답분석

① 2020 ~ 2022년의 C철도사 차량 수는 185량으로 변동이 없다.
② 2020 ~ 2022년의 연간 승차인원 비율은 모두 A철도사가 가장 높다.

③ A ~ C철도사의 2020년의 전체 연간 승차인원 수는 775,386+26,350+35,650=837,386천 명, 2021년의 전체 연간 승차인원 수는 768,776+24,746+33,130=826,652천 명, 2022년의 전체 연간 승차인원 수는 755,376+23,686+34,179=813,241천 명으로 매년 감소하였다.
⑤ 2020 ~ 2022년의 C철도사 차량 1량당 연간 승차인원 수는 각각 192.7천 명, 179.08천 명, 184.75천 명이므로 모두 200천 명 미만이다.

35

정답 ⑤

2018년 대비 2022년에 석유 생산량이 감소한 국가는 C, F이며, 석유 생산량 감소율은 다음과 같다.

- C : $\frac{4,025,936-4,102,396}{4,102,396}\times 100 \fallingdotseq -1.9\%p$
- F : $\frac{2,480,221-2,874,632}{2,874,632}\times 100 \fallingdotseq -13.7\%p$

따라서 석유 생산량 감소율이 가장 큰 국가는 F이다.

오답분석

① 석유 생산량이 매년 증가한 국가는 A, B, E, H로 총 4개이다.
② 2018년 대비 2022년에 석유 생산량이 증가한 국가의 석유 생산량 증가량은 다음과 같다.
- A : 10,556,259−10,356,185=200,074bbl/day
- B : 8,567,173−8,251,052=316,121bbl/day
- D : 5,442,103−5,321,753=120,350bbl/day
- E : 335,371−258,963=76,408bbl/day
- G : 1,336,597−1,312,561=24,036bbl/day
- H : 104,902−100,731=4,171bbl/day

따라서 석유 생산량 증가량이 가장 많은 국가는 B이다.
③ E국가의 연도별 석유 생산량을 H국가의 석유 생산량과 비교하면 다음과 같다.
- 2018년 : $\frac{258,963}{100,731}\fallingdotseq 2.6$
- 2019년 : $\frac{273,819}{101,586}\fallingdotseq 2.7$
- 2020년 : $\frac{298,351}{102,856}\fallingdotseq 2.9$
- 2021년 : $\frac{303,875}{103,756}\fallingdotseq 2.9$
- 2022년 : $\frac{335,371}{104,902}\fallingdotseq 3.2$

따라서 2022년 E국가의 석유 생산량은 H국가 석유 생산량의 약 3.2배이므로 옳지 않다.
④ 석유 생산량 상위 2개국은 매년 A, B이며, 매년 석유 생산량의 차이는 다음과 같다.
- 2018년 : 10,356,185−8,251,052=2,105,133bbl/day
- 2019년 : 10,387,665−8,297,702=2,089,963bbl/day
- 2020년 : 10,430,235−8,310,856=2,119,379bbl/day
- 2021년 : 10,487,336−8,356,337=2,130,999bbl/day
- 2022년 : 10,556,259−8,567,173=1,989,086bbl/day

따라서 A와 B국가의 석유 생산량의 차이는 '감소 – 증가 – 증가 – 감소'를 보이므로 옳지 않다.

36

정답 ②

제시된 법에 따라 공무원인 친구가 받을 수 있는 선물의 금액은 1회에 100만 원이다.

$12x<100 \rightarrow x<\frac{100}{12}=\frac{25}{3}\fallingdotseq 8.33$

따라서 A씨는 수석을 최대 8개 보낼 수 있다.

37

정답 ④

거래처로 가기 위해 C와 G를 거쳐야 하므로, C를 먼저 거치는 최소 이동거리와 G를 먼저 거치는 최소 이동거리를 비교해 본다.

- 본사 – C – D – G – 거래처
  6+3+3+4=16km
- 본사 – E – G – D – C – F – 거래처
  4+1+3+3+3+4=18km

따라서 최소 이동거리는 16km이다.

38

정답 ④

- 볼펜을 30자루 구매하면 개당 200원씩 할인되므로 800×30=24,000원이다.
- 수정테이프를 8개 구매하면 2,500×8=20,000원이지만, 10개를 구매하면 개당 1,000원이 할인되어 1,500×10=15,000원이므로 10개를 구매하는 것이 더 저렴하다.
- 연필을 20자루 구매하면 연필 가격의 25%가 할인되므로 400×20×0.75=6,000원이다.
- 지우개를 5개 구매하면 300×5=1,500원이며 지우개에 대한 할인은 적용되지 않는다.

따라서 총금액은 24,000+15,000+6,000+1,500=46,500원이고 3만 원을 초과했으므로 10% 할인이 적용되어 46,500×0.9=41,850원이다. 또한 할인 적용 전 금액이 5만 원 이하이므로 배송료 5,000원이 추가로 부과되어 41,850+5,000=46,850원이 된다. 그런데 만약 비품을 3,600원어치 추가로 주문하면 46,500+3,600=50,100원이므로 할인 적용 전 금액이 5만 원을 초과하여 배송료가 무료가 되고, 총금액이 3만 원을 초과했으므로 지불할 금액은 10% 할인이 적용된 50,100×0.9=45,090원이 된다. 그러므로 지불 가능한 가장 저렴한 금액은 45,090원이다.

39

정답 ①

A～E가 받는 성과급을 구하면 다음과 같다.

직원	직책	매출 순이익	기여도	성과급 비율	성과급
A	팀장	4,000만 원	25%	매출 순이익의 5%	1.2×4,000×0.05=240만 원
B	팀장	2,500만 원	12%	매출 순이익의 2%	1.2×2,500×0.02=60만 원
C	팀원	1억 2,500만 원	3%	매출 순이익의 1%	12,500×0.01=125만 원
D	팀원	7,500만 원	7%	매출 순이익의 3%	7,500×0.03=225만 원
E	팀원	800만 원	6%	–	0원

따라서 가장 많은 성과급을 받는 사람은 A이다.

40

정답 ⑤

2023년 6월까지의 학교폭력 신고 누계는 7,530+1,183+557+601=9,871건으로, 10,000건 미만이다.

오답분석

① • 2023년 1월의 학교폭력 상담 건수 : 9,652−9,195=457건
   • 2023년 2월의 학교폭력 상담 건수 : 10,109−9,652=457건
   따라서 2023년 1월과 2023년 2월의 학교폭력 상담 건수는 같다.

② 학교폭력 상담 건수와 신고 건수 모두 2023년 3월에 가장 많다.

③ 전월 대비 학교폭력 상담 건수가 가장 크게 감소한 때는 2023년 5월이지만, 학교폭력 신고 건수가 가장 크게 감소한 때는 2023년 4월이다.

④ 전월 대비 학교폭력 상담 건수가 증가한 월은 2022년 9월과 2023년 3월이고, 이때 학교폭력 신고 건수 또한 전월 대비 증가하였다.

41

정답 ④

연도별 전체 발전량 대비 유류·양수 자원 발전량은 다음과 같다.

- 2018년 : $\frac{6,605}{553,256} \times 100 ≒ 1.2\%$
- 2019년 : $\frac{6,371}{537,300} \times 100 ≒ 1.2\%$
- 2020년 : $\frac{5,872}{550,826} \times 100 ≒ 1.1\%$
- 2021년 : $\frac{5,568}{553,900} \times 100 ≒ 1\%$
- 2022년 : $\frac{5,232}{593,958} \times 100 ≒ 0.9\%$

따라서 2022년의 유류·양수 자원 발전량은 전체 발전량의 1% 미만이다.

오답분석

① 원자력 자원 발전량과 신재생 자원 발전량은 매년 증가하였다.

② 연도별 석탄 자원 발전량의 전년 대비 감소폭은 다음과 같다.

- 2019년 : 226,571−247,670=−21,099GWh
- 2020년 : 221,730−226,571=−4,841GWh
- 2021년 : 200,165−221,730=−21,565GWh
- 2022년 : 198,367−200,165=−1,798GWh

따라서 석탄 자원 발전량의 전년 대비 감소폭이 가장 큰 해는 2021년이다.

③ 연도별 신재생 자원 발전량 대비 가스 자원 발전량은 다음과 같다.

- 2018년 : $\frac{135,072}{36,905} \times 100 ≒ 366\%$
- 2019년 : $\frac{126,789}{38,774} \times 100 ≒ 327\%$
- 2020년 : $\frac{138,387}{44,031} \times 100 ≒ 314\%$
- 2021년 : $\frac{144,976}{47,831} \times 100 ≒ 303\%$
- 2022년 : $\frac{160,787}{50,356} \times 100 ≒ 319\%$

따라서 연도별 신재생 자원 발전량 대비 가스 자원 발전량이 가장 큰 해는 2018년이다.

⑤ 전체 발전량이 증가한 해는 2020 ~ 2022년이며, 그 증가폭은 다음과 같다.

- 2020년 : 550,826−537,300=13,526GWh
- 2021년 : 553,900−550,826=3,074GWh
- 2022년 : 593,958−553,900=40,058GWh

따라서 전체 발전량의 전년 대비 증가폭이 가장 큰 해는 2022년이다.

42

정답 ④

네 번째 조건을 제외한 모든 조건과 그 대우를 논리식으로 표현하면 다음과 같다.

- $\sim(D \lor G) \rightarrow F$ / $\sim F \rightarrow (D \land G)$
- $F \rightarrow \sim E$ / $E \rightarrow \sim F$
- $\sim(B \lor E) \rightarrow \sim A$ / $A \rightarrow (B \land E)$

네 번째 조건에 따라 A가 투표를 하였으므로, 세 번째 조건의 대우에 의해 B와 E 모두 투표를 하였다. 또한 E가 투표를 하였으므로, 두 번째 조건의 대우에 따라 F는 투표하지 않았으며, F가 투표하지 않았으므로 첫 번째 조건의 대우에 따라 D와 G는 모두 투표하였다. A, B, D, E, G 5명이 모두 투표하였으므로 네 번째 조건에 따라 C는 투표하지 않았다. 따라서 투표를 하지 않은 사람은 C와 F이다.

43

정답 ②

㉠ 퍼실리테이션(Facilitation)이란 '촉진'을 의미하며, 어떤 그룹이나 집단이 의사결정을 잘하도록 도와주는 일을 가리킨다. 최근 많은 조직에서는 보다 생산적인 결과를 가져올 수 있도록 그룹이 나아갈 방향을 알려 주고, 주제에 대한 공감을 이룰 수 있도록 능숙하게 도와주는 퍼실리테이터를 활용하고 있다. 퍼실리테이션에 의한 문제해결 방법은 깊이 있는 커뮤니케이션을 통해 서로의 문제점을 이해하고 공감함으로써 창조적인 문제해결을 도모한다. 소프트 어프로치나 하드 어프로치 방법은 타협점의 단순 조정에 그치지만, 퍼실리테이션에 의한 방법은 초기에 생각하지 못했던 창조적인 해결 방법을 도출한다. 동시에 구성원의 동기가 강화되고 팀워크도 한층 강화된다는 특징을 보인다. 이 방법을 이용한 문제해결은 구성원이 자율적으로 실행하는 것이며, 제3자가 합의점이나 줄거리를 준비해 놓고 예정대로 결론이 도출되어 가도록 해서는 안 된다.

㉡ 하드 어프로치에 의한 문제해결방법은 상이한 문화적 토양을 가지고 있는 구성원을 가정하여 서로의 생각을 직설적으로 주장하고 논쟁이나 협상을 통해 의견을 조정해 가는 방법이다. 이때 중심적 역할을 하는 것이 논리, 즉 사실과 원칙에 근거한 토론이다. 제3자는 이것을 기반으로 구성원에게 지도와 설득을 하고 전원이 합의하는 일치점을 찾아내려고 한다. 이러한 방법은 합리적이긴 하지만 잘못하면 단순한 이해관계의 조정에 그치고 말아서 그것만으로는 창조적인 아이디어나 높은 만족감을 이끌어내기 어렵다.

㉢ 소프트 어프로치에 의한 문제해결방법은 대부분의 기업에서 볼 수 있는 전형적인 스타일로 조직 구성원들은 같은 문화적 토양을 가지고 이심전심으로 서로를 이해하는 상황을 가정한다. 코디네이터 역할을 하는 제3자는 결론으로 끌고 갈 지점을 미리 머릿속에 그려가면서 권위나 공감에 의지하여 의견을 중재하고, 타협과 조정을 통하여 해결을 도모한다. 결론이 애매하게 끝나는 경우가 적지 않으나, 그것은 그것대로 이심전심을 유도하여 파악하면 된다. 소프트 어프로치에서는 문제해결을 위해서 직접 표현하는 것이 바람직하지 않다고 여기며, 무언가를 시사하거나 암시를 통하여 의사를 전달하고 기분을 서로 통하게 함으로써 문제해결을 도모하려고 한다.

44

정답 ⑤

VLOOKUP 함수는 열의 첫 열에서 수직으로 검색하여 원하는 값을 출력하는 함수이다. 함수의 형식은 「=VLOOKUP(찾을 값,범위,열 번호,찾기 옵션)」이며 이 중 근삿값을 찾기 위해서는 찾기 옵션에 1을 입력하고, 정확히 일치하는 값을 찾기 위해서는 0을 입력해야 한다. 상품코드 S3310897의 값을 일정한 범위에서 찾아야 하는 것이므로 범위는 절대참조로 지정해야 하며, 크기 중은 범위 중 3번째 열에 위치하고, 정확히 일치하는 값을 찾아야 하므로 입력해야 하는 함수식은 「=VLOOKUP("S3310897",$B$2:$E$8,3,0)」이다.

오답분석

①·② HLOOKUP 함수를 사용하려면 찾고자 하는 값은 '중'이고, [B2:E8] 범위에서 찾고자 하는 행 'S3310897'은 6번째 행이므로 「=HLOOKUP("중",$B$2:$E$8,6,0)」을 입력해야 한다.

③·④ '중'은 테이블 범위에서 3번째 열이다.

45

정답 ②

N사에서 A지점으로 가려면 1호선으로 역 2개를 지난 후 2호선으로 환승하여 역 5개를 더 가야 한다.

따라서 편도로 이동하는 데 걸리는 시간은 (2×2)+3+(2×5)=17분이므로 왕복하는 데 걸리는 시간은 17×2=34분이다.

46

정답 ④

- A지점 : (900×2)+(950×5)=6,550m
- B지점 : 900×8=7,200m
- C지점 : (900×2)+(1,300×4)=7,000m 또는 (900×5)+1,000+1,300=6,800m
- D지점 : (900×5)+(1,000×2)=6,500m 또는 (900×2)+(1,300×3)+1,000=6,700m

따라서 이동거리가 가장 짧은 지점은 D지점이다.

47

정답 ②

- A지점 : 이동거리는 6,550m이고 기본요금 및 거리비례 추가비용은 2호선 기준이 적용되므로 1,500+100=1,600원이다.
- B지점 : 이동거리는 7,200m이고 기본요금 및 거리비례 추가비용은 1호선 기준이 적용되므로 1,200+50×4=1,400원이다.
- C지점 : 이동거리는 7,000m이고 기본요금 및 거리비례 추가비용은 4호선 기준이 적용되므로 2,000+150=2,150원이다. 또는 이동거리가 6,800m일 때, 기본요금 및 거리비례 추가비용은 4호선 기준이 적용되므로 2,000+150=2,150원이다.
- D지점 : 이동거리는 6,500m이고 기본요금 및 거리비례 추가비용은 3호선 기준이 적용되므로 1,800+100×3=2,100원이다. 또는 이동거리가 6,700m일 때, 기본요금 및 거리비례 추가비용은 4호선 기준이 적용되므로 2,000+150=2,150원이다.

따라서 이동하는 데 드는 비용이 가장 적은 지점은 B지점이다.

48

 ⑤

미국 컬럼비아 대학교에서 만들어낸 치즈케이크는 7가지의 반죽형 식용 카트리지로 만들어졌다. 따라서 페이스트를 층층이 쌓아서 만드는 FDM 방식을 사용하여 제작하였음을 알 수 있다.

오답분석

① PBF / SLS 방식 3D 푸드 프린터는 설탕 같은 분말 형태의 재료를 접착제나 레이저로 굳혀 제작하는 것이므로 설탕케이크 장식을 제작하기에 적절한 방식이다.
② 3D 푸드 프린터는 질감을 조정하거나, 맛을 조정하여 음식을 제작할 수 있으므로 식감 등으로 발생하는 편식을 줄일 수 있다.
③ 3D 푸드 프린터는 음식을 제작할 때 개인별로 필요한 영양소를 첨가하는 등 사용자 맞춤 식단을 제공할 수 있다는 장점이 있다.
④ 네 번째 문단에서 현재 3D 푸드 프린터의 한계점을 보면 디자인적 · 심리적 요소로 인해 3D 푸드 프린터로 제작된 음식에 거부감이 들 수 있다고 하였다.

49

  ④

(라) 문장이 포함된 문단은 3D 푸드 프린터의 장점에 대해 설명하는 문단이며, 특히 대체육 프린팅의 장점에 대해 소개하고 있다. 그러나 (라) 문장은 대체육의 단점에 대해 서술하고 있으므로 네 번째 문단에 추가로 서술하거나 삭제하는 것이 적절하다.

오답분석

① (가) 문장은 컬럼비아 대학교에서 3D 푸드 프린터로 만들어 낸 치즈케이크의 특징을 설명하는 문장이므로 적절하다.
② (나) 문장은 현재 주로 사용되는 3D 푸드 프린터의 작동 방식을 설명하는 문장이므로 적절하다.
③ (다) 문장은 3D 푸드 프린터의 장점을 소개하는 세 번째 문단의 중심내용이므로 적절하다.
⑤ (마) 문장은 3D 푸드 프린터의 한계점인 '디자인으로 인한 심리적 거부감'을 서술하고 있으므로 적절하다.

50

  ④

네 번째 문단은 3D 푸드 프린터의 한계 및 개선점을 설명한 문단으로, 3D 푸드 프린터의 장점을 설명한 세 번째 문단과 역접관계에 있다. 따라서 '그러나'가 적절한 접속부사이다.

오답분석

① ㉠ 앞에서 서술된 치즈케이크의 특징이 대체육과 같은 다른 관련 산업에서 주목하게 된 이유가 되므로 '그래서'는 적절한 접속부사이다.
② ㉡ 앞의 문장은 3D 푸드 프린터의 장점을 소개하는 세 번째 문단의 중심내용이고 뒤의 문장은 이에 대한 예시를 설명하고 있으므로 '예를 들어'는 적절한 접속부사이다.
③ ㉢의 앞과 뒤는 다른 내용이지만 모두 3D 푸드 프린터의 장점을 나열한 것이므로 '또한'은 적절한 접속부사이다.
⑤ ㉤의 앞과 뒤는 다른 내용이지만 모두 3D 푸드 프린터의 단점을 나열한 것이므로 '게다가'는 적절한 접속부사이다.

교육은 우리 자신의 무지를 점차 발견해 가는 과정이다.

- 윌 듀란트 -

PART 1

직업기초능력평가

CHAPTER

01 의사소통능력

출제유형분석 01 실전예제

01

정답 ④

오답분석

① 제시문에서 언급되지 않은 내용이다.
② '무질서 상태'가 '체계가 없는' 상태라고 할 수 없다. 그것이 '혼란스러운 상태'를 의미하는지도 제시문을 통해서는 알 수 없다.
③ 현실주의자들이 숙명론, 결정론적이라고 비판당하는 것이다.

02

정답 ②

아이들이 따뜻한 구들에 누워 자는 것이 습관이 되어 사지의 활동량이 적어 발육이 늦어진 것이지 체온을 높였기 때문에 발육이 늦어진 것은 아니다.

03

정답 ④

제시문의 세 번째 문단에서 '상품에 응용된 과학 기술이 복잡해지고 첨단화되면서 상품 정보에 대한 소비자의 정확한 이해도 기대하기 어려워졌다.'는 내용을 통해 확인할 수 있다.

04

정답 ③

제시문에서 레비스트로스는 신화 자체의 사유 방식이나 특성을 특정 시대의 것으로 한정하는 오류를 범하고 있다고 언급하였다. 과거 신화시대에 생겨난 신화적 사유는 신화가 재현되고 재생되는 한 여전히 시간과 공간을 뛰어 넘어 현재화되고 있다.

출제유형분석 02 실전예제

01

정답 ④

문단별 중심 내용은 다음과 같다.
(가) 가장 기본적인 요소이자 핵심인 물 관련 사업
(나) 수질의 중요성과 물 활용의 효율성
(다) 오늘날 물의 쓰임과 가치
따라서 ④가 (나)의 제목으로 적절하다.

오답분석

① (가)의 제목으로 적절한 문구이다.
② (다)의 제목으로 적절한 문구이다.
③ (가), (나), (다)와 관련 없는 내용이다.

02

정답 ④

제시문에서는 우리 민족과 함께해 온 김치의 역사를 비롯하여 김치의 특징과 다양성 등을 함께 이야기하고 있으며, 복합 산업으로 발전하면서 규모가 성장하고 있는 김치 산업에 관해서도 이야기하고 있다. 따라서 글 전체의 내용을 아우를 수 있는 글의 제목으로 가장 적절한 것은 ④이다.

오답분석

① 첫 번째 문단이나 두 번째 문단의 소제목은 될 수 있으나, 글 전체 내용을 나타내는 제목으로는 적절하지 않다.
② 세 번째 문단에서 김치 산업에 관한 내용을 언급하고 있지만, 이는 현재 김치 산업의 시장 규모에 대한 내용일 뿐이므로 산업의 활성화 방안과는 거리가 멀다.

03

정답 ③

제시문은 우유니 사막의 위치와 형성, 특징 등 우유니 사막의 자연지리적 특징에 대한 글이다.

04

정답 ④

제시문에 따르면 상상력은 정해진 개념이나 목적이 없는 상황에서 그 개념이나 목적을 찾는 역할을 하고, 이때 주어진 목적지(개념)가 없으며, 반드시 성취해야 할 그 어떤 것도 없기 때문에 자유로운 유희이다. 따라서 제목으로 가장 적절한 것은 '자유로운 유희로서의 상상력의 역할'이다.

오답분석

① 제시문의 내용은 칸트 철학 내에서의 상상력이 어떤 조건에서 작동되며 또 어떤 역할을 하는지 기술하고 있으므로 상상력의 재발견이라는 제목은 적절하지 않다.
② 제시문에서는 상상력을 인식능력이라고 규정하는 부분을 찾을 수 없다.
③ 상상력은 주어진 개념이 없을 경우 새로운 개념들을 가능하게 산출하는 것이므로 목적 없는 활동이라고는 볼 수 없다.

출제유형분석 03 실전예제

01

정답 ①

제시된 단락에서는 휘슬블로어를 소개하며, 휘슬블로어가 집단의 부정부패를 고발하는 것이 쉽지 않다는 점을 언급하고 있으므로, 뒤이어 내부고발이 어려운 이유를 설명하는 문단이 와야 한다. 따라서 (다) 내부고발이 어려운 이유와 휘슬블로어가 겪는 여러 사례 → (나) 휘슬블로우의 실태와 법적인 보호의 필요성 제기 → (라) 휘슬블로우를 보호하기 위한 법의 실태 설명 → (가) 법 밖에서도 보호받지 못하는 휘슬블로어의 순서로 나열하는 것이 적절하다.

02

정답 ②

수직 계열화에서 사용자 중심으로 산업 패러다임이 변화되고 있음을 제시하는 (나) 문단이 가장 먼저 오는 것이 적절하며, 그 다음으로 가스경보기를 예로 들어 수평적 연결에 대해 설명하는 (다) 문단이 적절하다. 그 뒤를 이어 이러한 수평적 연결이 사물인터넷 서비스로 새롭게 성장한다는 (가) 문단이, 마지막으로는 다양해지는 사물인터넷 서비스에 대해 설명하는 (라) 문단이 적절하다.

03

정답 ④

문단을 논리적인 구성에 맞게 배열하려면 각 문단의 첫 부분과 마지막 부분을 살펴봐야 한다. 연결어나 지시어가 없고, 글의 전체적 주제를 제시하는 문단이 가장 처음에 올 가능성이 높다. 따라서 사랑과 관련하여 여러 형태의 빛 신호를 가지고 있는 반딧불이를 소개하고, 이들이 단체로 빛을 내면 장관을 이룬다는 내용의 (라) 문단이 맨 처음에 와야 한다. 다음으로는 (라)의 마지막 내용과 연결되는 반딧불이 집단의 불빛으로 시작해 반딧불이의 단독행동으로 끝이 나는 (나) 문단이 이어지는 것이 자연스럽다. 그리고 단독으로 행동하기 좋아하는 반딧불이가 짝을 찾는 모습을 소개한 (마) 문단이 이어져야 하며, 그 다음으로 그러한 특성을 이용해 먹잇감을 찾는 반딧불이의 종류를 이야기하는 (가) 문단이 오는 것이 옳다. (다) 문단은 (가) 문단에 이어지는 내용이므로 그 뒤에 배치되어야 한다.

04

정답 ②

3D업종의 인식 변화를 소개하는 (나) 문단이 먼저 오는 것이 적절하고, 그 사례인 환경미화원 모집 공고에 대한 내용인 (가) 문단, 이에 대한 인터뷰 내용인 (라) 문단, 환경미화원 공채에 지원자가 몰리는 이유를 설명하는 (마) 문단과 마지막으로 기피 직종에 대한 인식 변화의 또 다른 사례를 소개하는 (다) 문단 순서로 이어지는 것이 적절하다.

05

정답 ④

첫 문단에서 열린혁신의 개념에 대한 이해가 필요하다고 했으므로 열린혁신의 개념을 설명하는 (라) 문단이 첫 문단 뒤에 오는 것이 적절하며, 그 다음으로 열린혁신의 대표적인 사례를 설명하는 (나) 문단이 오는 것이 적절하다. 그 뒤를 이어 '열린혁신'을 성공적으로 추진하기 위한 첫 번째 선행조건을 언급하는 (가) 문단이 적절하며, 다음으로는 '둘째'와 '마지막으로'의 연결어를 통해 (다), (마) 문단이 순서대로 오는 것이 적절하다.

출제유형분석 04 실전예제

01

정답 ③

오답분석

- 웬지 → 왠지
- 어떡게 → 어떻게
- 말씀드리던지 → 말씀드리든지
- 바램 → 바람

02

정답 ①

제시된 문장의 '지'는 '어떤 일이 있었던 때부터 지금까지의 동안'을 나타내는 의존명사로, 의존명사는 띄어 쓴다는 규정에 따라 '나간지 → 나간 지'로 띄어 써야 한다.

조사 · 의존명사의 띄어쓰기

- 조사는 그 앞말에 붙여 쓴다. → 꽃이, 꽃마저, 웃고만 등
- 의존명사는 띄어 쓴다. → 아는 것이 힘이다, 나도 할 수 있다, 먹을 만큼 먹어라 등

03

정답 ④

오답분석

① '~문학을 즐길 예술적 본능을 지닌다.'의 주어가 생략되었다.
② '그는'이 중복되었다.
③ '~시작되었다.'의 주어가 생략되었다.

04

정답 ④

'체'는 의존명사로 '그럴듯하게 꾸미는 거짓 태도나 모양'을 뜻하는 말로 사용된다. '이미 있는 상태 그대로 있음'이라는 뜻을 가진 '채'를 사용하여 ㉣을 '남겨둔 채'로 수정하는 것이 적절하다.

05

정답 ③

'대가로'가 올바른 표기이다. '대가'는 [대:까]로 발음되는 까닭에 사이시옷을 붙여 '댓가'로 잘못 표기하는 오류가 많다. 한자어의 경우 2음절로 끝나는 6개의 단어(숫자, 횟수, 셋방, 곳간, 툇간, 찻간)만 예외적으로 사이시옷이 붙는다.

출제유형분석 05 실전예제

01

정답 ③

상대의 말을 중간에 끊거나, 위로를 하거나 비위를 맞추기 위해 너무 빨리 동의하기보다는 모든 말을 들은 후에 적절하게 대응하는 것이 바람직하다.

오답분석

① 상대가 말을 하는 동안 대답을 준비하면서 다른 생각을 하는 것은 바람직하지 못하다.
② 상대의 행동에 잘못이 드러나더라도, 말이 끝난 후 부드러운 투로 이야기하도록 한다. 적극적 경청을 위해서는 비판적, 충고적인 태도를 버리는 것이 필요하다.
④ 상대의 말을 미리 짐작하지 않고 귀 기울여 들어야 정확한 내용을 파악할 수 있다.

02

정답 ④

김과장은 직원들에 대한 높은 관심으로 간섭하려는 경향이 있고, 남에게 자신의 업적을 이야기하며 인정받으려 하는 욕구가 강하다. 따라서 김과장은 타인에 대한 높은 관심과 간섭을 자제하고, 지나친 인정욕구에 대한 태도를 성찰할 필요성이 있다.

오답분석

① 김과장이 독단적으로 결정했다는 내용은 언급되어 있지 않다.
② 직원들은 김과장의 지나친 관심으로 힘들어하고 있는 상황이므로 적절하지 않은 조언이다.
③ 직원들에게 지나친 관심을 보이는 김과장에게는 적절하지 않은 조언이다.

CHAPTER

02 수리능력

출제유형분석 01 실전예제

01

정답 ①

나영이와 현지가 같이 간 거리는 150×30=4,500m이고, 집에서 공원까지의 거리는 150×50=7,500m이다. 나영이가 집에 가는 데 걸린 시간은 4,500÷300=15분이고, 다시 공원까지 가는 데 걸린 시간은 7,500÷300=25분이다.
따라서 둘이 헤어진 후 현지가 공원에 도착하기까지 걸린 시간은 20분이고, 나영이가 걸린 시간은 40분이므로 나영이는 현지가 도착하고 20분 후에 공원에 도착한다.

02

정답 ④

중국인 중 관광을 목적으로 온 사람의 수를 x명으로 놓고, 문제의 설명대로 표를 만들면 다음과 같다.

(단위 : 명)

구분	중국인	중국인이 아닌 외국인	합계
인원	30	70	100
관광을 목적으로 온 외국인	x	14	20

관광을 목적으로 온 외국인은 20%이므로, 중국인 중 관광으로 온 사람은 6명이어야 한다.

따라서 $x=6$이며, 중국인 중 관광을 목적으로 온 사람일 확률은 $\frac{6}{30}=\frac{1}{5}$이다.

03

정답 ④

500g의 설탕물에 녹아있는 설탕의 양을 xg이라고 하자.

3%의 설탕물 200g에 들어있는 설탕의 양은 $\frac{3}{100}\times200=6$g이다.

$\frac{x+6}{500+200}\times100=7$

$\rightarrow x+6=49$

$\therefore x=43$

따라서 500g의 설탕에 녹아있는 설탕의 양은 43g이다.

04

정답 ①

지도의 축척이 1 : 50,000이므로, A호텔에서 B공원까지 실제 거리는 10×50,000=500,000cm=5km이다.

따라서 신영이가 A호텔에서 출발하여 B공원에 도착하는 데 걸리는 시간은 $\frac{5}{30}=\frac{1}{6}=10$분이다.

05

정답 ②

• 국내 여행을 선호하는 남학생 수 : 30−16=14명
• 국내 여행을 선호하는 여학생 수 : 20−14=6명

따라서 국내 여행을 선호하는 학생 수는 14+6=20명이므로 구하는 확률은 $\frac{14}{20}=\frac{7}{10}$ 이다.

06

정답 ④

K공사에서 출장지까지의 거리를 $x$km라 하자.

이때 K공사에서 휴게소까지의 거리는 $\frac{4}{10}x=\frac{2}{5}x$km, 휴게소에서 출장지까지의 거리는 $\left(1-\frac{2}{5}\right)x=\frac{3}{5}x$km이다.

$\left(\frac{2}{5}x\times\frac{1}{75}\right)+\frac{30}{60}+\left(\frac{3}{5}x\times\frac{1}{75+25}\right)=\frac{200}{60}$

→ $\frac{2}{375}x+\frac{3}{500}x=\frac{17}{6}$

→ $8x+9x=4,250$

∴ $x=250$

따라서 K공사에서 출장지까지의 거리는 250km이다.

07

정답 ④

먼저 시간을 최소화하기 위해서는 기계를 이용한 포장과 손으로 포장하는 작업을 함께 병행해야 한다. 100개 제품을 포장하는데 손으로 하는 포장은 300분이 걸리고 기계로 하는 포장은 200분에 휴식 50분을 더해 250분이 걸린다. 300분과 250분의 최소공배수 1,500분을 기준으로 계산하면 손의 경우 500개, 기계의 경우 600개를 만들 수 있다. 그러므로 1,500분 동안 1,100개를 만들 수 있다. 손은 6분에 2개를 포장하고 기계는 3개를 포장하므로 6분에 5개를 포장할 수 있고, 100개를 포장하는 데는 120분이 걸린다. 따라서 총 1,620분이 걸리므로 1,620÷60=27시간이 걸린다.

08

정답 ④

음료를 포장해 가는 고객의 수를 n명이라고 하면 카페 내에서 이용하는 고객의 수는 $(100-n)$명이다. 포장을 하는 고객은 6,400원의 수익을 주지만 카페 내에서 이용하는 고객은 서비스 비용인 1,500원을 제외한 4,900원의 수익을 준다.

즉, 고객에 대한 수익은 $6,400n+4,900(100-n)$ → $1,500n+490,000$이고,

가게 유지 비용에 대한 손익은 $1,500n+490,000-535,000$ → $1,500n-45,000$이다.

이 값이 0보다 커야 수익이 발생하므로 $1,500n-45,000>0$ → $1,500n>45,000$

∴ $n>30$

따라서 최소 31명이 음료 포장을 이용해야 수익이 발생하게 된다.

09

정답 ④

340km를 100km/h로 달리면 3.4시간이 걸린다. 휴게소에서 쉰 시간 30분(0.5시간)을 더해 원래 예정에는 3.9시간 뒤에 서울고속터미널에 도착해야 한다. 하지만 도착 예정시간보다 2시간 늦게 도착했으므로 실제 걸린 시간은 5.9시간이 되고, 휴게소에서 예정인 30분보다 6분(0.1시간)을 더 쉬었으니 쉬는 시간을 제외한 버스의 이동시간은 5.3시간이다. 그러므로 실제 경언이가 탄 버스의 평균 속도는 340÷5.3≒64km/h이다.

출제유형분석 02 실전예제

01

정답 ④

하늘색 · 크림색 타일의 면적은 $1m \times 1m = 1m^2$이므로 타일을 붙일 벽의 면적은 $6m \times 5m = 30m^2$이고, 필요한 타일의 개수는 $30 \div 1 = 30$개이다. 그러므로 각 타일의 구매비용을 구하면 다음과 같다.

- 하늘색 타일은 2개가 1세트이므로 구매할 세트의 수량은 $30 \div 2 = 15$개이고, 하늘색 타일의 구매비용은 $15 \times 5 = 75$만 원이다.
- 크림색 타일은 3개가 1세트이므로 구매할 세트의 수량은 $30 \div 3 = 10$개이고, 크림색 타일의 구매비용은 $10 \times 7 = 70$만 원이다.

따라서 크림색 타일을 선택하는 것이 하늘색 타일을 선택하는 것보다 경제적이며, 구매비용의 차는 $75 - 70 = 5$만 원이다.

02

정답 ③

주문할 달력의 수를 x권이라 하면, 각 업체의 비용은 다음과 같다.

- A업체의 비용 : $(1,650x + 3,000)$원
- B업체의 비용 : $1,800x$원

A업체에서 주문하는 것이 B업체에서 주문하는 것보다 유리해야 하므로

$1,650x + 3,000 < 1,800x \rightarrow x > 20$

따라서 달력을 21권 이상 주문한다면, A업체에서 주문하는 것이 더 유리하다.

03

정답 ④

세차 가격이 무료가 되는 주유량은 다음과 같다.

- A주유소의 경우 : $1,550a \geq 50,000$원 $\rightarrow a \geq 32.2$이므로 33L부터 세차 가격이 무료이다.
- B주유소의 경우 : $1,500b \geq 70,000$원 $\rightarrow b \geq 46.6$이므로 47L부터 세차 가격이 무료이다.

주유량에 따른 주유와 세차에 드는 비용은 다음과 같다.

구분	32L 이하	33L 이상 46L 이하	47L 이상
A주유소	$1,550a + 3,000$	$1,550a$	$1,550a$
B주유소	$1,500a + 3,000$	$1,500a + 3,000$	$1,500a$

주유량이 32L 이하와 47L 이상일 때, A주유소와 B주유소의 세차 가격 포함유무가 동일하므로 이때는 B주유소가 더 저렴하다. 따라서 A주유소에서 33L 이상 46L 이하를 주유할 때 B주유소보다 더 저렴하다.

04

정답 ③

- 1인 1일 사용량에서 영업용 사용량이 차지하는 비중 : $\frac{80}{282} \times 100 ≒ 28.37\%$
- 1인 1일 가정용 사용량의 하위 두 항목이 차지하는 비중 : $\frac{20+13}{180} \times 100 ≒ 18.33\%$

05

정답 ③

2023년 방송산업 종사자 수는 모두 32,443명이다. '2023년 추세'에서는 지상파(지상파DMB 포함)만 언급하고 있으므로 다른 분야의 인원은 고정되어 있다. 지상파 방송사(지상파DMB 포함)는 전년보다 301명이 늘어났으므로 2022년 방송산업 종사자 수는 $32,443 - 301 = 32,142$명이다.

출제유형분석 03 실전예제

01

정답 ④

ㄱ. 영어 관광통역 안내사 자격증 취득자는 2021년에 344명으로 전년 대비 감소하였으며, 스페인어 관광통역 안내사 자격증 취득자는 2021년에 전년 대비 동일하였고, 2022년에 3명으로 전년 대비 감소하였다.

ㄷ. 태국어 관광통역 안내사 자격증 취득자 수 대비 베트남어 관광통역 안내사 자격증 취득자 수의 비율은 2019년에 $\frac{4}{8} \times 100 =$ 50%, 2020년에 $\frac{15}{35} \times 100 \fallingdotseq 42.9\%$이므로 2020년에 전년 대비 감소하였다.

ㄹ. 2020년에 불어 관광통역 안내사 자격증 취득자 수는 전년 대비 동일한 반면, 스페인어 관광통역 안내사 자격증 취득자 수는 전년 대비 증가하였다.

오답분석

ㄴ. 2020 ~ 2022년의 일어 관광통역 안내사 자격증 취득자 수의 8배는 각각 266명, 137명, 153명인데, 중국어 관광통역 안내사 자격증 취득자 수는 2,468명, 1,963명, 1,418명이므로 각각 8배 이상이다.

02

정답 ④

ㄱ, ㄷ. 제시된 자료를 통해 확인할 수 있다.

ㄹ. TV홈쇼핑 판매수수료율 순위 자료를 보면 여행패키지의 판매수수료율은 8.4%이다. 반면, 백화점 판매수수료율 순위 자료에 여행패키지 판매수수료율이 제시되지 않았지만 상위 5위와 하위 5위의 판매수수료율을 통해 여행패키지 판매수수료율은 20.8%보다 크고 31.1%보다 낮다는 것을 추론할 수 있다. 즉, $8.4 \times 2 = 16.8 < 20.8$이므로 여행패키지 상품군의 판매수수료율은 백화점이 TV홈쇼핑의 2배 이상이라는 설명은 옳다.

오답분석

ㄴ. 백화점 판매수수료율 순위 자료를 보면 여성정장과 모피의 판매수수료율은 각각 31.7%, 31.1%이다. 반면, TV홈쇼핑 판매수수료율 순위 자료에는 여성정장과 모피의 판매수수료율이 제시되지 않았다. 상위 5위와 하위 5위의 판매수수료율을 통해 제시되지 않은 상품군의 판매수수료율은 28.7%보다 높고 36.8%보다 낮은 것을 추측할 수 있다. 즉, TV홈쇼핑의 여성정장과 모피의 판매수수료율이 백화점보다 높은지 낮은지 판단할 수 없다.

03

정답 ③

ㄴ. 2020년 대비 2023년 모든 분야의 침해사고 건수는 감소하였으나, 50%p 이상 줄어든 것은 스팸릴레이 한 분야이다.

ㄹ. 기타 해킹 분야의 2023년 침해사고 건수는 2021년 대비 증가했으므로 옳지 않은 설명이다.

오답분석

ㄱ. 단순침입시도 분야의 침해사고는 매년 스팸릴레이 분야의 침해사고 건수의 두 배 이상인 것을 확인할 수 있다.

ㄷ. 2022년 홈페이지 변조 분야의 침해사고 건수가 차지하는 비중은 $\frac{5,216}{16,135} \times 100 \fallingdotseq 32.3\%$로, 35% 이하이다.

04

정답 ④

2019년과 2023년에는 출생아 수와 사망자 수의 차이가 20만 명이 되지 않는다.

PART 1

05

정답 ②

2022년의 50대 선물환거래 금액은 1,980억×0.306=605.88억 원이며, 2023년은 2,084억×0.297=618.948억 원이다. 따라서 2022년 대비 2023년의 50대 선물환거래 금액 증가량은 618.948−605.88=13.068억 원이므로 13억 원 이상이다.

오답분석

① 2022 ~ 2023년의 전년 대비 10대의 선물환거래 금액 비율 증감 추이는 '증가 – 감소'이고, 20대는 '증가 – 증가'이다.

③ 2021 ~ 2023년의 40대 선물환거래 금액은 다음과 같다.

- 2021년 : 1,920억×0.347=666.24억 원
- 2022년 : 1,980억×0.295=584.1억 원
- 2023년 : 2,084억×0.281=585.604억 원

따라서 2023년의 40대 선물환거래 금액은 전년 대비 증가했으므로 40대의 선물환거래 금액은 지속적으로 감소하고 있지 않다.

④ 2023년의 10 ~ 40대 선물환거래 금액 총비율은 2.5+13+26.7+28.1=70.3%로, 2022년의 50대 비율의 2.5배인 30.6%×2.5=76.5%보다 낮다.

CHAPTER

03 문제해결능력

PART 1

출제유형분석 01 실전예제

01

정답 ②

'안압지 – 석굴암 – 첨성대 – 불국사'는 세 번째로 방문한 곳이 첨성대라면, 첫 번째로 방문한 곳은 불국사라는 다섯 번째 조건에 맞지 않는다.

02

정답 ②

첫 번째, 네 번째 조건을 이용하면 '미국 – 일본 – 캐나다' 순으로 여행한 사람의 수가 많음을 알 수 있다.
두 번째 조건에 의해 일본을 여행한 사람은 미국 또는 캐나다 여행을 했다. 따라서 일본을 여행했지만 미국을 여행하지 않은 사람은 캐나다 여행을 했고, 세 번째 조건에 의해 중국을 여행하지 않았다.

오답분석

①·④ 주어진 조건만으로는 알 수 없다.
③ 미국을 여행한 사람이 가장 많지만 일본과 중국을 여행한 사람을 합한 수보다 많은지는 알 수 없다.

03

정답 ④

다섯 번째 조건에 따라 C항공사는 제일 앞번호인 1번 부스에 위치하며, 세 번째 조건에 따라 G면세점과 H면세점은 양 끝에 위치한다. 이때 네 번째 조건에서 H면세점 반대편에는 E여행사가 위치한다고 하였으므로 5번 부스에는 H면세점이 올 수 없다. 따라서 5번 부스에는 G면세점이 위치한다. 또한 첫 번째 조건에 따라 같은 종류의 업체는 같은 라인에 위치할 수 없으므로 H면세점은 G면세점과 다른 라인인 4번 부스에 위치하고, 4번 부스 반대편인 8번 부스에는 E여행사가, 4번 부스 바로 옆인 3번 부스에는 F여행사가 위치한다. 나머지 조건에 따라 부스의 위치를 정리하면 다음과 같다.

1) 경우 1

C항공사	A호텔	F여행사	H면세점
복도			
G면세점	B호텔	D항공사	E여행사

2) 경우 2

C항공사	B호텔	F여행사	H면세점
복도			
G면세점	A호텔	D항공사	E여행사

따라서 항상 참이 되는 것은 ④이다.

04

정답 ④

제시된 조건을 식으로 표현하면 다음과 같다.

- 첫 번째 조건의 대우 : A → C
- 네 번째 조건의 대우 : C → ~E
- 두 번째 조건 : ~E → B
- 세 번째 조건의 대우 : B → D

위의 조건식을 정리하면 A → C → ~E → B → D이므로 주말 여행에 참가하는 사람은 A, B, C, D 4명이다.

05

정답 ③

을과 무의 진술이 모순되므로 둘 중 한 명은 참, 다른 한 명은 거짓을 말한다. 여기서 을의 진술이 참일 경우 무뿐만 아니라 갑의 진술도 거짓이 되어 두 명이 거짓을 진술한 것이 되므로 문제의 조건에 위배된다. 따라서 을의 진술이 거짓, 무의 진술이 참이다. 그러므로 A강좌는 을이, B와 C강좌는 갑과 정이, D강좌는 무가 담당하고, 병은 강좌를 담당하지 않는다.

06

정답 ④

먼저 갑의 진술을 기준으로 경우의 수를 나누어 보면 다음과 같다.

i) A의 근무지는 광주이다(○), D의 근무지는 서울이다(×).

병의 진술을 먼저 살펴보면, A의 근무지가 광주라는 것이 이미 고정되어 있으므로 앞 문장인 'C의 근무지는 광주이다.'는 거짓이 된다. 따라서 뒤 문장인 'D의 근무지는 부산이다.'가 참이 되어야 한다. 다음으로 을의 진술을 살펴보면, 앞 문장인 'B의 근무지는 광주이다.'는 거짓이며 뒤 문장인 'C의 근무지는 세종이다.'가 참이 되어야 한다. 이를 정리하면 다음과 같다.

A	B	C	D
광주	서울	세종	부산

ii) A의 근무지는 광주이다(×), D의 근무지는 서울이다(○).

병의 진술을 먼저 살펴보면, 뒤 문장인 'D의 근무지는 부산이다.'는 거짓이 되며, 앞 문장인 'C의 근무지는 광주이다.'는 참이 된다. 다음으로 을의 진술을 살펴보면 앞 문장인 'B의 근무지는 광주이다.'가 거짓이 되므로, 뒤 문장인 'C의 근무지는 세종이다.'는 참이 되어야 한다. 그러나 이미 C의 근무지는 광주로 확정되어 있기 때문에 모순이 발생한다. 따라서 ii)의 경우는 성립하지 않는다.

A	B	C	D
		광주, 세종(모순)	서울

따라서 보기에서 반드시 참인 것은 ㄱ, ㄴ, ㄷ이다.

출제유형분석 02 실전예제

01

정답 ②

서울 지점의 C씨에게 배송할 제품과 경기남부 지점의 B씨에게 배송할 제품에 대한 기호를 모두 기록해야 한다.

- C씨 : MS11EISS
  - 재료 : 연강(MS)
  - 판매량 : 1box(11)
  - 지역 : 서울(E)
  - 윤활유 사용 : 윤활작용(I)
  - 용도 : 스프링(SS)
- B씨 : AHSS00SSST
  - 재료 : 초고강도강(AHSS)
  - 판매량 : 1set(00)
  - 지역 : 경기남부(S)
  - 윤활유 사용 : 밀폐작용(S)
  - 용도 : 타이어코드(ST)

02

정답 ④

알파벳 순서에 따라 숫자로 변환하면 다음과 같다.

a	b	c	d	e	f	g	h	i
1	2	3	4	5	6	7	8	9
j	k	l	m	n	o	p	q	r
10	11	12	13	14	15	16	17	18
s	t	u	v	w	x	y	z	–
19	20	21	22	23	24	25	26	–

'intellectual'의 품번을 규칙에 따라 정리하면 다음과 같다.

- 1단계 : 9, 14, 20, 5, 12, 12, 5, 3, 20, 21, 1, 12
- 2단계 : 9+14+20+5+12+12+5+3+20+21+1+12=134
- 3단계 : |(14+20+12+12+3+20+12)−(9+5+5+21+1)|=|93−41|=52
- 4단계 : (134+52)÷4+134=46.5+134=180.5
- 5단계 : 180.5를 소수점 첫째 자리에서 버림하면 180이다.

따라서 제품의 품번은 180이다.

03

정답 ③

가장 먼저 살펴볼 것은 '3번 전구'인데, 이에 대해 언급된 사람은 A와 C 두 사람이다. 먼저 C는 3번 전구를 그대로 둔다고 하였고, A는 이 전구가 켜져 있다면 전구를 끄고, 꺼진 상태라면 그대로 둔다고 하였다. 그리고 B는 3번 전구에 대해 어떠한 행동도 취하지 않는다. 즉 3번 전구에 영향을 미치는 사람은 A뿐이며 이를 통해 3번 전구는 A, B, C가 방에 출입한 순서와 무관하게 최종적으로 꺼지게 된다는 것을 알 수 있다.

그렇다면 나머지 1, 2, 4, 5, 6이 최종적으로 꺼지게 되는 순서를 찾으면 된다. C의 단서에 이 5개의 전구가 모두 꺼지는 상황이 언급되어 있으므로, C를 가장 마지막에 놓고 A－B－C와 B－A－C를 판단해 보면 다음과 같다.

먼저 A－B－C의 순서로 판단해 보면, 다음과 같은 결과를 얻게 되어 답이 되지 않음을 알 수 있다.

전구 번호	1	2	3	4	5	6
상태	○	○	○	×	×	×
A	○	○	×	×	×	×
B	○	×	×	○	×	○
C	○	×	×	×	×	×

다음으로 B－A－C의 순서로 판단해 보면, 다음과 같은 결과를 얻게 되므로 ③이 답이 됨을 알 수 있다.

전구 번호	1	2	3	4	5	6
상태	○	○	○	×	×	×
B	○	×	○	○	×	○
A	○	×	×	○	×	×
C	×	×	×	×	×	×

04

정답 ④

부가기호 중 발행형태가 4로 전집이기 때문에 한 권으로만 출판된 것이 아님을 알 수 있다.

오답분석

① 국가번호가 05(미국)로 미국에서 출판되었다.
② 서명식별번호가 1011로 1011번째 발행되었다. 441은 발행자번호로 이 책을 발행한 출판사의 발행자번호가 441이라는 것을 의미한다.
③ 발행자번호는 441로 세 자리로 이루어져 있다.

출제유형분석 03 실전예제

01

정답 ④

㉢ 이미 우수한 연구개발 인재를 확보한 것이 강점이므로, 추가로 우수한 연구원을 채용하는 것은 WO전략으로 적절하지 못하다. 기회인 예산을 확보하면, 약점인 전력 효율성이나 국민적 인식 저조를 해결하는 전략을 세워야 한다.

㉣ 세계의 신재생에너지 연구(O)와 전력 효율성 개선(W)를 활용하므로 WT전략이 아닌 WO전략에 대한 내용이다. WT전략은 위협인 높은 초기 비용에 대한 전략이 나와야 한다.

02

정답 ②

ㄱ. 기술개발을 통해 연비를 개선하는 것은 막대한 R&D 역량이라는 강점으로 휘발유의 부족 및 가격의 급등이라는 위협을 회피하거나 최소화하는 전략에 해당하므로 적절하다.

ㄹ. 생산설비에 막대한 투자를 했기 때문에 차량모델 변경의 어려움이라는 약점이 있는데, 레저용 차량 전반에 대한 수요 침체 및 다른 회사들과의 경쟁이 심화되고 있으므로 생산량 감축을 고려할 수 있다.

ㅁ. 생산 공장을 한 곳만 가지고 있다는 약점이 있지만 새로운 해외시장이 출현하고 있는 기회를 살려서 국내 다른 지역이나 해외에 공장들을 분산 설립할 수 있을 것이다.

ㅂ. 막대한 R&D 역량이라는 강점을 이용하여 휘발유의 부족 및 가격의 급등이라는 위협을 회피하거나 최소화하기 위해 경유용 레저 차량 생산을 고려할 수 있다.

오답분석

ㄴ. 소형 레저용 차량에 대한 수요 증대라는 기회 상황에서 대형 레저용 차량을 생산하는 것은 적절하지 않은 전략이다.

ㄷ. 차량모델 변경의 어려움이라는 약점을 보완하는 전략도 아니고, 소형 또는 저가형 레저용 차량에 대한 선호가 증가하는 기회에 대응하는 전략도 아니다. 또한, 차량 안전 기준의 강화 같은 규제 강화는 기회 요인이 아니라 위협 요인이다.

ㅅ. 기회는 새로운 해외시장의 출현인데 내수 확대에 집중하는 것은 기회를 살리는 전략이 아니다.

03

정답 ②

국내 금융기관에 대한 SWOT 분석 결과는 다음과 같다.

강점(Strength)	약점(Weakness)
• 높은 국내 시장 지배력 • 우수한 자산건전성 • 뛰어난 위기관리 역량	• 은행과 이자수익에 편중된 수익구조 • 취약한 해외 비즈니스와 글로벌 경쟁력
기회(Opportunity)	**위협(Threat)**
• 해외 금융시장 진출 확대 • 기술 발달에 따른 핀테크의 등장 • IT 인프라를 활용한 새로운 수익 창출	• 새로운 금융 서비스의 등장 • 글로벌 금융기관과의 경쟁 심화

㉠ SO전략은 강점을 살려 기회를 포착하는 전략으로, 강점인 국내 시장 점유율을 기반으로 핀테크 사업에 진출하려는 ㉠은 적절한 SO전략으로 볼 수 있다.

㉢ ST전략은 강점을 살려 위협을 회피하는 전략으로, 강점인 우수한 자산건전성을 강조하여 글로벌 금융기관과의 경쟁에서 우위를 차지하려는 ㉢은 적절한 ST전략으로 볼 수 있다.

오답분석

㉡ WO전략은 약점을 보완하여 기회를 포착하는 전략이다. 그러나 위기관리 역량은 국내 금융기관이 지니고 있는 강점에 해당하므로 WO전략으로 적절하지 않다.

㉣ 해외 비즈니스 역량을 강화하여 해외 금융시장에 진출하는 것은 약점을 보완하여 기회를 포착하는 WO전략에 해당한다.

출제유형분석 04 실전예제

01

정답 ②

입찰에 참여한 업체들이 받은 등급을 토대로 점수를 산출하면 다음과 같다.

업체	가격 평가등급	품질 평가등급	생산속도 평가등급
가	30	27	10
나	20	30	30
다	15	25	20
라	20	18	30

산출된 점수에 가중치를 적용하여 업체별 최종점수를 도출하면 다음과 같다.

- 가 : (30×2)+(27×3)+(10×1)=151점
- 나 : (20×2)+(30×3)+(30×1)=160점
- 다 : (15×2)+(25×3)+(20×1)=125점
- 라 : (20×2)+(18×3)+(30×1)=124점

따라서 최종점수가 160점으로 가장 높은 나가 X부품 공급업체로 선정된다.

02

정답 ③

제시된 직원 투표 결과를 정리하면 다음과 같다.

(단위 : 표)

여행상품	1인당 비용(원)	총무팀	영업팀	개발팀	홍보팀	공장1	공장2	합계
A	500,000	2	1	2	0	15	6	26
B	750,000	1	2	1	1	20	5	30
C	600,000	3	1	0	1	10	4	19
D	1,000,000	3	4	2	1	30	10	50
E	850,000	1	2	0	2	5	5	15
합계		10	10	5	5	80	30	140

㉠ 가장 인기 높은 여행상품은 D이다. 그러나 공장1의 고려사항은 회사에 손해를 줄 수 있으므로, 2박 3일 여행상품이 아닌 1박 2일 여행상품 중 가장 인기 있는 B가 선택된다. 따라서 750,000×140=105,000,000원이 필요하므로 옳다.

㉢ 공장1의 A, B 투표 결과가 바뀐다면 여행상품 A, B의 투표 수가 각각 31, 25표가 되어 선택되는 여행상품이 A로 변경된다.

오답분석

㉡ 가장 인기 높은 여행상품은 D이므로 옳지 않다.

03

정답 ①

오답분석

② 법정대리인이 자녀와 함께 방문한 경우 법정대리인의 실명확인증표로 인감증명서를 대체 가능하다.

③ 만 18세인 지성이가 전자금융서비스를 변경하기 위해서는 법정대리인 동의서와 성명·주민등록번호·사진이 포함된 학생증이 필요하다. 학생증에 주민등록번호가 포함되지 않은 경우, 미성년자의 기본증명서가 추가로 필요하다.

④ 법정대리인 신청 시 부모 각각의 동의서가 필요하다.

04

정답 ②

주어진 자료를 표로 정리하면 다음과 같다.

선택		B여행팀	
		관광지에 간다	관광지에 가지 않는다
A여행팀	관광지에 간다	(10, 15)	(15, 10)
	관광지에 가지 않는다	(25, 20)	(35, 15)

• A여행팀의 최대효용
- B여행팀이 관광지에 가는 경우 : A여행팀이 관광지에 가지 않을 때 25의 최대효용을 얻는다.
- B여행팀이 관광지에 가지 않는 경우 : A여행팀이 관광지에 가지 않을 때 35의 최대효용을 얻는다.

따라서 A여행팀은 B여행팀의 선택에 상관없이 관광지에 가지 않아야 효용이 발생하며, 이때의 최대효용은 35이다.

• B여행팀의 최대효용
- A여행팀이 관광지에 가는 경우 : B여행팀이 관광지에 갈 때 15의 최대효용을 얻는다.
- A여행팀이 관광지에 가지 않는 경우 : B여행팀이 관광지에 갈 때 20의 최대효용을 얻는다.

따라서 B여행팀은 A여행팀의 선택에 상관없이 관광지에 가야 효용이 발생하며, 이때의 최대효용은 20이다.

이를 종합하면, A여행팀은 관광지에 가지 않을 때, B여행팀은 관광지에 갈 때 효용이 극대화되고, 총효용은 45(=25+20)이다.

05

정답 ①

T주임이 이동할 거리는 총 12+18=30km이다. T주임이 렌트한 H차량은 연비가 10km/L이며 1L 단위로 주유가 가능하므로 3L를 주유하여야 한다. H차량의 연료인 가솔린은 리터당 1.4달러이므로 총 유류비는 3L×1.4달러=4.2달러이다.

06

정답 ④

T주임이 시속 60km로 이동하는 구간은 18+25=43km이다. 또한 시속 40km로 이동하는 구간은 12km이다. 따라서 첫 번째 구간의 소요시간은 $\frac{43\text{km}}{60\text{km/h}}$=43분이며, 두 번째 구간의 소요시간은 $\frac{12\text{km}}{40\text{km/h}}$=18분이다. 그러므로 총 이동시간은 43+18=61분, 즉 1시간 1분이다.

CHAPTER

04 자원관리능력

출제유형분석 01 실전예제

01

정답 ④

선택지에 따른 교통편을 이용할 때, 본사에 도착하는 데 걸리는 시간은 다음과 같다.

① 버스 – 택시 : 9시 5분 ~ 10시 5분(버스) → 10시 5분 ~ 10시 35분(택시)
② 지하철 – 버스 : 9시 10분 ~ 9시 55분(지하철) → 10시 20분 ~ 10시 45분(버스)
③ 자가용 – 지하철 : 9시 ~ 10시 20분(자가용) → 10시 50분 ~ 11시 5분(지하철)
④ 지하철 – 택시 : 9시 10분 ~ 9시 55분(지하철) → 9시 55분 ~ 10시 25분(택시)

따라서 지하철을 타고 고속터미널로 간 다음 택시를 타는 ④가 가장 빨리 도착하는 방법이다.

02

정답 ①

두 번째 조건에서 경유지는 서울보다+1시간, 출장지는 경유지보다 –2시간이므로 서울과 –1시간 차이다.

김대리가 서울에서 경유지를 거쳐 출장지까지 가는 과정을 서울 시각 기준으로 정리하면 다음과 같다.

서울 5일 오후 1시 35분 출발 → 오후 1시 35분+3시간 45분=오후 5시 20분 경유지 도착 → 오후 5시 20분+3시간 50분(대기시간)=오후 9시 10분 경유지에서 출발 → 오후 9시 10분+9시간 25분=6일 오전 6시 35분 출장지 도착

따라서 출장지에 도착했을 때 현지 시각은 서울보다 1시간 느리므로 오전 5시 35분이다.

출제유형분석 02 실전예제

01

 ④

• 1월 8일
출장지는 I시이므로 출장수당은 10,000원이고, 교통비는 20,000원이다. 그러나 관용차량을 사용했으므로 교통비에서 10,000원이 차감된다. 즉, 1월 8일의 출장여비는 10,000+(20,000–10,000)=20,000원이다.

• 1월 16일
출장지는 S시이므로 출장수당은 20,000원이고, 교통비는 30,000원이다. 그러나 출장 시작 시각이 14시이므로 10,000원이 차감된다. 즉, 1월 16일의 출장여비는 (20,000–10,000)+30,000=40,000원이다.

• 1월 19일
출장지는 B시이므로 출장비는 20,000원이고, 교통비는 30,000원이다. 이때, 업무추진비를 사용했으므로 10,000원이 차감된다. 즉, 1월 19일의 출장여비는 (20,000–10,000)+30,000=40,000원이다.

따라서 S사원이 1월 출장여비로 받을 수 있는 총액은 20,000+40,000+40,000=100,000원이다.

02

정답 ④

B과장의 지출내역을 토대로 여비를 계산하면 다음과 같다.

- 운임 : 철도 · 선박 · 항공운임에 대해서만 지급한다고 규정하고 있으므로, 버스 또는 택시요금에 대해서는 지급하지 않는다. 따라서 철도운임만 지급되며 일반실을 기준으로 실비로 지급하므로, 여비는 43,000+43,000=86,000원이다.
- 숙박비 : 1박당 실비로 지급하되, 그 상한액은 40,000원이다. 그러나 출장기간이 2일 이상인 경우에는 출장기간 전체의 총액한도 내에서 실비로 지급한다고 하였으므로, 3일간의 숙박비는 총 120,000원 내에서 실비가 지급된다. 따라서 B과장이 지출한 숙박비 45,000+30,000+35,000=110,000원 모두 여비로 지급된다.
- 식비 : 1일당 20,000원으로 여행일수에 따라 지급된다. 총 4일이므로 80,000원이 지급된다.
- 일비 : 1인당 20,000원으로 여행일수에 따라 지급된다. 총 4일이므로 80,000원이 지급된다.

따라서 B과장이 정산 받은 여비의 총액은 86,000+110,000+80,000+80,000=356,000원이다.

03

정답 ③

C씨는 지붕의 수선이 필요한 주택보수비용 지원 대상에 선정되었다. 지붕 수선은 대보수에 해당하며, 대보수의 주택당 보수비용 지원한도액은 950만 원이다. 또한, C씨는 중위소득 40%에 해당하므로 지원한도액의 80%를 차등 지원받게 된다. 따라서 C씨가 지원받을 수 있는 주택보수비용의 최대 액수는 950만×0.8=760만 원이다.

출제유형분석 03 실전예제

01

정답 ③

매출 순이익은 [(판매 가격)−(생산 단가)]×(판매량)이므로 메뉴별 매출 순이익을 계산하면 다음과 같다.

메뉴	예상 월간 판매량(개)	생산 단가(원)	판매 가격(원)	매출 순이익(원)
A	500	3,500	4,000	250,000[=(4,000−3,500)×500]
B	300	5,500	6,000	150,000[=(6,000−5,500)×300]
C	400	4,000	5,000	400,000[=(5,000−4,000)×400]
D	200	6,000	7,000	200,000[=(7,000−6,000)×200]

따라서 매출 순이익이 가장 높은 C를 메인 메뉴로 선정하는 것이 가장 적절하다.

02

정답 ④

완성품 납품 수량은 총 100개이다. 완성품 1개당 부품 A는 10개가 필요하므로 총 1,000개가 필요하고, B는 300개, C는 500개가 필요하다. 그런데 A는 500개, B는 120개, C는 250개의 재고가 있으므로, 각각 모자라는 나머지 부품인 500개, 180개, 250개를 주문해야 한다.

출제유형분석 04 실전예제

01

정답 ③

오답분석

- A지원자 : 3월에 복학 예정이기 때문에 인턴 기간이 연장될 경우 근무할 수 없으므로 부적합하다.
- B지원자 : 경력 사항이 없으므로 부적합하다.
- D지원자 : 근무 시간(9 ~ 18시) 이후에 업무가 불가능하므로 부적합하다.

PART 1

02

정답 ③

먼저 모든 면접위원의 입사 후 경력은 3년 이상이어야 한다는 조건에 따라 A, E, F, H, I, L직원은 면접위원으로 선정될 수 없다. 이사 이상의 직급으로 6명 중 50% 이상 구성해야 하므로 자격이 있는 C, G, N은 반드시 면접위원으로 포함한다. 다음으로 인사팀을 제외한 부서는 두 명 이상 구성할 수 없으므로 이미 N이사가 선출된 개발팀은 더 선출할 수 없고, 인사팀은 반드시 2명을 포함해야 하므로 D과장은 반드시 선출된다. 이를 정리하면 다음과 같다.

구분	1	2	3	4	5	6
경우 1	C이사	D과장	G이사	N이사	B과장	J과장
경우 2	C이사	D과장	G이사	N이사	B과장	K대리
경우 3	C이사	D과장	G이사	N이사	J과장	K대리

따라서 B과장이 면접위원으로 선출됐더라도 K대리가 선출되지 않는 경우도 있다.

03

정답 ④

B동에 사는 변학도 씨는 매주 월, 화 오전 8시부터 오후 3시까지 하는 카페 아르바이트로 화 ~ 금 오전 9시 30분부터 오후 12시까지 진행되는 '그래픽 편집 달인되기'를 수강할 수 없다.

CHAPTER

05 조직이해능력

출제유형분석 01 실전예제

01

정답 ③

전략목표를 먼저 설정하고 환경을 분석해야 한다.

02

정답 ④

㉠은 집중화 전략, ㉡은 원가우위 전략, ㉢은 차별화 전략에 해당한다.

출제유형분석 02 실전예제

01

정답 ②

조직은 의식적으로 구성된 상호작용과 조정을 행하는 집합체이다.

02

정답 ③

조직문화는 구성원 개개인의 개성을 인정하고 그 다양성을 강화하기보다는 구성원들의 행동을 통제하는 기능을 한다. 즉, 구성원을 획일화·사회화시킨다.

03

정답 ②

공식적 목표와 실제적 목표가 다를 수 있으며 다수의 조직목표를 추구할 수 있다.

04

정답 ①

조직변화의 과정

1. 환경변화 인지
2. 조직변화 방향 수립
3. 조직변화 실행
4. 변화결과 평가

05

정답 ①

조직도를 살펴보면 조직 내적인 구조는 볼 수 없지만, 구성원들의 임무, 수행하는 과업, 일하는 장소 등과 같은 일하는 방식과 관련된 체계를 알 수 있으므로 한 조직을 이해하는 데 유용하다.

06

정답 ②

오답분석

• B : 사장 직속으로 4개의 본부가 있다는 설명은 옳지만, 인사를 전담하고 있는 본부는 없으므로 적절하지 않다.
• C : 감사실이 분리되어 있다는 설명은 옳지만, 사장 직속이 아니므로 적절하지 않다.

PART 1

출제유형분석 03 실전예제

01

정답 ④

비품은 기관의 비품이나 차량 등을 관리하는 총무지원실에 신청해야 하며, 교육 일정은 사내 직원의 교육 업무를 담당하는 인사혁신실에서 확인해야 한다.

02

정답 ④

인·적성검사 합격자의 조 구성은 은경씨가 하지만, 합격자에게 몇 조인지 미리 공지하는지는 알 수 없다.

03

정답 ④

예산집행 조정, 통제 및 결산 총괄 등 예산과 관련된 업무는 ㉣ 자산팀이 아닌 ㉠ 예산팀이 담당하는 업무이다. 자산팀은 물품구매와 장비·시설물 관리 등의 업무를 담당한다.

04

정답 ①

전문자격 시험의 출제정보를 관리하는 시스템의 구축·운영 업무는 정보화사업팀이 담당하는 업무로, 개인정보 보안과 관련된 업무를 담당하는 정보보안전담반의 업무로는 적절하지 않다.

05

정답 ④

홈페이지 운영 등은 정보사업팀에서 한다.

오답분석

① 1개의 감사실과 11개의 팀으로 되어 있다.
② 예산기획과 경영평가는 전략기획팀에서 관리한다.
③ 경영평가(전략기획팀), 성과평가(인재개발팀), 품질평가(평가관리팀) 등 다른 팀에서 담당한다.

06

정답 ①

품질평가 관련 민원은 평가관리팀이 담당하고 있다.

인생이란 결코 공평하지 않다. 이 사실에 익숙해져라.

-빌 게이츠-

PART 2

최종점검 모의고사

제1회

최종점검 모의고사

01	02	03	04	05	06	07	08	09	10	11	12	13	14	15	16	17	18	19	20
③	①	④	③	④	④	①	①	③	①	③	②	④	④	①	④	②	②	③	①
21	22	23	24	25	26	27	28	29	30	31	32	33	34	35	36	37	38	39	40
①	③	②	①	①	④	③	④	①	④	④	④	③	③	③	③	④	③	③	④
41	42	43	44	45	46	47	48	49	50										
②	④	③	①	③	④	④	④	②	④										

01

정답 ③

의미가 단순한 언어를 사용하면 메시지의 전달이 분명해진다.

오답분석

① 정보의 양이 너무 많으면 핵심이 가려지기 쉽다.
② 필요 이상으로 진지한 분위기는 의사소통에 부정적인 영향을 준다.
④ 대화 구성원의 사이가 어떤가에 따라 둘 사이의 대화, 즉 의사소통도 달라진다.

02

정답 ①

자신이 전달하고자 하는 의사표현을 명확하고 정확하게 하지 못할 경우에는 자신이 평정을 어느 정도 찾을 때까지 의사소통을 연기한다. 하지만 조직 내에서 의사소통을 무한정으로 연기할 수는 없기 때문에 자신의 분위기와 조직의 분위기를 개선하도록 노력하는 등의 적극적인 자세가 필요하다. 따라서 A사원의 메모 중 잘못 작성한 것은 ⓜ 1개이다.

03

정답 ④

상대방이 이해하기 어려운 전문적 언어(ⓡ)나 단조로운 언어(ⓜ)는 의사표현에 사용되는 언어로 적절하지 않다.

오답분석

의사표현에 사용되는 적절한 언어로는 이해하기 쉬운 언어(㉠), 상세하고 구체적인 언어(㉡), 간결하면서 정확한 언어(㉢), 문법적 언어(ⓗ), 감각적 언어 등이 있다.

04

정답 ③

ㄱ. 업무지시서의 경우, 개괄적 내용만 담은 후 다시 물어보는 것은 비효율적이다. 미리 내용과 방식을 분명히 하여 구체적으로 작성하여야 한다.
ㄴ. 설명서의 경우, 소비자들이 이해하기 쉽도록 전문용어를 쉬운 언어로 풀어서 작성하여야 한다.

오답분석

ㄷ. 공문서는 정부 행정기관에서 대내적, 혹은 대외적 공무를 집행하기 위해 작성하는 문서 또는 정부기관이 일반회사, 또는 단체로부터 접수하는 문서 및 일반회사에서 정부기관을 상대로 사업을 진행하려고 할 때 작성하는 문서로 엄격한 규격과 양식에 따라 정당한 권리를 가진 사람이 작성해야 하며 최종 결재권자의 결재가 있어야 문서로서의 기능이 성립된다.

05

정답 ④

언어적인 의사소통은 대화를 통해 상대방의 반응 등을 살펴 실시간으로 상대방을 설득할 수 있으므로 문서적인 의사소통에 비해 유동성이 크다.

오답분석

① 문서적인 의사소통에는 업무지시 메모, 업무보고서 작성, 고객사에서 보내온 수취확인서, 운송장 작성 등이 있다.
② 문서적인 의사소통은 보는 사람이 판단하는 것이므로 혼란과 곡해를 일으키는 경우도 있다.
③ 문서적인 의사소통은 언어적인 의사소통보다 권위감이 있고, 정확성을 기하기 쉬우며, 전달성과 보존성이 크기 때문에 언어적인 의사소통의 한계를 극복하기 위한 방법이기도 하다.

06

정답 ④

키드, 피어슨 등은 인종이나 민족, 국가 등의 집단 단위로 '생존경쟁'과 '적자생존'을 적용하여 우월한 집단이 열등한 집단을 지배하는 것을 정당화하였는데, 이는 사회 진화론의 개념을 집단 단위에 적용시킨 것이다.

오답분석

① 사회 진화론은 생물 진화론을 개인과 집단에 적용시킨 사회 이론이다.
② 사회 진화론의 중심 개념이 19세기에 등장한 것일 뿐, 그 자체가 19세기에 등장한 것인지는 알 수 없다.
③ '생존경쟁'과 '적자생존'의 개념이 민족과 같은 집단의 범위에 적용되면 민족주의와 결합한다.

PART 2

07

정답 ①

제시문에서 언급되지 않은 내용이다.

오답분석

② 두 번째 문단에 나와 있다.
③ 첫 번째 문단에서 '위기(爲己)란 자아가 성숙하는 것을 추구하며'라고 하였다.
④ 첫 번째 문단에서 '공자는 공부하는 사람의 관심이 어디에 있느냐를 가지고 학자를 두 부류로 구분했다.'라고 하였다.

08

정답 ①

제시문의 첫 번째 문단에서는 '사회적 자본'이 늘어나면 정치 참여도가 높아진다는 주장을 하였고, 두 번째 문단에서는 '사회적 자본'의 개념을 사이버공동체에 도입하였으나 현실과 잘 맞지 않는다고 하면서 '사회적 자본'의 한계를 서술했다. 그리고 마지막 문단에서는 이 같은 사회적 자본만으로는 정치 참여가 늘어나기 어렵고 이른바 '정치적 자본'의 매개를 통해서만이 가능하다는 주장을 하고 있다. 따라서 ①이 제시문의 주제로 가장 적절하다.

09

정답 ③

첫 단락에서 비체계적 위험과 체계적 위험을 나누어 살핀 후 비체계적 위험 아래에서의 투자 전략과 체계적 위험 아래에서의 투자 전략을 제시하고 있다. 그리고 글의 중간부터는 베타 계수를 활용하여 체계적 위험에 대응하는 내용이 전개되고 있다.

10

정답 ①

제시문은 코젤렉의 '개념사'에 대한 정의와 특징에 대한 글이다. 따라서 (라) 개념에 대한 논란과 논쟁 속에서 등장한 코젤렉의 '개념사' → (가) 코젤렉의 '개념사'와 개념에 대한 분석 → (나) 개념에 대한 추가적인 분석 → (마) '개념사'에 대한 추가적인 분석 → (다) '개념사'의 목적과 코젤렉의 주장의 순서대로 나열하는 것이 적절하다.

11

정답 ③

사이다의 용량 1mL에 대한 가격을 비교하면 다음과 같다.

• A업체 : $\frac{25,000}{340\times25}$ ≒2.94원/mL

• B업체 : $\frac{25,200}{345\times24}$ ≒3.04원/mL

• C업체 : $\frac{25,400}{350\times25}$ ≒2.90원/mL

• D업체 : $\frac{25,600}{355\times24}$ ≒3.00원/mL

따라서 1mL당 가격이 가장 저렴한 업체는 C업체이다.

12

정답 ②

2022년 김치 수출액이 3번째로 많은 국가는 홍콩이다. 홍콩의 2021년 대비 2022년 수출액의 증감률은 $\frac{4,285-4,543}{4,543}\times100$ ≒−5.68%이다.

13

정답 ④

이륜자동차의 5년간 총 사고건수는 12,400+12,900+12,000+11,500+11,200=60,000건이고, 2016년과 2017년의 사고건수의 합은 12,900+12,000=24,900건이므로 전체 사고건수의 $\frac{24,900}{60,000}\times100=41.5$%이다.

오답분석

① 원동기장치 자전거의 사고건수는 2017년까지 증가하다가, 2018년(7,110건)에는 전년(7,480건) 대비 감소하였다.

② 이륜자동차를 제외하고 2015년부터 2019년까지 교통수단별 사고건수가 가장 많은 해를 구하면 전동킥보드는 2019년(162건), 원동기장치 자전거는 2019년(8,250건), 택시는 2019년(177,856건)이지만, 버스는 2017년(235,580건)이 가장 높다.

③ 택시의 2015년 대비 2019년 사고건수는 (177,856−158,800)÷158,800×100=12% 증가하였고, 버스의 2015년 대비 2019년 사고건수는 (227,256−222,800)÷222,800×100=2% 증가하였다. 따라서 택시의 사고건수 증가율이 높다.

14

정답 ④

㉠ 5가지 교통수단 중 전동킥보드만 사고건수가 매년 증가하고 있으며 대책이 필요하다.

㉢ 2016년 이륜자동차에 면허에 대한 법률이 개정되었고, 2017년부터 시행되었으며, 2017~2019년 전년 대비 이륜자동차의 사고건수가 매년 줄어들고 있으므로 옳은 판단이다.

㉣ 2015년도부터 2019년까지 택시의 사고건수는 '증가 – 감소 – 증가 – 증가'하였으나, 버스는 '감소 – 증가 – 감소 – 감소'하였다.

오답분석

㉡ 원동기장치 자전거의 사고건수가 가장 적은 해는 2015년(5,450건)이지만, 이륜자동차의 사고건수가 가장 많은 해는 2016년(12,900건)이다.

15

정답 ①

조건을 분석하면 다음과 같다.

• 첫 번째 조건에 의해 ㉠~㉣ 국가 중 연도별로 8위를 두 번한 나라는 ㉠과 ㉣이므로 둘 중 한 곳이 한국, 나머지 한 곳이 캐나다임을 알 수 있다.

• 두 번째 조건에 의해 2020년 대비 2021년의 이산화탄소 배출량 증가율은 ㉡과 ㉢이 각각 $\frac{556-535}{535}\times100$ ≒3.93%와 $\frac{507-471}{471}\times100$ ≒7.64%이므로 ㉢은 사우디가 되며, ㉡은 이란이 된다.

• 세 번째 조건에 의해 이란의 수치는 고정값으로 놓고 2015년을 기점으로 ㉠이 ㉣보다 배출량이 커지고 있으므로 ㉠이 한국, ㉣이 캐나다임을 알 수 있다.

따라서 ㉠~㉣은 순서대로 한국, 이란, 사우디, 캐나다이다.

16

정답 ④

2023년 5 ~ 8월까지 생활용품의 인터넷 쇼핑 거래액의 총합은 288,386+260,158+274,893+278,781=1,102,218백만 원, 약 11,022억 원이다.

17

정답 ②

7월 중 모바일 쇼핑 거래액이 가장 높은 상품은 '여행 및 교통서비스'이다. 이 상품의 8월 인터넷 쇼핑과 모바일 쇼핑 거래 차액은 1,017,259−566,972=450,287백만 원이다.

18

정답 ②

5 ~ 8월 동안 모바일 쇼핑 거래액이 가장 낮은 상품은 모두 애완용품임을 확인할 수 있다.

오답분석

① 5 ~ 8월 동안 모든 상품은 모바일 쇼핑 거래액이 인터넷 쇼핑 거래액보다 크다.
③ 음식서비스를 제외한 다른 상품은 전월 대비 6월의 인터넷 쇼핑 거래액은 감소했으며, 여행 및 교통서비스와 전자통신기기는 8월에도 감소하였다.
④ 5월 대비 7월 모바일 쇼핑 거래액이 증가한 상품은 애완용품, 여행 및 교통서비스, 음식서비스 총 3가지이다.

19

정답 ③

동화를 선호하는 4 ~ 5학년 학생 수는 (305×0.12)+(302×0.08)=60.76명이다. 따라서 고학년 전체 학생 수 대비 동화를 선호하는 4 ~ 5학년 학생 수 비율은 $\frac{60.76}{926}\times 100 \fallingdotseq 6.6\%$이다.

20

정답 ①

학년이 올라갈수록 도서 선호 분야 비율이 커지는 분야는 '소설', '철학'이다.

21

정답 ①

- ㄱ, ㅂ : 곤충 사체 발견, 방사능 검출은 현재 직면한 문제로 발생형 문제이다.
- ㄷ, ㅁ : 더 많은 전압을 회복시킬 수 있는 충전지 연구와 근로시간 단축은 현재 상황보다 효율을 더 높이기 위한 문제로 탐색형 문제이다.
- ㄴ, ㄹ : 초고령사회와 드론시대를 대비하여 미래지향적인 과제를 설정하는 것은 설정형 문제이다.

22

정답 ③

문제란 발생한 상황 자체를 의미하는 것으로 그 상황이 발생한 원인인 문제점과 구분된다. 따라서 사례에서 발생한 문제는 '아이의 화상' 자체이다.

오답분석

①·②·④ 모두 아이의 화상이라는 문제가 발생한 것에 대한 원인을 나타내는 것으로 문제점에 해당한다.

PART 2

23

정답 ②

강제연상법이란, 각종 힌트에서 강제로 연결 지어 발상하는 방법으로, 해당 힌트를 통해 사고 방향을 미리 정해서 아이디어를 발상한다. 대표적인 방법으로 체크리스트법이 있는데, 이는 어떤 주제에 아이디어를 찾고자 할 때, 이에 대한 질문항목을 표로 만들어 정리하고 하나씩 점검해가며 아이디어를 생각해내는 것이다. 이처럼 각 항목에 대해 하나하나씩 점검하기 때문에 누락될 염려도 없을 뿐만 아니라 반복적인 작업에서는 보다 편리한 작업을 가능하게 한다. 따라서 강제연상법에 해당하는 것은 ㄴ, ㅅ이다.

오답분석

- ㄱ, ㅂ : 자유연상법이란 어떤 생각에서 다른 생각을 계속해서 떠올리는 작용을 통해 어떤 주제에서 생각나는 것을 계속해서 열거해 나가는 발산적 사고 중 하나의 방법으로 대표적인 방법 중 하나가 브레인스토밍이다. 브레인스토밍이란 집단의 구성원이 마주앉아 해당 주제에 대해 다양한 아이디어를 제시함으로써 아이디어의 연쇄반응을 일으키는 것이다.
- ㄷ, ㄹ, ㅁ : 비교발상법이란 주제와 본질적으로 닮은 것을 힌트로 하여 새로운 아이디어를 얻는 방법인데, 이때 주제와 본질적으로 닮았다는 것은 단순히 겉만을 의미하는 것이 아닌 힌트와 주제가 제시한 개별 아이디어 자체의 의미를 잃지 않는 수준에서 닮았다는 것을 의미한다. 이에 해당하는 방법으론 대상과 비슷한 것을 찾아내 그것을 힌트로 하여 새로운 아이디어를 도출하는 NM법과 서로 관련이 없어 보이는 요소들을 결합하여 새로운 아이디어를 도출하는 시네틱스법이 있다.

24

정답 ①

사람들은 흔히 창의적인 사고가 특별한 사람들만이 할 수 있는 대단한 능력이라고 생각하지만, 우리는 일상생활에서 창의적인 사고를 끊임없이 하고 있으며, 이러한 창의적 사고는 누구에게나 있는 능력이다. 예를 들어 어떠한 일을 할 때 더 쉬운 방법이 없을까 고민하는 것 역시 창의적 사고 중 하나로 볼 수 있다.

25

정답 ①

비판적 사고의 목적은 단순히 그 주장의 단점을 찾아내는 것이 아니라, 종합적인 분석과 검토를 통해서 그 주장이 타당한지 그렇지 않은지를 밝혀내는 것이다.

오답분석

② 비판적 사고는 논증, 추론, 증거, 가치에 대한 문제의 핵심을 파악하는 방법을 학습을 통해 배울 수 있으며, 타고난 것이라고 할 수 없다.
③ 비판적 사고를 하기 위해서는 우선 감정을 조절하고, 중립적인 입장에서 어떤 주장이나 의견을 파악할 필요가 있다.
④ 비판적 사고는 부정적으로 생각하는 것이 아니라, 지식과 정보에 바탕을 둔 합당한 근거를 기초로 생각하는 것이다.

26

정답 ④

신고 포상금은 부패신고로 인하여 직접적인 수입회복 등이 없더라도 공익의 증진 등을 가져온 경우 지급한다.

오답분석

① 부패신고는 직무상 비밀준수의 의무를 위반하지 않은 것으로 본다.
② 누구든지 신고자의 동의 없이 그 신분을 밝히거나 암시할 수 없다.
③ 신고포상금이 아닌 신고보상금의 경우 최대 30억 원까지 지급받을 수 있다.

27

정답 ③

보상대상가액 3억 7천만 원은 1억 원 초과 5억 원 이하이므로 3천만 원+(2억 7천만 원×0.2)≒8천만 원이다.

오답분석

① 1억 1천만 원+(12억 2천만 원×0.14)≒2억 8천만 원
② 1억 1천만 원+(3천만 원×0.14)≒1억 1천만 원
④ 4억 8천만 원+(712억 원×0.04)≒33억 3천만 원 → 30억 원(최대보상금 제한)

28

정답 ④

각 도입규칙을 논리식으로 나타내면 다음과 같다.

• 규칙1. A
• 규칙2. ~B → D
• 규칙3. E → ~A
• 규칙4. B, E, F 중 2개 이상
• 규칙5. ~E ∧ F → ~C
• 규칙6. 최대한 많은 설비 도입

규칙1에 따르면 A는 도입하며, 규칙3의 대우인 A → ~E에 따르면 E는 도입하지 않는다.
규칙4에 따르면 E를 제외한 B, F를 도입해야 하고, 규칙5에서 E는 도입하지 않으며, F는 도입하므로 C는 도입하지 않는다.
D의 도입여부는 규칙1 ~ 5에서는 알 수 없지만, 규칙6에서 최대한 많은 설비를 도입한다고 하였으므로 D를 도입한다.
따라서 도입할 설비는 A, B, D, F이다.

29

정답 ①

주어진 조건을 논리식으로 표현하면 다음과 같다.

i) 혁신역량강화 → ~조직문화
ii) ~일과 가정 → 미래가치교육
iii) 혁신역량강화, 미래가치교육 中 1
iv) 조직문화, 전략적 결정, 공사융합전략 中 2
v) 조직문화

• G대리가 조직문화에 참여하므로 i)의 대우인 '조직문화 → ~혁신역량강화'에 따라 혁신역량강화에 참여하지 않는다. 따라서 iii)에 따라 미래가치교육에 참여한다.
• 일과 가정의 경우 참여와 불참 모두 가능하지만, G대리는 최대한 참여하므로 일과 가정에 참여한다.
• iv)에 따라 전략적 결정, 공사융합전략 중 한 가지 프로그램에 참여할 것임을 알 수 있다.

따라서 G대리는 조직문화, 미래가치교육, 일과 가정 그리고 전략적 결정 혹은 공사융합전략에 참여하므로 최대 4개의 프로그램에 참여한다.

오답분석

② G대리의 전략적 결정 참여 여부와 일과 가정 참여 여부는 상호 무관하다.
③ G대리는 혁신역량강화에 참여하지 않으며, 일과 가정 참여 여부는 알 수 없다.
④ G대리는 조직문화에 참여하므로 iv)에 따라 전략적 결정과 공사융합전략 중 한 가지에만 참여 가능하다.

30

정답 ④

세레나데 & 봄의 제전은 55% 할인된 가격인 27,000원에서 10%가 티켓 수수료로 추가된다고 했으니 2,700원을 더한 29,700원이 총 결제가격이다. 따라서 티켓판매 수량이 1,200장이니 총수익은 3,564만 원이다.

오답분석

① 판매자료에 티켓이 모두 50% 이상 할인율을 가지고 있어 할인율이 크다는 생각을 할 수 있다.
② 티켓 판매가 부진해 소셜커머스도 반값 이상의 할인을 한다는 생각은 충분히 할 수 있는 생각이다.
③ 백조의 호수의 경우 2월 12일 ~ 17일까지 6일이라는 가장 짧은 기간 동안 티켓을 판매했지만, 1,787장으로 가장 높은 판매량을 기록하고 있다. 설 연휴와 더불어 휴일에 티켓 수요가 늘 것을 예상해 일정을 짧게 잡아 단기간에 빠르게 판매량을 높인 것을 유추할 수 있다.

31

정답 ④

7월 19 ~ 20일에 연차를 쓴다면 작년투자현황 조사를 1, 4일에, 잠재력 심층조사를 6, 7일에, 1차 심사를 11 ~ 13일에, 2차 심사를 15, 18, 21일에 하더라도, 최종결정과 선정결과 발표 사이에 두어야 하는 하루의 간격이 부족하므로, 신규투자처 선정 일정에 지장이 가게 된다. 따라서 불가능하다.

32

정답 ④

최대한 일정을 당겨서 작년투자현황 조사를 1, 4일에, 잠재력 심층조사를 6, 7일에, 1차 심사를 11 ~ 13일에, 2차 심사를 15, 18, 19일에 해야만 신규투자처 선정 일정에 지장이 가지 않는다. 따라서 19일까지는 연차를 쓸 수 없다. 따라서 19일까지 2차 심사를 마치고 20 ~ 21일에 연차를 사용한다면 22일에 최종결정, 25일 혹은 26일에 발표를 할 수 있다.

33

정답 ③

사람들은 마감 기한보다 결과의 질을 중요하게 생각하는 경향이 있으나, 어떤 일이든 기한을 넘겨서는 안 된다. 완벽에 가깝지만 기한을 넘긴 일은 완벽하지는 않지만 기한 내에 끝낸 일보다 인정을 받기 어렵다. 따라서 시간관리에 있어서 주어진 기한을 지키는 것이 가장 중요하다.

오답분석

① A사원 : 시간관리는 상식에 불과하다는 오해를 하고 있다.
② B사원 : 시간에 쫓기면 일을 더 잘한다는 오해를 하고 있다.
④ D사원 : 창의적인 일을 하는 사람에게는 시간관리가 맞지 않는다는 오해를 하고 있다.

34

정답 ③

영희는 누적방수액의 유무와 상관없이 재충전 횟수가 200회 이상이면 충분하다고 하였으므로 100회 이상 300회 미만으로 충전이 가능한 리튬이온배터리를 구매한다. 누적방수액을 바르지 않은 것이 5,000원으로 더 저렴하므로 영희가 리튬이온배터리를 가장 저렴하게 구매하는 가격은 5,000원이다.

오답분석

① • 철수가 가장 저렴하게 구매하는 가격 : 20,000원
 • 영희가 가장 저렴하게 구매하는 가격 : 5,000원
 • 상수가 가장 저렴하게 구매하는 가격 : 5,000원
 따라서 철수, 영희, 상수가 리튬이온배터리를 가장 저렴하게 구매하는 가격은 20,000+5,000+5,000=30,000원이다.
② • 철수가 가장 비싸게 구매하는 가격 : 50,000원
 • 영희가 가장 비싸게 구매하는 가격 : 10,000원
 • 상수가 가장 비싸게 구매하는 가격 : 50,000원
 따라서 철수, 영희, 상수가 리튬이온배터리를 가장 비싸게 구매하는 가격은 50,000+10,000+50,000=110,000원이다.
④ 영희가 가장 비싸게 구매하는 가격은 10,000원, 상수가 가장 비싸게 구매하는 가격은 50,000원이다. 두 가격의 차이는 40,000원으로 30,000원 이상이다.

35

정답 ③

C사의 직접적인 관리가 불가능한 기술적 오류에 따라 발생한 사례이므로 자원 낭비 사례로 볼 수 없다.

오답분석

① 비계획적 행동에 따른 자원 낭비 사례에 해당한다. 예산의 용도를 적절한 수준에서 세부적으로 설정해두어야 집행부서가 용도별 한도에 맞게 예산을 사용할 수 있다.
② 편리성 추구로 인한 자원 낭비 사례에 해당한다. 개인의 인적관계망이 인적자원에 포함되듯, 협력업체와의 관계도 기업의 자원에 해당한다. 휴일의 편의를 누리느라 협력업체의 신뢰를 잃었으므로 자원 낭비 사례로 볼 수 있다.
④ 보유자원에 대한 인식 부재로 인한 자원 낭비 사례에 해당한다. 보유 중인 물품의 재고량을 제대로 파악하지 못하여 재고를 처리하지 못하는 것은 자원 관리의 실패로 볼 수 있다.

36

정답 ③

사장은 최소비용으로 최대인원을 채용하는 것을 목적으로 하고 있다. 가장 낮은 임금의 인원을 최우선으로 배치하되, 동일한 임금의 인원은 가용한 시간 내에 분배하여 배치하는 것이 해당 목적을 달성하는 방법이다. 이를 적용하면 다음과 같이 인원을 배치할 수 있다.

<table>
<tr><th>구분</th><th colspan="2">월</th><th colspan="2">화</th><th colspan="2">수</th><th colspan="2">목</th><th colspan="2">금</th></tr>
<tr><td>08:00</td><td rowspan="7">기존 직원</td><td rowspan="2">김갑주</td><td rowspan="7">기존 직원</td><td rowspan="2">김갑주</td><td rowspan="7">기존 직원</td><td rowspan="2">김갑주</td><td rowspan="7">기존 직원</td><td rowspan="2">김갑주</td><td rowspan="7">기존 직원</td><td rowspan="2">김갑주</td></tr>
<tr><td>09:00</td></tr>
<tr><td>10:00</td><td rowspan="2">한수미</td><td rowspan="2">한수미</td><td rowspan="2">한수미</td><td rowspan="2">한수미</td><td rowspan="2">한수미</td></tr>
<tr><td>11:00</td></tr>
<tr><td>12:00</td><td rowspan="4">조병수</td><td rowspan="4">조병수</td><td rowspan="4">조병수</td><td rowspan="4">조병수</td><td rowspan="4">조병수</td></tr>
<tr><td>13:00</td></tr>
<tr><td>14:00</td></tr>
<tr><td>15:00</td><td rowspan="5">강을미</td><td rowspan="5">강을미</td><td rowspan="5">강을미</td><td rowspan="5">강을미</td><td rowspan="5">강을미</td></tr>
<tr><td>16:00</td><td rowspan="4">채미나</td><td rowspan="4">채미나</td><td rowspan="4">채미나</td><td rowspan="4">채미나</td><td rowspan="4">채미나</td></tr>
<tr><td>17:00</td></tr>
<tr><td>18:00</td></tr>
<tr><td>19:00</td></tr>
</table>

8시부터 근무는 김갑주가 임금이 가장 낮다. 이후 10시부터는 임금이 같은 한수미도 근무가 가능하므로, 최대인원을 채용하는 목적에 따라 한수미가 근무한다. 그다음 중복되는 12시부터는 조병수가 임금이 더 낮으므로 조병수가 근무하며, 임금이 가장 낮은 강을미는 15시부터 20시까지 근무한다. 조병수 다음으로 중복되는 14시부터 가능한 최강현은 임금이 비싸므로 근무하지 않는다(최소비용이 최대인원보다 우선하기 때문). 그다음으로 중복되는 16시부터는 채미나가 조병수와 임금이 같으므로 채미나가 근무한다.

37

정답 ④

- 기존 직원 : 8,000원×7시간=56,000원
- 김갑주, 한수미 : 8,000원×2시간=16,000원
- 조병수, 채미나 : 7,500원×4시간=30,000원
- 강을미 : 7,000원×5시간=35,000원

→ 56,000+(16,000×2)+(30,000×2)+35,000=183,000원

∴ (임금)=183,000원×5일=915,000원

38

정답 ③

사고 건수당 벌점을 고려하여 직원별 벌점을 계산하면 다음과 같다.

(단위 : 점)

직원	수신물 오분류	수신물 분실	미발송	발신물 분실	벌점차감 혜택	총 벌점
A	–	2×4=8	–	4×6=24	×	32
B	2×2=4	3×4=12	3×4=12	–	○(–5)	23
C	2×2=4	–	3×4=12	1×6=6	×	22
D	–	2×4=8	2×4=8	2×6=12	×	28
E	1×2=2	–	3×4=12	2×6=12	×	26

B, E는 전분기 총사고 건수가 0건으로 이번 분기 차감 혜택이 적용되어야 하지만, E의 경우 이번 분기 발신사고 건수가 5건으로 혜택을 받지 못한다. 따라서 두 번째로 높은 벌점을 부여받는 직원은 D직원이다.

39

정답 ③

벌점이 낮을수록 등수가 높으므로 이를 고려해 각 직원이 지급받을 성과급을 계산하면 다음과 같다.

직원	총 벌점	등수	지급비율	성과급 지급액
A	32점	5	50%(30점 초과)	50만 원
B	23점	2	90%	90만 원
C	22점	1	100%	100만 원
D	28점	4	80%	80만 원
E	26점	3	90%	90만 원

따라서 B직원과 E직원이 지급받을 성과급 총액은 90+90=180만 원이다.

40

정답 ④

행낭 배송 운행속도는 시속 60km로 일정하므로 A지점에서 G지점까지의 최단거리를 구한 뒤 소요시간을 구하면 된다. 우선 배송 요청에 따라 지점 간의 순서 변경과 생략이 가능하므로 거치는 지점을 최소화하여야 한다. 앞서 언급한 조건들을 고려하여 구한 최단거리는 다음과 같다.

A → B → D → G ⇒ 6km+2km+8km=16km ⇒ 16분(∵ 60km/h=1km/min)

따라서 대출신청 서류가 A지점에 다시 도착할 최소시간은 16분(A → G)+30분(작성)+16분(G → A)=1시간 2분이다.

41

정답 ②

브레인스토밍은 비판이나 반박 없이 최대한 다양한 의견을 도출하는 방법이므로, 상대방이 제시한 아이디어를 비판하고 있는 B대리는 브레인스토밍에 적합하지 않은 태도를 보였다.

42

정답 ④

회사와 팀의 업무 지침은 변화하는 환경 속에서 그 일의 전문가들에 의해 확립된 것이므로 기본적으로 지켜야 할 것은 지키되, 그 속에서 자신의 방식을 발견해야 한다. 따라서 본인이 속한 팀의 업무 지침이 마음에 들지 않는다는 이유로 이를 지키지 않고 본인만의 방식을 찾겠다는 D대리의 행동전략은 적절하지 않다.

43

정답 ③

백화점에 모여 있는 직원과 고객은 조직의 특징인 조직의 목적과 구조가 없고, 목적을 위해 서로 협동하는 모습도 볼 수 없으므로 조직의 사례로 적절하지 않다.

44

정답 ①

스톡옵션제도에 대한 설명으로, 자본참가 유형에 해당한다.

오답분석

② 스캔론플랜에 대한 설명으로, 성과참가 유형에 해당한다.
③ 럭커플랜에 대한 설명으로, 성과참가 유형에 해당한다.
④ 노사협의제도에 대한 설명으로, 의사결정참가 유형에 해당한다.

45

정답 ③

빈칸에 들어갈 용어는 '조직변화' 또는 '조직혁신'이다. 조직변화는 구성원들의 사고방식이나 가치체계를 변화시키는 것이다. 즉, 조직의 목적과 일치시키기 위해 문화를 유도하는 문화 변화의 모습을 가진다.

46

정답 ④

기업이 공익을 침해할 경우 우선 합리적인 절차에 따라 문제 해결을 해야 하며, 기업 활동의 해악이 심각할 경우 근로자 자신이 피해를 볼지라도 신고할 윤리적 책임이 있다.

오답분석

ㄱ. 신고자의 동기가 사적인 욕구나 이익을 충족시켜서는 안 된다.

47

정답 ④

린 스타트업(Lean Startup)의 제품 개발 프로세스로, 먼저 단기간 동안 시제품을 만들어 시장에 내놓고 반응과 성과를 측정하여 이를 제품 개선에 반영한다. 이러한 과정을 반복하며 시장에서의 성공 확률을 높인다. 제품 개발이 끝날 때까지 전 과정을 비밀로 하는 것은 린 스타트업 이전의 기존 전략에 해당한다.

PART 2

48

정답 ④

김팀장의 업무 지시에 따르면 이번 주 금요일 회사 창립 기념일 행사가 끝난 후 진행될 총무팀 회식의 장소 예약은 목요일 퇴근 전까지 처리되어야 한다. 따라서 이대리는 ⓜ을 목요일 퇴근 전까지 처리해야 한다.

49

정답 ②

조직목표의 특징

- 공식적 목표와 실제적 목표가 다를 수 있다.
  조직목표는 조직이 존재하는 이유와 관련된 조직의 사명과 사명을 달성하기 위한 세부목표를 가지고 있다. 조직의 사명은 조직의 비전, 가치와 신념, 조직의 존재이유 등을 공식적인 목표로 표현한 것이다. 반면에 세부목표는 조직이 실제적인 활동을 통해 달성하고자 하는 것으로, 사명에 비해 측정 가능한 형태로 기술되는 단기적인 목표이다.
- 다수의 조직목표를 추구할 수 있다.
- 조직목표 간에는 위계적 상호관계가 있다.
  조직은 다수의 조직목표를 추구할 수 있으며, 이러한 조직목표들은 위계적 상호관계가 있어 서로 상하관계에 있으면서 영향을 주고받는다.
- 가변적 속성을 가진다.
  조직목표는 한번 수립되면 달성될 때까지 지속되는 것이 아니라 환경이나 조직 내의 다양한 원인들에 의하여 변동되거나 없어지고, 새로운 목표로 대치되기도 한다.
- 조직의 구성요소와 상호관계를 가진다.
  조직목표들은 조직의 구조, 조직의 전략, 조직의 문화 등과 같은 조직체제의 다양한 구성요소들과 상호관계를 가지고 있다.

50

정답 ④

기계적 조직과 유기적 조직의 특징을 통해 안정적이고 확실한 환경에서는 기계적 조직이, 급변하는 환경에서는 유기적 조직이 적합함을 알 수 있다.

기계적 조직과 유기적 조직의 특징

구분	특징
기계적 조직	• 구성원들의 업무가 분명하게 정의된다. • 많은 규칙과 규제들이 있다. • 상하 간 의사소통이 공식적인 경로를 통해 이루어진다. • 엄격한 위계질서가 존재한다. • 대표적인 기계조직으로 군대를 들 수 있다.
유기적 조직	• 의사결정 권한이 조직의 하부구성원들에게 많이 위임되어 있다. • 업무가 고정되지 않고, 공유 가능하다. • 비공식적인 상호의사소통이 원활하게 이루어진다. • 규제나 통제의 정도가 낮아 변화에 따라 의사결정이 쉽게 변할 수 있다.

제2회

최종점검 모의고사

01	02	03	04	05	06	07	08	09	10	11	12	13	14	15	16	17	18	19	20
②	①	①	④	①	③	④	④	④	④	④	④	①	④	④	②	②	③	④	③
21	22	23	24	25	26	27	28	29	30	31	32	33	34	35	36	37	38	39	40
②	②	④	④	③	④	④	②	④	②	③	①	①	③	④	①	④	①	④	③
41	42	43	44	45	46	47	48	49	50										
④	②	④	③	②	①	④	②	①	④										

01

정답 ②

초음파는 파장이 짧아 투과성과 직진성이 뛰어나지만, 상이한 생체 조직을 각기 다른 속력으로 통과한다.

오답분석

① 진동수가 20,000Hz를 넘는 초음파는 사람의 귀로 들을 수 없다고 하였으므로 적절한 내용이다.
③ 압전 변환기를 피부에 접촉시킬 때 사이의 공기층에서 반사되는 음파의 손실을 최소화하기 위해 젤리를 바른다는 내용을 통해 알 수 있다.
④ 압전 변환기로 돌아오는 초음파의 세기는 통과한 조직의 밀도와 두께가 클수록 약해지므로 조직의 밀도와 두께가 작을수록 세기는 강해질 것이다.

02

정답 ①

청바지의 괴리율 차이는 37.2%p이고, 운동복의 괴리율 차이는 40%p로 운동복의 괴리율 차이가 더 크다.

오답분석

② 할인가 판매제품 수가 정상가 판매제품 수보다 많은 품목은 세탁기, 유선전화기, 기성신사복, 진공청소기, 가스레인지, 무선전화기, 오디오세트, 정수기로 총 8개이다.
③ 할인가 판매제품 수와 정상가 판매제품 수의 차이가 가장 큰 품목은 라면으로, 30개 차이가 난다.
④ 괴리율이 클수록 권장소비자가격과 판매가격(정상가격 또는 할인가격)의 차이가 큰 것이다. 따라서 세탁기가 가장 크고, 기성숙녀복이 가장 작다.

03

정답 ①

시설물 전체를 교체하는 경우, 최종 부과비용은 시설물 경과연수에 따른 감가상각률을 적용하여 산출한다.

오답분석

② 임차인에게 부과하는 수선비는 실제 소요되는 실비를 기준으로 산정한다.
③ 시설물의 일부분을 보수하는 경우 감가상각률을 적용하지 않고 수선비용 전액을 부과한다.
④ 빌트인 제품에 대해서도 임차인 부담 사유가 발생하는 경우가 있다.

04

정답 ④

침대는 빌트인 제품이며, 신규 구입하였으므로 임차인부과금액을 산정하면 $420,000-\left(\frac{4}{8}\times 420,000\right)=210,000$원이다.

05

정답 ①

최수영 상무이사가 결재한 것은 대결이다. 대결은 전결권자가 출장, 휴가, 기타 사유로 상당기간 부재중일 때 긴급한 문서를 처리하고자 할 경우에는 전결권자의 차하위 직위의 결재를 받아 시행하는 것을 말한다. 대결 시에는 기안문의 결재란 중 대결한 자의 란에 '대결'을 표시하고 서명 또는 날인한다. 결재표는 다음과 같다.

담당	과장	부장	상무이사	전무이사
아무개	최경옥	김석호	대결 최수영	전결

06

정답 ③

계약금은 다음과 같이 계산한다.

• K연수원 견적금액 산출

- 교육은 두 곳에서 진행된다. 인원은 총 50명이므로 세미나 1, 2호실에서 진행하는 것이 적절하며, 숙박은 하지 않으므로 인당 15,000원의 이용료가 발생한다.
  15,000×50=750,000원(강의실 기본요금은 인당 1만 원 기준으로 계산되어 있으므로 별도로 고려할 필요가 없다)
- 예산이 가능하다면 저녁은 차림식으로 한다는 점을 고려한다.
  경우 1) 두 끼 식사가 자율식일 경우 : (8,000×50×2)=800,000원
  경우 2) 자율식 한 끼, 차림식 한 끼일 경우 : (8,000×50)+(15,000×50)=1,150,000원
  → 예산이 2백만 원이므로 경우 2가 가능하다.

∴ K연수원 견적금액 : 750,000+1,150,000=1,900,000원

• 사전예약 10% 할인 적용
1,900,000×(1−0.1)=1,710,000원

• 계약금 계산(견적금액의 10%)
1,710,000×0.1=171,000원

07

정답 ④

워크숍을 진행하기 10일 전에 취소하였으므로 위약금이 발생되며, 견적금액의 50%가 위약금이 된다.
따라서 위약금은 1,710,000×0.5=855,000원이다.

08

정답 ④

제시문은 뛰어난 잠재력이 있는 인재만이 좋은 인재로 성장하는 것이 아니라, 리더의 기대와 격려, 관심에 따라 인재가 성장하는 것이라고 말하고 있다. 따라서 모든 구성원을 차별하지 말고 잠재력을 믿자는 내용의 ④가 빈칸에 적절하다.

09

정답 ④

제시문은 타인에 대한 기대가 그 사람의 성취에 크게 영향을 미친다는 실험 결과를 통해, 리더의 역할을 말하고 있다. 따라서 잠재력 있는 인재가 더 성장한다는 내용보다는, 리더의 역할에 따라 구성원의 역량이 발휘된다는 내용이 나와야 하므로 ④는 적절하지 않다.

10

정답 ④

㉠ 제시된 자료를 보면 2022년에 공개경쟁채용을 통해 채용이 이루어진 공무원 구분은 5급, 7급, 9급, 연구직으로 총 4개이다.

㉡ • 2022년 우정직 채용 인원 : 599명
• 2022년 7급 채용 인원 : 1,148명
1,148÷2≒574<599이므로 옳은 설명이다.

㉣ • 2023년 9급 공개경쟁채용 인원 : 3,000(1+0.1)=3,300명
• 2024년 9급 공개경쟁채용 인원 : 3,300(1+0.1)=3,630명
• 2024년 9급 공개경쟁채용 인원의 2022년 대비 증가폭 : 3,630−3,000=630명
나머지 채용 인원은 2022년과 동일하게 유지하여 채용한다고 하였으므로, 2024년 전체 공무원 채용 인원은 9,042+630=9,672명이다. 따라서 2024년 전체 공무원 채용 인원 중 9급 공개경쟁채용 인원의 비중은 $\frac{3,630}{9,672}\times 100 \fallingdotseq 37.53\%$이다.

오답분석

㉢ 5급, 7급, 9급의 경우 공개경쟁채용 인원이 경력경쟁채용 인원보다 많다. 그러나 연구직의 경우 공개경쟁채용 인원은 경력경쟁채용 인원보다 적다.

11

정답 ④

1인당 지급하는 국문 명함은 150장이므로 1인 기준 국문 명함 제작비용은 10,000(100장)+3,000(추가 50장)=13,000원이다.
신입사원의 수를 x명이라고 하면 $13,000x=195,000$이다.
$\therefore x=15$
따라서 신입사원은 총 15명이다.

12

정답 ④

1인당 지급하는 영문 명함은 200장이므로 1인당 제작비용(일반종이 기준)은 15,000(100장)+10,000(추가 100장)=25,000원이다. 이때 고급종이로 영문 명함을 제작하므로 해외영업부 사원들의 1인당 제작비용은 $25,000\times\left(1+\frac{1}{10}\right)=27,500$원이다.
따라서 8명의 영문 명함 제작비용은 27,500×8=220,000원이다.

13

정답 ①

지원유형별 채용단계를 파악한 후, 처리비용을 산출하면 다음과 같다.

구분	신입(20건)	인턴(24건)	경력(16건)	합계
접수확인	500×20=10,000원	500×24=12,000원	500×16=8,000원	30,000원
서류심사	1,500×20=30,000원	−	−	30,000원
온라인 인성검사	1,000 ×20=20,000원	1,000×24=24,000원	−	44,000원
직업기초능력평가	3,000×20=60,000원	−	3,000×16=48,000원	108,000원
직무수행능력평가	2,500×20=50,000원	−	2,500×16=40,000원	90,000원
면접평가	3,000×20=60,000원	3,000×24=72,000원	3,000×16=48,000원	180,000원
합격여부 통지	500×20=10,000원	500×24=12,000원	500×16=8,000원	30,000원
합계	240,000원	120,000원	152,000원	512,000원

채용절차에서 발생하는 총비용은 512,000원으로 예산 50만 원보다 12,000원이 초과되었다. 예산 수준에서 최대한 사용하는 것이 목적이었으므로 각 단계 중 비용이 가장 적은 것을 생략한다. 따라서 접수 확인 및 합격여부 통지 단계를 제외하면, 신입의 온라인 인성검사(20,000원)를 생략해야 한다.

14

정답 ④

주어진 조건을 살펴보면 채용단계마다 합격률에 의해 지원자 수가 점차 감소한다는 것을 알 수 있다. 따라서 단계마다 발생하는 처리비용은 단계별 합격인원에 따라 달라진다. 주어진 예산 안에서 수용할 수 있는 최대 지원자 수를 알기 위해서는 지원자 수를 임의로 대입하여 검증하거나 역으로 합격자 수를 임의로 대입하여 검증하는 방법으로 추산할 수 있다. 해당 문제의 경우에는 합격자 수를 정하여 검증하는 방법이 더욱 간편하다. 다음은 합격자 수가 1명일 경우의 처리비용과 지원자 수를 구하여 판단하는 과정을 정리한 것이다.

구분	합격인원	채용단계별 처리비용
최종합격자	1명	–
합격여부 통지	1명÷0.5=2명	500원×2명=1,000원
면접평가		3,000원×2명=6,000원
직무수행능력평가	2명÷0.4=5명	2,500원×5명=12,500원
직업기초능력평가	5명÷0.5=10명	3,000원×10명=30,000원
접수확인	10명	500원×10명=5,000원
합계	–	54,500원

※ '경력'은 서류심사와 온라인 인성검사 절차가 없음

따라서 총 10명의 지원자가 있으면 1명의 합격자가 발생한다. 또한 그 비용은 54,500원이다.

그러므로 22만 원의 예산 내에서 최대 지원자 수는 40명(≒22만 원÷54,500원×10명)이다.

15

정답 ④

8,000원인 메뉴를 100원에 먹기 위해 4만 원대 메인 메뉴를 시키는 것은 사소한 이익을 얻기 위해 더 큰 지출을 하는 상황이므로 현명한 소비를 하는 '어당팔'의 사례로 적절하지 않다.

오답분석

① 환경오염을 고려해 친환경 케이스를 사용한 기업의 제품을 구매하는 것이므로 현명한 소비이다.
② 브랜드를 따지지 않고 제품의 질을 최우선으로 해 질 좋은 중소기업의 제품을 구입하였으므로 현명한 소비이다.
③ 합리적인 소비를 할 수 있도록 관련 강의를 들었으니 적절하다.

16

정답 ②

㉠ 연도별 지하수 평균수위 자료를 통해 확인할 수 있다.
㉡ 2022년 지하수 온도가 가장 높은 곳은 영양입암 관측소이고 온도는 27.1℃이다. 2022년 지하수 평균 수온과의 차이는 27.1−14.4=12.7℃이다.

오답분석

㉢ 2022년 지하수 전기전도도가 가장 높은 곳은 양양손양 관측소이고 전기전도도는 38,561.0μS/cm이다. 38,561.0÷516≒74.73이므로 2022년 지하수 전기전도도가 가장 높은 곳의 지하수 전기전도도는 평균 전기전도도의 76배 미만이다.

17

정답 ②

②는 인터뷰 사후처리에 대한 내용이므로 우선순위 면에서는 가장 낮다.

오답분석

①·③·④는 인터뷰 준비를 위한 업무처리 내용이다.

18

정답 ③

주어진 조건에 의하면 D면접자와 E면접자는 2번, 3번 의자에 앉아 있고, A면접자는 1번과 8번 의자에 앉을 수 없다. B면접자는 6번 또는 7번 의자에 앉을 수 있다는 점과 A면접자와 C면접자 사이에는 2명이 앉는다는 조건까지 모두 고려하면 A면접자와 B면접자가 서로 이웃해 있을 때, 다음과 같은 두 가지 경우를 확인할 수 있다.

• B면접자가 6번에 앉을 경우

구분	1	2	3	4	5	6	7	8
경우 1		D	E		A	B		C
경우 2		D	E	C		B	A	
경우 3		D	E	A		B	C	
조건	A(×), C(×)							A(×)

• B면접자가 7번에 앉을 경우

구분	1	2	3	4	5	6	7	8
경우 1		D	E	C(×)		A	B	
경우 2		D	E			A	B	C(×)
경우 3		D	E		A		B	C
조건	A(×), C(×)							A(×)

→ B면접자가 7번에 앉는 경우 1과 경우 2에서는 A면접자와 C면접자 사이에 2명이 앉는다는 조건이 성립되지 않는다.

따라서 A면접자와 B면접자가 서로 이웃해 앉는다면 C면접자는 4번 또는 8번 의자에 앉을 수 있다.

오답분석

① 주어진 조건을 살펴보면 A면접자는 1번, 8번 의자에 앉지 않는다고 하였고 2번과 3번 의자는 D면접자와 E면접자로 확정되어 있다. 그리고 C면접자와의 조건때문에 6번 의자에도 앉을 수 없다. 따라서 A면접자는 4번, 5번, 7번 의자에 앉을 수 있다. 따라서 A면접자가 4번에 앉는 것이 항상 옳다고 볼 수 없다.

② 주어진 조건에서 C면접자는 D면접자와 이웃해 앉지 않는다고 하였다. D면접자는 2번 의자로 확정되어 있으므로 C면접자는 1번 의자에 앉을 수 없다.

④ B면접자가 7번 의자에 앉고 A면접자와 B면접자 사이에 2명이 앉도록 하면, A면접자는 4번 의자에 앉아야 한다. 그런데 A면접자와 C면접자 사이에 2명이 앉아 있다는 조건이 성립되려면 C면접자는 1번 의자에 앉아야 하는데, C면접자는 D면접자와 이웃해 있지 않다고 하였으므로 옳지 않다.

19

정답 ④

제시된 자료에 따르면 2020년 모든 품목의 가격지수는 100이다. 품목별로 2020년 가격지수 대비 2023년 3월 가격지수의 상승률을 구하면 다음과 같다.

• 육류 : $\frac{177.0-100}{100}\times100=77\%$

• 낙농품 : $\frac{184.9-100}{100}\times100=84.9\%$

• 곡물 : $\frac{169.8-100}{100}\times100=69.8\%$

• 유지류 : $\frac{151.7-100}{100}\times100=51.7\%$

• 설탕 : $\frac{187.9-100}{100}\times100=87.9\%$

따라서 상승률이 가장 낮은 품목은 유지류이다.

오답분석

① 2023년 3월의 식량 가격지수의 전년 동월 대비 하락률 : $\frac{213.8-173.8}{213.8}\times100\fallingdotseq18.71\%$

② 식량 가격지수 자료를 통해 확인할 수 있다.

③ 품목별 2023년 3월 식량 가격지수의 전년 동월 대비 하락 폭을 구하면 다음과 같다.

- 육류 : 185.5−177.0=8.5
- 낙농품 : 268.5−184.9=83.6
- 곡물 : 208.9−169.8=39.1
- 유지류 : 204.8−151.7=53.1
- 설탕 : 254.0−187.9=66.1

따라서 가장 큰 폭으로 하락한 품목은 낙농품이다.

20

정답 ③

증인·감정인 또는 통역인이 특허심판원에 대하여 허위의 진술·감정 또는 통역을 한 때는 위증죄가 적용되어 5년 이하의 징역 또는 1천만 원 이하의 벌금에 처해진다. 고소가 있어야만 처벌할 수 있는 특허침해죄와 달리 고소가 없어도 처벌이 가능하다.

PART 2

21

정답 ②

증인·감정인·통역인의 허위 진술·감정에 대한 처벌은 '위증죄' 조항에 의해 이루어진다.

22

정답 ②

i) 택시를 이용했을 때 5km가 초과되면 1km당 500원, 0.1km당 50원으로 계산한다.

- 집 → 회사 : 2,800원+(6.2km×500원/km)=5,900원
- 회사 → 신도림 지점 : 2,800원+(22km×500원/km)=13,800원
- 신도림 지점 → 종로 지점 : 2,800원+(10.8km×500원/km)=8,200원
- 종로 지점 → 회사 : 2,800원+(30km×500원/km)=17,800원

∴ 45,700원

ii) 버스를 이용하면 별도의 추가요금이 없으므로 1,000원씩 4번만 내면 된다.

∴ 4,000원

iii) 자가용을 이용했을 때는 총 이동 거리가 89km이다.

89km×1,000원/km=89,000원

∴ 89,000원

23

정답 ④

뜨거운 수프를 식힐 때는 숟가락으로 조용히 저어야 한다. 입김을 불어 식히는 것은 예절에 어긋나는 행동이다.

24

정답 ④

정확한 값을 찾으려 계산하기보다 우선 자료에서 해결 실마리를 찾아, 적절하지 않은 선택지를 제거하는 방식으로 접근하는 것이 좋다. 먼저 효과성을 기준으로 살펴보면, 1순위인 C부서의 효과성은 3,000÷1,500=2이고, 2순위인 B부서의 효과성은 1,500÷1,000=1.5이다. 따라서 3순위 A부서의 효과성은 1.5보다 낮아야 한다는 것을 알 수 있다. 그러므로 A부서의 목표량 (가)는 500÷(가)<1.5 → (가)>333.3…으로 적어도 333보다는 커야 한다. 따라서 (가)가 300인 선택지 ①은 정답에서 제외된다.

효율성을 기준으로 살펴보면, 2순위인 A부서의 효율성은 500/(200+50)=2이다. 따라서 1순위인 B부서의 효율성은 2보다 커야 한다는 것을 알 수 있다. 그러므로 B부서의 인건비 (나)는 1,500÷((나)+200)>2 → (나)<550으로 적어도 550보다는 작아야 한다. 따라서 (나)가 800인 선택지 ②는 제외된다.

남은 것은 선택지 ③과 ④가 있는데, 먼저 ③부터 대입해보면 C의 효율성이 3,000÷(1,200+300)=2로 2순위인 A부서의 효율성과 같다. 따라서 정답은 ④이다.

25

정답 ③

두 번째 문단에서 1948년 대한민국 정부가 수립된 이후 애국가가 현재의 노랫말과 함께 공식 행사에 사용되었다고 하였으므로 「독립신문」에 현재의 노랫말이 게재되지 않았다.

오답분석

① 두 번째 문단에서 1935년 해외에서 활동 중이던 안익태가 오늘날 우리가 부르고 있는 국가를 작곡하였고 이 곡은 해외에서만 퍼져나갔다고 하였으므로, 1940년에 해외에서는 애국가 곡조를 들을 수 있었다.

② 네 번째 문단에서 국기강하식 방송, 극장에서의 애국가 상영 등은 1980년대 후반 중지되었다고 하였으므로 1990년대 초반까지 애국가 상영이 의무화되었다는 말은 적절하지 않다.

④ 마지막 문단에서 연주만 하는 의전행사나 시상식·공연 등에서는 전주곡을 연주해서는 안 된다고 하였으므로 적절하지 않다.

26

정답 ④

해외출장 일정을 고려해 이동수단별 비용을 구하면 다음과 같다.

- 렌터카 : (50+10)×3=$180
- 택시 : 1×(100+50+50)=$200
- 대중교통 : 40×4=$160

따라서 경제성에서 대중교통, 렌터카, 택시 순으로 상, 중, 하로 평가된다.

두 번째 조건에 따라 이동수단별 평가표를 점수로 환산한 후 최종점수를 구하면 다음과 같다.

이동수단	경제성	용이성	안전성	최종점수
렌터카	2	3	2	7
택시	1	2	4	7
대중교통	3	1	4	8

따라서 총무팀이 선택하게 될 이동수단은 대중교통이고, 비용은 $160이다.

27

정답 ④

고객으로부터의 민원이 기간 내에 처리가 불가능할 것으로 보여 지연되었다. 우선 민원이 접수되면 규정상 주어진 처리기간은 24시간이다. 그 기간 내에 처리하지 못할 경우에는 민원자에게 중간답변을 한 후 48시간으로 연장할 수 있다. 연장한 기간 내에서도 처리하기 어려운 사항일 경우 1회에 한하여 본사 총괄부서장의 승인 하에 48시간을 추가 연장할 수 있다. 따라서 해당 민원은 늦어도 48시간+48시간=96시간=4일 이내에 처리하여야 한다. 그러므로 3월 13일에 접수된 민원은 늦어도 3월 17일까지는 처리가 완료되어야 한다.

28

정답 ②

제시된 모든 시간대에 전 직원의 스케줄이 비어있지 않다. 그렇다면 업무의 우선순위를 파악하여 바꿀 수 있는 스케줄을 파악하여야 한다. 10:00 ~ 11:00의 사원의 비품 신청은 타 업무에 비해 우선순위가 낮다.

오답분석

① 오전 부서장 회의는 부서의 상급자들과 상위 부서장들의 회의이며, 또한 그날의 업무를 파악하고 분배하는 자리이므로 편성하기 어렵다.

③·④ 해당 시간에 예정된 업무는 해당 인원의 단독 업무가 아니므로 단독으로 변경해 편성하기 어렵다.

29

정답 ④

주어진 조건에서 적어도 한 사람은 반대를 한다고 하였으므로, 한 명씩 반대한다고 가정하고 접근한다.

- A가 반대한다고 가정하는 경우

  첫 번째 조건에 의해 C는 찬성하고 E는 반대한다. 네 번째 조건에 의해 E가 반대하면 B도 반대한다. 이때 두 번째 조건에서 B가 반대하면 A가 찬성하므로 모순이 발생한다. 따라서 A는 찬성이다.

• B가 반대한다고 가정하는 경우
두 번째 조건에 의해 A는 찬성하고 D는 반대한다. 세 번째 조건에 의해 D가 반대하면 C도 반대한다. 이때 첫 번째 조건의 대우에 의해 C가 반대하면 D가 찬성하므로 모순이 발생한다. 따라서 B는 찬성이다.

위의 두 경우에서 도출한 결론과 네 번째 조건의 대우를 함께 고려해보면 B가 찬성하면 E가 찬성하고 첫 번째 조건의 대우에 의해 D도 찬성이다. 따라서 A, B, D, E 모두 찬성이다. 그러므로 마지막 조건에 의해 적어도 한 사람은 반대하므로 나머지 C가 반대임을 알 수 있다.

30

정답 ②

제시된 자료에 의하면 수도권은 서울과 인천·경기를 합한 지역을 의미한다. 따라서 전체 마약류 단속 건수 중 수도권의 마약류 단속 건수의 비중은 $22.1+35.8=57.9\%$이다.

오답분석

① • 대마 단속 전체 건수 : 167건
• 코카인 단속 전체 건수 : 65건
$65\times3=195>167$이므로 옳지 않은 설명이다.

③ 코카인 단속 건수가 없는 지역은 강원, 충북, 제주 3곳이다.

④ • 대구·경북 지역의 향정신성의약품 단속 건수 : 138건
• 광주·전남 지역의 향정신성의약품 단속 건수 : 38건
$38\times4=152>138$이므로 옳지 않은 설명이다.

31

정답 ③

면당 추가료를 x원, 청구항당 심사청구료를 y원이라고 하자.

• 대기업 : (기본료)$+20x+2y=70,000$ … ㉠
• 중소기업 : (기본료)$+20x+3y=90,000$ … ㉡
(∵ 중소기업은 50% 감면 후 수수료가 45,000원)

㉡−㉠에서 $y=20,000$이므로 청구항당 심사청구료는 20,000원이다.

32

정답 ①

면당 추가료를 x원, 청구항당 심사청구료를 y원이라고 하자.

• 대기업 : (기본료)$+20x+2y=70,000$ … ㉠
• 개인 : (기본료)$+40x+2y=90,000$ … ㉡
(∵ 개인은 70% 감면 후 수수료가 27,000원)

㉡−㉠에서 $20x=20,000$이고, $x=1,000$이므로 면당 추가료는 1,000원이다.

33

정답 ①

면당 추가료는 1,000원, 청구항당 심사청구료는 20,000원이다.
(대기업 특허출원 수수료)$=$(기본료)$+20\times1,000+2\times20,000=70,000$원
따라서 기본료는 10,000원이다.

34

정답 ③

• ㉠의 '사람은 섬유소를 분해하는 효소를 합성하지 못한다.'는 내용과 (나) 바로 뒤의 문장의 '반추 동물도 섬유소를 분해하는 효소를 합성하지 못하는 것은 마찬가지'로 보아 ㉠의 적절한 위치는 (나)임을 알 수 있다.
• ㉡은 대표적인 섬유소 분해 미생물인 피브로박터 숙시노젠(F)을 소개하고 있으므로 계속해서 피브로박터 숙시노젠을 설명하는 (라) 뒤의 문장보다 앞에 위치해야 한다.

PART 2

35

정답 ④

㉡ 2021년과 2022년은 농·임업 생산액과 화훼 생산액 비중이 전년 대비 모두 증가했으므로 화훼 생산액 또한 증가했음을 알 수 있다. 나머지 2017 ~ 2020년의 화훼 생산액을 구하면 다음과 같다.

- 2017년 : 39,663×0.28=11,105.64십억 원
- 2018년 : 42,995×0.277=11,909.62십억 원
- 2019년 : 43,523×0.294=12,795.76십억 원
- 2020년 : 43,214×0.301=13,007.41십억 원

따라서 화훼 생산액은 매년 증가한다.

㉣ 2017년의 GDP를 a억 원, 농업과 임업의 부가가치를 각각 x억 원, y억 원이라고 하자.

- 2017년 농업 부가가치의 GDP 대비 비중 : $\frac{x}{a}\times100=2.1\% \rightarrow x=2.1\times\frac{a}{100}$
- 2017년 임업 부가가치의 GDP 대비 비중 : $\frac{y}{a}\times100=0.1\% \rightarrow y=0.1\times\frac{a}{100}$

2017년 농업 부가가치와 임업 부가가치의 비는 $x:y=2.1\times\frac{a}{100}:0.1\times\frac{a}{100}=2.1:0.1$이다.

즉, 매년 농업 부가가치와 임업 부가가치의 비는 GDP 대비 비중의 비로 나타낼 수 있다.

농·임업 부가가치 현황 자료를 살펴보면 2017년, 2018년, 2020년과 2019년, 2021년, 2022년 GDP 대비 비중이 같음을 확인할 수 있다. 비례배분을 이용해 매년 농·임업 부가가치에서 농업 부가가치가 차지하는 비중을 구하면 다음과 같다.

- 2017년, 2018년, 2020년 : $\frac{2.1}{2.1+0.1}\times100 \fallingdotseq 95.45\%$
- 2019년, 2021년, 2022년 : $\frac{2.0}{2.0+0.2}\times100 \fallingdotseq 90.91\%$

따라서 옳은 설명이다.

오답분석

㉠ 농·임업 생산액이 전년보다 작은 해는 2020년이다. 그러나 2020년 농·임업 부가가치는 전년보다 크다.

㉢ 같은 해의 곡물 생산액과 과수 생산액은 비중을 이용해 비교할 수 있다.
2019년의 곡물 생산액 비중은 15.6%, 과수 생산액 비중은 40.2%이다.
40.2×0.5=20.1>15.6이므로 옳지 않은 설명이다.

36

정답 ①

제시된 자료에 따라 A ~ E 운전자가 받을 수 있는 탄소포인트의 총합을 산정하면 다음과 같다.

구분	공회전 발생률(%)	공회전 시 연료소모량(cc)	탄소포인트의 총합(P)
A	$\frac{20}{200}\times100=10$	20×20=400	100+0=100
B	$\frac{15}{30}\times100=50$	15×20=300	50+25=75
C	$\frac{10}{50}\times100=20$	10×20=200	80+50=130
D	$\frac{5}{25}\times100=20$	5×20=100	80+75=155
E	$\frac{25}{50}\times100=50$	25×20=500	50+0=50

따라서 D > C > A > B > E 순서대로 총합이 크다.

37

정답 ④

ㄴ. B는 공직자의 임용 기준을 개인의 능력 · 자격 · 적성에 두고 공개경쟁 시험을 통해 공무원을 선발한다면, 정실 개입의 여지가 줄어든다고 주장하고 있다. 따라서 공직자 임용과정의 공정성을 높일 필요성이 부각된다면 B의 주장은 설득력을 얻는다.

ㄷ. C는 사회를 구성하는 모든 지역 및 계층으로부터 인구 비례에 따라 공무원을 선발해야 한다고 주장하고 있으므로 지역 편향성을 완화할 필요성이 제기된다면, C의 주장은 설득력을 얻는다.

오답분석

ㄱ. A는 대통령 선거에서 승리한 정당이 공직자 임용의 권한을 가져야 한다고 주장하였다. 이는 정치적 중립성이 보장되지 않는 것이므로 A의 주장을 설득력을 잃는다.

38

정답 ①

대인적 역할에는 외형적 대표자로서의 역할, 리더로서의 역할, 연락자로서의 역할이 있다.
올바른 정보를 수집하는 것은 정보적 역할에 해당한다.

39

정답 ④

까르보나라, 알리오올리오, 마르게리따피자, 아라비아따, 고르곤졸라피자의 할인 후 금액을 각각 a원, b원, c원, d원, e원이라 하자.

- $a+b=24,000$ … ㉠
- $c+d=31,000$ … ㉡
- $a+e=31,000$ … ㉢
- $c+b=28,000$ … ㉣
- $e+d=32,000$ … ㉤

㉠~㉤식의 좌변과 우변을 모두 더하면

$2(a+b+c+d+e)=146,000$

$a+b+c+d+e=73,000$ … ㉥

㉥식에 ㉢식과 ㉣식을 대입하면

$a+b+c+d+e=(a+e)+(c+b)+d=31,000+28,000+d=73,000$

즉, $d=73,000-59,000=14,000$

따라서 아라비아따의 할인 전 금액은 14,000+500=14,500원이다.

40

정답 ③

조직은 조직의 전략, 규모, 기술, 환경 등에 따라 기계적 조직 혹은 유기적 조직으로 설계되며 조직 활동의 결과에 따라 조직의 성과와 구성원들의 조직 만족이 결정된다. 이때, 조직의 성과와 만족은 조직구성원들의 개인적 성향에 따라 달라진다. 즉, 조직구성원들의 개인적 성향은 조직구조가 아닌 조직의 성과와 만족에 영향을 미치는 요인이 된다.

오답분석

- 조직구조의 결정요인 : 전략, 규모, 기술, 환경

41

정답 ④

- 갑이 화장품 세트를 구매하는 데 든 비용
  - 화장품 세트 : 29,900원
  - 배송비 : 3,000원(일반배송상품이지만 화장품 상품은 30,000원 미만 주문 시 배송비 3,000원 부담)
- 을이 책 3권을 구매하는 데 든 비용
  - 책 3권 : 30,000원(각각 10,000원)
  - 배송비 : 무료(일반배송상품 +도서상품은 배송비 무료)

따라서 갑은 32,900원, 을은 30,000원이다.

42

정답 ②

- 사과 한 박스의 가격 : 32,000×0.75(25% 할인)=24,000원
- 배송비 : 무료(일반배송상품, 도서지역에 해당되지 않음)
- 최대 배송 날짜 : 일반배송상품은 결제완료 후 평균 2~4일 이내 배송되므로(공휴일 및 연휴 제외) 금요일 결제 완료 후 토요일, 일요일을 제외하고 늦어도 목요일까지 배송될 예정이다.

43

정답 ④

조직체계 구성요소 중 규칙 및 규정은 조직의 목표나 전략에 따라 수립되며, 조직구성원들의 활동범위를 제약하고 일관성을 부여하는 기능을 한다. 인사규정·총무규정·회계규정 등이 있다.

오답분석

① 조직목표 : 조직이 달성하려는 장래의 상태로, 대기업, 정부부처, 종교단체를 비롯하여 심지어 작은 가게도 달성하고자 하는 목표를 가지고 있다. 조직의 목표는 미래지향적이지만 현재의 조직행동의 방향을 결정해주는 역할을 한다.
② 경영자 : 조직의 전략, 관리 및 운영활동을 주관하며, 조직구성원들과 의사결정을 통해 조직이 나아갈 바를 제시하고 조직의 유지와 발전에 대해 책임을 지는 사람이다.
③ 조직문화 : 조직이 지속되게 되면서 조직구성원들 간의 생활양식이나 가치를 서로 공유하게 되는 것을 말하며, 조직구성원들의 사고와 행동에 영향을 미치며 일체감과 정체성을 부여하고 조직이 안정적으로 유지되게 한다.

44

정답 ③

조직을 구성하고 있는 개개인을 안다고 해서 조직의 실체를 완전히 알 수 있는 것은 아니다. 구성원들을 연결하는 조직의 목적, 구조, 환경 등을 함께 알아야 조직을 제대로 이해할 수 있다.

45

정답 ②

제시문은 탈원전·탈석탄 공약에 맞는 제8차 전력공급기본계획(안) 수립 → 분산형 에너지 생산시스템으로의 정책 방향 전환 → 분산형 에너지 생산시스템에 대한 대통령의 강한 의지 → 중앙집중형 에너지 생산시스템의 문제점 노출 → 중앙집중형 에너지 생산시스템의 비효율성의 내용으로 전개되고 있다. 따라서 제시문은 일관되게 '에너지 분권의 필요성과 나아갈 방향을 모색해야 한다.'는 점을 말하고 있다.

오답분석

①·③ 제시된 글에서 언급되지 않았다.
④ 다양한 사회적 문제점들과 기후, 천재지변 등에 의한 문제점들을 언급하고 있으나 글의 주제를 뒷받침하기 위한 이슈이므로 글 전체의 주제로 보기는 어렵다.

46

정답 ①

- 1학년 전체 학생 중 빨강을 좋아하는 학생 수의 비율 : $\frac{50}{250}\times100=20\%$
- 2학년 전체 학생 중 노랑을 좋아하는 학생 수의 비율 : $\frac{75}{250}\times100=30\%$

47

정답 ④

ㄴ. BCG 매트릭스는 시장성장율과 상대적 시장점유율을 기준으로 4개의 영역으로 나눠 사업의 상대적 위치를 파악한다.

ㄹ. GE & 맥킨지 매트릭스의 산업매력도는 시장규모, 시장 잠재력, 경쟁구조, 재무 · 경제 · 사회 · 정치 요인과 같은 광범위한 요인에 의해 결정된다.

ㅁ. GE & 맥킨지 매트릭스는 반영 요소가 지나치게 단순하다는 BCG 매트릭스의 단점을 보완하기 위해 개발되었다.

오답분석

ㄱ. BCG 매트릭스는 미국의 보스턴컨설팅그룹이 개발한 사업포트폴리오 분석 기법이다.

ㄷ. GE & 맥킨지 매트릭스는 산업매력도와 사업경쟁력을 고려하여 사업의 형태를 9개 영역으로 나타낸다.

48

정답 ②

하루에 6명 이상 근무해야 하기 때문에 2명까지만 휴가를 중복으로 쓸 수 있다.

A사원이 4일 동안 휴가를 쓰면서 최대 휴가 인원이 2명만 중복되게 하려면 6 ~ 11일만 가능하다.

오답분석

① A사원은 4일 이상 휴가를 사용해야 하기 때문에 3일인 7 ~ 11일은 불가능하다.

49

정답 ①

A는 일에 대한 책임감이 결여되어 있고, 스스로 일에 열심히 참여하지 않는다. 팀장이 지시하지 않으면 임무를 수행하지 않기 때문에 수동형 유형이다.

B는 앞장서지 않지만 맡은 일은 잘 하며, 일에 불만을 가지고 있어도 이를 표현해서 대립하지 않는다. 또한 지시한 일 이상을 할 수 있음에도 노력하지 않는 실무형 유형이다.

50

정답 ④

- 슬로푸드 선물세트 : 28,000×0.71=19,880 → 19,800원(∵ 10원 단위 이하 절사)
  - 마케팅부의 주문금액(A) : 19,800×13=257,400원
- 흑삼 에브리진생 : 75,000×0.66=49,500
  - 인사부의 주문금액(B) : 49,500×16=792,000원
- 한과 선물세트 : 28,000×0.74=20,720 → 20,700원(∵ 10원 단위 이하 절사)
  - 기술부의 주문금액(C) : 20,700×9=186,300원

따라서 총 주문금액은 396,000+384,000+257,400+792,000+186,300=2,015,700원이다.

미래는 자신이 가진 꿈의 아름다움을 믿는 사람들의 것이다.

– 엘리노어 루즈벨트 –

경기도 공공기관 통합채용 필기시험 답안카드

성 명

지원 분야

문제지 형별기재란	
( )형	Ⓐ Ⓑ

수 험 번 호						
⓪	⓪	⓪	⓪	⓪	⓪	⓪
①	①	①	①	①	①	①
②	②	②	②	②	②	②
③	③	③	③	③	③	③
④	④	④	④	④	④	④
⑤	⑤	⑤	⑤	⑤	⑤	⑤
⑥	⑥	⑥	⑥	⑥	⑥	⑥
⑦	⑦	⑦	⑦	⑦	⑦	⑦
⑧	⑧	⑧	⑧	⑧	⑧	⑧
⑨	⑨	⑨	⑨	⑨	⑨	⑨

감독위원 확인
인

번호					번호					번호				
1	①	②	③	④	21	①	②	③	④	41	①	②	③	④
2	①	②	③	④	22	①	②	③	④	42	①	②	③	④
3	①	②	③	④	23	①	②	③	④	43	①	②	③	④
4	①	②	③	④	24	①	②	③	④	44	①	②	③	④
5	①	②	③	④	25	①	②	③	④	45	①	②	③	④
6	①	②	③	④	26	①	②	③	④	46	①	②	③	④
7	①	②	③	④	27	①	②	③	④	47	①	②	③	④
8	①	②	③	④	28	①	②	③	④	48	①	②	③	④
9	①	②	③	④	29	①	②	③	④	49	①	②	③	④
10	①	②	③	④	30	①	②	③	④	50	①	②	③	④
11	①	②	③	④	31	①	②	③	④					
12	①	②	③	④	32	①	②	③	④					
13	①	②	③	④	33	①	②	③	④					
14	①	②	③	④	34	①	②	③	④					
15	①	②	③	④	35	①	②	③	④					
16	①	②	③	④	36	①	②	③	④					
17	①	②	③	④	37	①	②	③	④					
18	①	②	③	④	38	①	②	③	④					
19	①	②	③	④	39	①	②	③	④					
20	①	②	③	④	40	①	②	③	④					

※ 본 답안지는 마킹연습용 모의 답안지입니다.

〈절취선〉

경기도 공공기관 통합채용 필기시험 답안카드

성 명

지원 분야

문제지 형별기재란	
(　　　)형	Ⓐ Ⓑ

수 험 번 호						
⓪	⓪	⓪	⓪	⓪	⓪	⓪
①	①	①	①	①	①	①
②	②	②	②	②	②	②
③	③	③	③	③	③	③
④	④	④	④	④	④	④
⑤	⑤	⑤	⑤	⑤	⑤	⑤
⑥	⑥	⑥	⑥	⑥	⑥	⑥
⑦	⑦	⑦	⑦	⑦	⑦	⑦
⑧	⑧	⑧	⑧	⑧	⑧	⑧
⑨	⑨	⑨	⑨	⑨	⑨	⑨

감독위원 확인
㉧ 인

1	①	②	③	④	21	①	②	③	④	41	①	②	③	④
2	①	②	③	④	22	①	②	③	④	42	①	②	③	④
3	①	②	③	④	23	①	②	③	④	43	①	②	③	④
4	①	②	③	④	24	①	②	③	④	44	①	②	③	④
5	①	②	③	④	25	①	②	③	④	45	①	②	③	④
6	①	②	③	④	26	①	②	③	④	46	①	②	③	④
7	①	②	③	④	27	①	②	③	④	47	①	②	③	④
8	①	②	③	④	28	①	②	③	④	48	①	②	③	④
9	①	②	③	④	29	①	②	③	④	49	①	②	③	④
10	①	②	③	④	30	①	②	③	④	50	①	②	③	④
11	①	②	③	④	31	①	②	③	④					
12	①	②	③	④	32	①	②	③	④					
13	①	②	③	④	33	①	②	③	④					
14	①	②	③	④	34	①	②	③	④					
15	①	②	③	④	35	①	②	③	④					
16	①	②	③	④	36	①	②	③	④					
17	①	②	③	④	37	①	②	③	④					
18	①	②	③	④	38	①	②	③	④					
19	①	②	③	④	39	①	②	③	④					
20	①	②	③	④	40	①	②	③	④					

※ 본 답안지는 마킹연습용 모의 답안지입니다.

경기도 공공기관 통합채용 필기시험 답안카드

성 명

지원 분야

문제지 형별기재란	
(　　　)형	Ⓐ Ⓑ

수 험 번 호						
⓪	⓪	⓪	⓪	⓪	⓪	⓪
①	①	①	①	①	①	①
②	②	②	②	②	②	②
③	③	③	③	③	③	③
④	④	④	④	④	④	④
⑤	⑤	⑤	⑤	⑤	⑤	⑤
⑥	⑥	⑥	⑥	⑥	⑥	⑥
⑦	⑦	⑦	⑦	⑦	⑦	⑦
⑧	⑧	⑧	⑧	⑧	⑧	⑧
⑨	⑨	⑨	⑨	⑨	⑨	⑨

감독위원 확인
인

1	①	②	③	④	21	①	②	③	④	41	①	②	③	④
2	①	②	③	④	22	①	②	③	④	42	①	②	③	④
3	①	②	③	④	23	①	②	③	④	43	①	②	③	④
4	①	②	③	④	24	①	②	③	④	44	①	②	③	④
5	①	②	③	④	25	①	②	③	④	45	①	②	③	④
6	①	②	③	④	26	①	②	③	④	46	①	②	③	④
7	①	②	③	④	27	①	②	③	④	47	①	②	③	④
8	①	②	③	④	28	①	②	③	④	48	①	②	③	④
9	①	②	③	④	29	①	②	③	④	49	①	②	③	④
10	①	②	③	④	30	①	②	③	④	50	①	②	③	④
11	①	②	③	④	31	①	②	③	④					
12	①	②	③	④	32	①	②	③	④					
13	①	②	③	④	33	①	②	③	④					
14	①	②	③	④	34	①	②	③	④					
15	①	②	③	④	35	①	②	③	④					
16	①	②	③	④	36	①	②	③	④					
17	①	②	③	④	37	①	②	③	④					
18	①	②	③	④	38	①	②	③	④					
19	①	②	③	④	39	①	②	③	④					
20	①	②	③	④	40	①	②	③	④					

※ 본 답안지는 마킹연습용 모의 답안지입니다.

〈절취선〉

경기도 공공기관 통합채용 필기시험 답안카드

성 명

지원 분야

문제지 형별기재란	
(　　　)형	Ⓐ Ⓑ

수 험 번 호						
⓪	⓪	⓪	⓪	⓪	⓪	⓪
①	①	①	①	①	①	①
②	②	②	②	②	②	②
③	③	③	③	③	③	③
④	④	④	④	④	④	④
⑤	⑤	⑤	⑤	⑤	⑤	⑤
⑥	⑥	⑥	⑥	⑥	⑥	⑥
⑦	⑦	⑦	⑦	⑦	⑦	⑦
⑧	⑧	⑧	⑧	⑧	⑧	⑧
⑨	⑨	⑨	⑨	⑨	⑨	⑨

감독위원 확인
㉑ 인

1	①	②	③	④	21	①	②	③	④	41	①	②	③	④
2	①	②	③	④	22	①	②	③	④	42	①	②	③	④
3	①	②	③	④	23	①	②	③	④	43	①	②	③	④
4	①	②	③	④	24	①	②	③	④	44	①	②	③	④
5	①	②	③	④	25	①	②	③	④	45	①	②	③	④
6	①	②	③	④	26	①	②	③	④	46	①	②	③	④
7	①	②	③	④	27	①	②	③	④	47	①	②	③	④
8	①	②	③	④	28	①	②	③	④	48	①	②	③	④
9	①	②	③	④	29	①	②	③	④	49	①	②	③	④
10	①	②	③	④	30	①	②	③	④	50	①	②	③	④
11	①	②	③	④	31	①	②	③	④					
12	①	②	③	④	32	①	②	③	④					
13	①	②	③	④	33	①	②	③	④					
14	①	②	③	④	34	①	②	③	④					
15	①	②	③	④	35	①	②	③	④					
16	①	②	③	④	36	①	②	③	④					
17	①	②	③	④	37	①	②	③	④					
18	①	②	③	④	38	①	②	③	④					
19	①	②	③	④	39	①	②	③	④					
20	①	②	③	④	40	①	②	③	④					

※ 본 답안지는 마킹연습용 모의 답안지입니다.